신주 사마천 사기 35

한장유열전

이장군열전

흉노열전

위장군표기열전

이 책은 롯데장학재단의 지원을 받아 번역, 출간되었습니다.

신주 사마천 사기 35 / 한장유열전·이장군열전·
흉노열전·위장군표기열전

초판 1쇄 인쇄 2023년 10월 15일
초판 1쇄 발행 2023년 11월 10일

지은이 (본문) 사마천
(삼가주석) 배인·사마정·장수절
번역 및 신주 한가람역사문화연구소 사기연구실

펴낸이 이덕일
펴낸곳 한가람역사문화연구소

등록번호 제2019-000147호
주소 서울특별시 종로구 김상옥로17 대호빌딩 신관 305호
전화 02) 711-1379
팩스 02) 704-1390
이메일 hgr4012@naver.com

ISBN 979-11-90777-48-3 94910

값은 뒤표지에 있습니다.

세계 최초
**삼가주석
완역**

신주
사마천
사기

㉟

한장유열전 | 이장군열전
흉노열전 | 위장군표기열전

지은이
본문_ 사마천
삼가주석_ 배인·사마정·장수절

번역 및 신주
한가람역사문화연구소 사기연구실

한가람역사문화연구소

사기 제110권 史記卷一百十
흉노열전 匈奴列傳

사기 제111권 史記卷一百一十一
위장군표기열전 衞將軍驃騎列傳

원 사료는 중화서국中華書局 발행의 《사기》와 영인본 《백납본사기百衲本史記》를 기본으로 삼고, 인터넷 사료로는 대만 중앙연구원 역사어언연구소歷史語言硏究所에서 제공하는 한적전자문헌자료고漢籍電子文獻資料庫의 《사기》를 참조했다.

일러두기

❶ 네모 상자 안의 글은 사기 본문 및 삼가주석 서문의 글이다.
❷ 한글 번역문 바로 아래 한문 원문을 실어 쉽게 대조할 수 있게 했다.
❸ 삼가주석 아래 신주를 실어 우리 연구진의 새로운 해석을 달았다.
❹ 사기 분문뿐만 아니라 삼가주석도 필요할 경우 신주를 달았다.
❺ 직역을 원칙으로 삼고 의역은 최대한 피했다.
❻ 한문 원문에서 ( )는 빠져야 할 글자를, 〔 〕는 추가해야 할 글자를 나타낸다.
　예) 살펴보니 15개 읍은 이 두 읍에 가까웠다.
　　　案 十五邑近此(三)〔二〕邑

《사기》〈열전〉의 넓고 깊은 세계에 관하여

1. 시대별 〈열전〉의 세계

《사기》는 〈본기本紀〉, 〈표表〉, 〈서書〉, 〈세가世家〉, 〈열전列傳〉의 다섯 부분으로 구성된 기전체紀傳體 역사서이다. 기전체라는 이름은 다섯 부분 중에 제왕의 사적인 〈본기〉와 신하의 사적인 〈열전〉이 중심이라는 사실을 시사하고 있다. 〈본기〉가 북극성이라면 〈세가〉와 〈열전〉은 북극성을 향하는 뭇별이라는 구성이다. 〈열전〉은 모두 70편으로 구성되어 있지만 한 편의 〈열전〉에 여러 명을 수록하는 경우가 여럿이어서 실제 수록된 인물은 300명이 넘는다. 중국의 24사는 대부분 《사기》를 따라 기전체를 택하고 있지만 《사기》만의 독창적 내용이 적지 않다.

먼저, 서술 시기를 보면 《사기》는 한 왕조사가 아니라 오제五帝부터 자신이 살던 한무제漢武帝 시기까지 천하사天下史를 기술했기에 그 시기가 광범위한데, 이는 〈열전〉도 마찬가지다. 그래서 이를 시기별로 나누어 정리할 필요가 있다.

첫째 시기는 춘추春秋시대 이전부터 춘추시대까지 활동했던 여러 인물이다. 〈백이열전伯夷列傳〉부터 〈중니제자열전仲尼弟子列傳〉까지 7편이 그런 경우로서 백이伯夷·숙제叔齊, 관중管仲, 안영晏嬰, 노자老子, 손자孫子, 오자서伍子胥, 공자孔子의 제자들 등이 이에 속한다.

둘째 시기는 전국戰國시대와 진秦 조정에서 활동한 인물들에 대해서 서술했다. 〈상군열전商君列傳〉부터 〈몽염열전蒙恬列傳〉까지 21편이 이런 경우로서 상앙商鞅, 소진蘇秦, 장의張儀, 백기白起, 왕전王翦, 전국 4공자, 여불위呂不韋, 이사李斯, 몽염蒙恬 등이 이에 속한다.

셋째 시기는 초楚와 한漢이 중원의 패권을 다투던 시기에 활동했던 인물들이다. 〈장이진여열전張耳陳餘列傳〉부터 〈전담열전田儋列傳〉까지 6편으로 장이, 진여, 한신韓信, 노관盧綰 등이 이에 속한다.

넷째 시기는 한고조 유방부터 경제景帝 때까지의 인물들을 서술하고 있다. 〈번역등관열전樊酈滕灌列傳〉부터 〈오왕비열전吳王濞列傳〉으로 번쾌樊噲, 육가陸賈, 계포季布, 유비劉濞 등이 이에 속한다.

다섯째 시기는 한무제 때의 인물들이다. 〈위기무안후열전魏其武安侯列傳〉 등으로 두영竇嬰, 이광李廣, 위청衛青, 곽거병霍去病 등과 사마천 자신에 대해서 서술한 〈태사공자서太史公自序〉도 이 범주에 들 수 있다.

사마천은 한 사람의 인생 전부를 서술하는 개념으로 〈열전〉을 서술하지는 않았다. 그가 관심을 가진 것은 특정 인물이 어떤 사상을 가지고 한 시대를 어떻게 헤쳐 나갔는가, 또는 그 시대에 어떤 영향을 미쳤는가 하는 것이지 인생 전반을 세세하게 서술하는 것은 아니었다. 그러다보니 《사기》〈열전〉을 보면 한 인간의 역경을 통해서 그가 산 시대의 생생한 분위기도 엿볼 수 있다.

2. 〈백이열전〉을 첫머리로 삼은 이유

《사기》〈열전〉이 지금껏 인구에 회자되는 것은 사마천이 당위성만 추구한 것이 아니라 당위성과 실제 현실 사이의 괴리를 포착해 한 인물의 부침을 서술했기 때문이기도 할 것이다. 그가 〈열전〉의 첫머리를 〈백이열전〉으로 삼은 것은 〈세가〉의 첫머리를 〈오태백세가吳泰伯世家〉로 삼아 막내 계력季歷에게 왕위를 물려준 사양辭讓의 정신을 크게 높인 것과 마찬가지로 이利보다는 의義를 추구한 백이·숙제를 높인 것이다.

사마천은 제후가 아닌 공자를 〈공자세가〉로 높여 서술하고 〈중니제자열전〉과 〈유림열전儒林列傳〉도 서술해 유가儒家를 높이기도 하였다. 그러나 사마천은 단순히 유학을 높인 것이 아니라 유학에서 천하는 공公의 것이기에 자기 자식이 아니라 현명한 인물에게 자리를 넘겨주는 선양禪讓의 정신을 높게 산 것이다. 그래서 오제의 황제黃帝부터 요순堯舜까지 행해졌던 선양禪讓의 정신을 크게 높였다.

그러나 〈백이열전〉에서 사마천은 "백이·숙제는 남을 원망하지 않았다."는 공자의 말을 수록하면서도 사마천 자신은 공자의 견해에 동의하지 않고 백이·숙제의 뜻을 비통한 것으로 여겼다. 또한 그가 의문을 가진 것은 "하늘의 도道는 친함이 없고 항상 선한 사람과 함께한다."라고 했는데 선한 사람인 백이·숙제 같은 사람이 왜 굶어죽어야 했느냐는 질문이다. 그럼에도 불구하고 이利를 추구하는 삶보다 의義를 추구하는 삶이 중요하다는 생각에서 〈백이열전〉을 첫머리로 삼은 것이다.

〈백이열전〉뿐만 아니라 초나라를 끝까지 부흥시키려고 했던 〈춘신군열전春申君列傳〉이나 〈자객열전刺客列傳〉 등도 이에 속한다. 〈자객열전〉의

형가荊軻가 남긴 "장사 한 번 떠나면 다시 돌아오지 않으리[壯士一去兮
不復還]"라는 시가가 대일항전기 의열단원들이 목숨을 걸고 국내에 잠입
할 때 동지들과 나누던 시가라는 점은 시대와 장소를 넘어 의義의 실천에
목숨을 건 사람들이 깊은 동질감을 느꼈기 때문일 것이다.

3. 주제별 〈열전〉

〈열전〉 중에는 각 부문의 사람들을 주제별로 묶어서 서술한 〈열전〉이
적지 않다. 좋은 벼슬아치를 뜻하는 〈순리열전循吏列傳〉은 이후 많은 기
전체 역사서가 따라서 서술하고 있다. 후세 벼슬아치들에게 역사의 포상
이 가장 중요한 상으로 여기고 좋은 벼슬아치가 되려고 노력하라는 권고
의 뜻을 담고 있다. 또한 혹독한 벼슬아치를 뜻하는 〈혹리열전酷吏列傳〉은
반대로 역사의 비판이 가장 무거운 형벌임을 깨닫고 백성들을 가혹하게
대하거나 가렴주구를 하지 말라는 권고를 담고 있다.

사마천은 비록 유학을 높였지만 유자儒者는 칭송을 받는데 유협游俠은
비난을 받는 현실에 대해서도 불만이었다. 그래서 유협들도 수백 년이
지난 후에도 제사를 받든다면서 〈유협열전〉을 서술했다. 〈유협열전〉같은
경우 《사기》, 《한서》와 그 전편이 모두 전하지 않는 《위략魏略》 정도가
이어서 유협에 대해 서술하였고 이후의 역사서에서는 외면받았던 인물
들이다.

사마천은 또한 '기업가 열전'이라고 할 〈화식열전貨殖列傳〉을 서술했다는

이유로도 비판받았지만 그가 지금껏 역사가의 전범典範으로 대접받는 밑바탕에는 경제를 무시하지 않았던 역사관이 깔려 있었다. 그러나 〈화식열전〉은 이후 《사기》와 《한서》에서만 서술하고 있을 정도로 여러 사서는 벼슬아치와 학자만 높였지 사업가는 낮춰 보았던 것이 동양 유학 사회의 현실이었다.

《사기》에만 실려 있고, 다른 기전체 사서는 외면한 〈열전〉이 〈골계열전滑稽列傳〉, 〈일자열전日者列傳〉, 〈귀책열전龜策列傳〉이다. 〈골계열전〉은 보통 세속을 따르지 않고, 세상의 이익을 다투지 않는 것을 귀하게 여기는 사람들의 풍자정신에 대해 서술한 것으로 해석된다. 사마천이 보기에는 천문관측에 관한 〈일자열전〉이나 길흉을 점치는 복서卜筮에 대한 〈귀책열전〉도 나라를 다스리는데 필수적이라는 생각에서 이를 〈열전〉에 서술했다.

4. 위만조선만 서술한 〈조선열전〉

사마천이 〈열전〉에서 창안한 형식중 하나가 외국에 대한 〈열전〉이다. 사마천은 〈흉노열전匈奴列傳〉을 필두로 〈남월열전南越列傳〉, 〈동월열전東越列傳〉, 〈조선열전朝鮮列傳〉, 〈서남이열전西南夷列傳〉 등을 서술했다. 이것이 공자가 《춘추》에서 높인 존주대의尊周大義와 함께 중국의 전통적인 화이관華夷觀을 만들어 낸 것으로 볼 수 있다.

그러나 사마천은 동이족이 분명한 삼황三皇을 배제하고 오제五帝부터 서술한 데에서 알 수 있는 것처럼 화하족華夏族의 뿌리를 찾기 어렵다는 현실에 부닥칠 수밖에 없었다. 그래서 때로는 이족夷族의 역사를 무리하게 화하족 역사로 편입시키려 노력했다. 한나라를 크게 괴롭혔던 흉노를 하夏나라의 선조 하후夏后의 후예로 서술하고, 남월, 동월 등도 그 뿌리를 모두 화하족과 연결되게 서술한 것은 이 때문일 것이다.

〈조선열전〉에서는 단군과 기자의 사적은 생략하고 연나라 출신 위만衛滿에 대해서만 서술했다. 사마천은 《사기》의 여러 부분에서 기자箕子에 대해 서술했고, 그가 존경하던 공자가 《논어》에서 기자를 미자微子, 비간比干과 함께 삼인三仁으로 꼽았으므로 그의 사적을 몰랐을 리 없다. 그러니 기자가 주무왕周武王에 의해 석방된 후 '조선朝鮮'으로 갔다는 사실을 몰랐을 리 없고 기자가 간 조선이 '단군조선檀君朝鮮'이라는 사실도 몰랐을 리 없다. 그러나 사마천은 단군과 기자는 생략하고 위만조선만 서술했다. 그럼에도 그가 〈조선열전〉이라도 서술했기에 우리는 위만조선과 한나라의 관계나 위만조선의 왕족과 귀족들이 왜 망국 후 한나라의 제후로 봉함을 받았는지 알 수 있게 되었다.

이제 〈열전〉을 내놓으면서 40권에 이르는 《신주 사마천 사기》의 대단원의 막이 내려진다. 《신주 사마천 사기》는 비단 지금까지 전 세계에서 발간된 가장 방대한 《사기》 번역서 및 주석서일 뿐만 아니라 그간 《사기》에서 놓쳤던 여러 관점과 사실에 대해 알 수 있다. 예를 들면 《사기》 본문 및 그 주석에 숱하게 드러나고 있는 이족夷族의 역사를 되도록 되살렸다는 내용면에서도 새로운 시도라고 자평할 수 있다. 《신주 사마천 사기》 완간을 계기로 사마천이 그렸던 천하사가 더욱 풍부해질 뿐만 아니라 《사기》 속에 숨어 있던 우리 선조들의 이야기가 우리 후손들의 가슴 속에 자리 잡게 된다면 망외의 소득이라고 말할 수 있을 것이다.

사기 제108권 史記卷一百八

한장유열전 韓長孺列傳

신주 어사대부御史大夫 한안국韓安國(?~서기전 127)은 양梁나라 성안成安 사람으로 자字는 장유長孺이다. 일찍이 전생田生에게 《한비자》와 잡가雜家의 학설을 배웠다. 양효왕梁孝王을 섬겨 중대부中大夫가 되었으며, 오吳·초楚칠국의 난 때는 장군으로 참전해 명성을 얻었고 한나라 조정에서 양나라 내사內史로 임명되었다.

서기전 150년에 경제景帝가 율태자栗太子를 폐하자 두태후는 양효왕을 후계자로 염두에 두었으나 원앙袁盎 등 대신들이 저지할 것을 두려워했다. 이에 양효왕은 양승羊勝, 공손궤公孫詭 등과 자객을 파견하여 원앙 등 대신 10여 명을 살해했다. 전숙田叔 등이 조사관으로 양나라에 왔을 때, 한안국이 양효왕에게 사건의 전말과 문제점을 들어 공손궤와 양승을 체포하라고 설득하자 이들은 자살하였고, 돌아가 이를 보고하자 양효왕은 죄가 없는 것으로 처리하였다.

무제武帝 건원 6년(서기전 135)에 어사대부가 되어 흉노와 화친할 것을 건의해 관철했다. 그 후 승상 전분이 죽자 무제는 그가 재능과 지략이 출중하다고 여겨 승상으로 삼으려 했다. 그러나 마침 수레에서 떨어져 다리를 절게 되어 그만두었다. 무제 원삭元朔 원년(서기전 128)에 흉노가 상곡

上谷과 어양에 크게 침입하자 한안국을 위위衛尉로 삼아 교전하였으나 대패하였다. 무제가 노하여 한안국을 문책하고 동쪽 우북평右北平으로 주둔케 하였는데, 한안국은 지위도 낮아지고 우울하게 보내다가 원삭 2년에 병이 들어 죽었다.

그는 지략이 원대하고 인재를 발탁하는데, 뛰어난 재주가 있었다. 그러나 재물 욕심도 많았다. 또 전분이 두영, 관부와 대립한 상황에서 전분 편에 섬으로써 당세에 영합하는 모습을 보이기도 했다.

사마천은 본 열전 마지막 평설評說에서 다른 열전과는 달리 한안국이 발탁한 호수壺遂에 관한 이야기로 일관하고 있는데 그 이유가 궁금하다. 그의 처세에 관해서는 〈위기무안후열전〉에서 엿볼 수 있다.

양효왕을 깨우친 한안국

어사대부 한안국韓安國은 양梁나라 성안成安[①] 사람인데 뒤에 수양睢陽 땅[②]으로 이사했다. 일찍이 한비자韓非子의 학설과 잡가雜家의 학설을 추騶 땅의 전생田生[③]에게서 배웠다. 또 양梁나라 효왕孝王을 섬겨서 중대부中大夫가 되었다.

오吳와 초楚 등 7개국이 반란을 일으켰을 때 양효왕梁孝王은 한안국과 장우張羽를 장군으로 삼고 동쪽 국경에서 오나라 군사를 방어하게 했다.[④] 장우는 힘써 싸웠고 한안국은 신중히 지켰다. 이 때문에 오나라 군사는 양나라를 지나가지 못했다.

오나라와 초나라가 격파된 후 한안국과 장우는 이로 말미암아 이름이 드러났다. 양효왕은 경제와 어머니를 함께한 아우이므로 두태후竇太后는 그를 총애하여 재상과 2,000석 이상의 관리를 직접 임명할 수 있는 권한을 스스로 청해서 허락받도록 했다. 그리고 궁을 드나들 때, 유람을 나갈 때는 천자보다 화려했다.

천자는 이러한 소문을 듣고 마음속으로 좋지 않게 여겼다. 두태후도 경제가 좋지 않게 여기는 것을 알고는 곧 양나라 사신에게 노여움을 드러내고 만나보지 않았으며 조사해서 왕의 행동을 꾸짖기도 했다.

御史大夫韓安國者 梁成安^①人也 後徙睢陽^② 嘗受韓子雜家說於騶田
生^③所 事梁孝王爲中大夫 吳楚反時 孝王使安國及張羽爲將 扞^④吳兵於
東界 張羽力戰 安國持重 以故吳不能過梁 吳楚已破 安國張羽名由此顯
梁孝王 景帝母弟 竇太后愛之 令得自請置相二千石 出入游戱 僭於天子
天子聞之 心弗善也 太后知帝不善 乃怒梁使者 弗見 案責王所爲

① 成安성안

집해 서광이 말했다. "여주汝州와 영천穎川 사이에 있다."

徐廣曰 在汝穎之間也

색은 살펴보니 서광이 말했다. "여주와 영천 사이에 있다."《한서》〈지
리지〉에서 말한다. "현 이름으로 진류군에 속한다."

按 徐廣云 在汝穎之間 漢書地理志縣名 屬陳留

정의 《괄지지》에서 말한다. "성안成安 고성은 여주汝州 양현梁縣 동쪽
23리에 있다."〈지리지〉에서 말한다. "성안은 영천군에 속해 있다." 진류
군에 또 성안현이 있고, 또 양梁나라에 속해 있는데, 어느 곳이 옳은지
알지 못하겠다.

括地志云 成安故城在汝州梁縣東二十三里 地理志云成安屬穎川郡 陳留郡又
有成安縣 亦屬梁 未知孰是也

② 睢陽수양

정의 지금의 송주宋州 송성宋城이다.

今宋州宋城

③ 驕田生추전생

색은 살펴보니 한안국은《한비자》와 잡가설雜家說을 추현驕縣에 사는
전생田生의 집에서 배웠다.
案 安國學韓子及雜家說於驕縣田生之所

④ 將扞장한

색은 앞 글자 將의 발음은 '장醬'이고, 뒷 글자 扞의 발음은 '한汗'이다.
上音醬 下音汗

한안국은 양나라 사신이 되어 대장공주①를 찾아뵙고 울면서 말
했다.

"양왕께서 자식으로서 효도하고 신하로서 충성하는데, 어째서
태후께서는 일찍이 살펴②주지 않으십니까? 지난날 오吳, 초楚, 제
齊, 조趙 등 7개국이 반란을 일으켰을 때 함곡관 동쪽 나라들은
모두 합종合從해서 서쪽으로 향했지만, 양나라만은 가장 친하게
한나라 편에 서서 어려움을 겪었습니다. 양효왕께서는 태후와 황
제께서 관중關中에 계시는데③ 제후들이 소란스럽게 하자 말할 때
마다 눈물을 줄줄 흘리셨습니다. 또 무릎을 꿇고 신 등 6인을 보
내서 군사를 인솔하고 오와 초의 군사를 격퇴하게 했으며, 오와
초의 군사는 이 때문에 감히 서쪽으로 나아가지 못하고 마침내
무너져 멸망했으니 양효왕의 힘이었습니다. 지금 태후께서는 하
찮고 까다로운 예절④을 가지고 양왕을 책망하고 계십니다. 양왕의

아버지와 형은 모두 황제인 관계로 보는 바가 큰 것만 보았습니다. 그러므로 궁문을 나설 때 통행금지를 칭했고 들어올 때 행인을 경계했으며⑤ 수레와 깃발은 모두 황제께서 하사하신 것으로 나아갈 때 세워서 시골 현에 자랑하고⑥ 나라 안을 달리게 해서 제후들에게 과시하고자 한 것입니다. 이것은 천하로 하여금 모두 태후와 황제께서 사랑한다는 것을 알게 하고자 했던 것입니다. 지금 양나라 사신이 왔는데도 번번이 조사해서 꾸짖으셨습니다. 양왕께서는 두려워하며 밤낮으로 눈물을 흘리고 그리워하면서 어찌할 바를 모르고 있습니다. 왜 양왕께서 자식으로서 효도하고 신하로서 충성하는데 태후께서는 불쌍하게 여기지 않으십니까?"

韓安國爲梁使 見大長公主①而泣曰 何梁王爲人子之孝 爲人臣之忠 太后曾弗省②也 夫前日吳楚齊趙七國反時 自關以東皆合從西鄕 惟梁最親爲艱難 梁王念太后帝在中③ 而諸侯擾亂 一言泣數行下 跪送臣等六人 將兵擊卻吳楚 吳楚以故兵不敢西 而卒破亡 梁王之力也 今太后以小節苛禮④責望梁王 梁王父兄皆帝王 所見者大 故出稱蹕 入言警⑤ 車旗皆帝所賜也 卽欲以佗⑥鄙縣 驅馳國中 以夸諸侯 令天下盡知太后帝愛之也 今梁使來 輒案責之 梁王恐 日夜涕泣思慕 不知所爲 何梁王之爲子孝 爲臣忠 而太后弗恤也

① 大長公主대장공주

집해 서광이 말했다. "경제의 누이이다."

徐廣曰 景帝姉

[색은] 살펴보니 곧 관도공주館陶公主이다.

案 卽館陶公主

　[정의] 여순이 말했다. "경제景帝의 누이동생이다."

如淳云 景帝妹也

② 省성

　[색은] 省의 발음은 '성[仙井反]'이다. 성省은 찰察(살피다)이다.

省音仙井反 省者 察也

③ 中중

　[정의] 관중關中을 이른다. 또 경사京師가 천하의 중앙에 있음을 이른 것
이다.

謂關中也 又云京師在天下之中

④ 苛禮가례

　[색은] 살펴보니 번잡하고 자잘한 작은 예로써 꾸짖은 것을 이른다.

案 謂苛細小禮以責之

⑤ 出稱蹕入言警출칭필입언경

　[신주] 귀인이 출타할 때 통행을 금지하고 들어올 때 행인을 경계하는
일이다. 곧 길을 비켜 가라고 외치는 것이다.

⑥ 佗차

　[집해] 서광이 말했다. "차佗는 다른 판본에는 '행紵'으로 되어 있다." 살

펴보니 佗의 발음은 '차[丑亞反]'이고 자랑하는 것이다.

徐廣曰 佗 一作紓也 駰案 佗音丑亞反 誇也

색은 佗의 발음은 '차[丑亞反]'이고 글자는 '차姹' 자와 같다. 차佗는 자랑하는[誇] 것이다. 《한서》에는 '호媂'로 되어 있고 '하[火亞反]'로 발음한다. 紓의 발음은 '행[寒孟反]'이다.

佗音丑亞反 字如姹 佗者 誇也 漢書作媂 音火亞反 紓音寒孟反

대장공주가 이 말을 태후에게 자세히 전하자 태후가 기뻐하여 말했다.

"양왕을 위해 황제에게 가서 말을 하겠다."

태후가 경제에게 말을 하자 경제의 마음이 이에 풀려서 관을 벗고 태후에게 사죄하여 말했다.

"형제간에 서로 교화하지 못해서 태후께 걱정을 끼쳤습니다."

양나라 사신을 모두 접견하고 후하게 하사했다. 그 뒤로는 양왕이 더욱더 친근하고 반갑게 대했다. 태후와 대장공주는 다시 한안국에게 1,000여 금의 값어치를 하사했다. 한안국은 명성이 이로 말미암아 드러나서 한나라 조정과 인연을 맺게 되었다.

그 뒤 한안국이 법에 저촉되어 처벌을 받게 되자 몽현蒙縣의 옥리 전갑田甲이 한안국을 모욕했다.[①] 한안국이 말했다.

"불 꺼진 재라고 다시 불붙을 일이 없다고만 여기는가?"

전갑이 말했다.

"불붙는 즉시 오줌을 쌀 것이다."

그로부터 얼마 지나서 양나라에 내사內史의 자리가 비게 되었다. 한나라에서 사신을 보내 한안국을 제수해서 양나라 내사로 삼았다. 한안국이 죄수의 신분에서 벗어나 2,000석의 관리가 되자 전갑이 도망쳤다. 한안국이 말했다.

"전갑이 관으로 나오지 않는다면 나는 너의 일족을 멸족시킬 것이다."

전갑이 이로 인해 윗옷의 한쪽을 벗어 어깨를 드러내고 사죄했다. 한안국이 웃으면서 말했다.

"오줌을 싸 보아라. 그대 같은 이들을 치죄할 것이 있겠는가?②"

마침내 그들을 잘 대우했다.

양나라 내사內史가 비게 되었을 때, 효왕은 처음 제나라 사람인 공손궤公孫詭를 얻었는데 그를 좋아하여 내사로 삼을 것을 청하고자 했다. 그러나 두태후는 소문을 듣고 곧 왕에게 조서를 보내 한안국을 내사로 삼게 한 것이다.

大長公主具以告太后 太后喜曰 爲言之帝 言之 帝心乃解 而免冠謝太后曰 兄弟不能相敎 乃爲太后遺憂 悉見梁使 厚賜之 其後梁王益親驩太后長公主更賜安國可直千餘金 名由此顯 結於漢 其後安國坐法抵罪 蒙獄吏田甲辱安國① 安國曰 死灰獨不復然乎 田甲曰 然卽溺之 居無何 梁內史缺 漢使使者拜安國爲梁內史 起徒中爲二千石 田甲亡走 安國曰 甲不就官 我滅而宗 甲因肉袒謝 安國笑曰 可溺矣 公等足與治乎② 卒善遇之 梁內史之缺也 孝王新得齊人公孫詭 說之 欲請以爲內史 竇太后聞 乃詔王以安國爲內史

① 其後安國～田甲辱安國기후안국～전갑욕안국

집해 몽蒙은 현 이름이다.

蒙 縣名

색은 저抵의 발음은 '제[丁禮反]'이다. 몽蒙은 현 이름이고 양국梁國에 속한다.

抵音丁禮反 蒙 縣名 屬梁國也

② 公等足與治乎공등족여치호

색은 살펴보니 엄정히 치죄할 만하지 않음을 말한 것이다. 治의 발음은 '지持'이다.

案 謂不足與繩(持)〔治〕之 治音持也

신주 한안국이 전갑을 치죄하지 않은 것은 아량을 베풀어 대인의 면모를 보인 것이다.

공손궤와 양승羊勝은 효왕을 설득해 황제에게 태자로 삼고 땅을 더해 주도록 요구하게 했다. 그런데 한나라 대신들이 들어 주지 않을까 염려하여 이에 몰래 사람을 보내 한나라에서 권력을 행사하는 모신謀臣들을 찔러 죽이게 했다.

옛 오吳나라 재상이었던 원앙袁盎까지 살해하자 경제는 마침내 공손궤와 양승 등이 계획한 것이라는 사실을 듣고 이에 사신을 보내 공손궤와 양승을 체포하고 반드시 생포하여 오게 했다.

한나라 사신 10여 명이 양나라에 이르러 재상 이하 온 나라를 크게 수색했으나 한 달이 넘도록 체포하지 못했다.

내사인 한안국이 공손궤와 양승이 효왕의 처소에 숨어 있다는 소문을 듣고 들어가 왕을 뵙고 울면서 말했다.

"군주가 욕을 당하게 되면 신하는 죽는 것입니다.[1] 대왕께서는 진실한 신하가 없습니다. 그러므로 일이 어지러워져서 이 지경이 되었습니다. 지금 공손궤와 양승을 체포하지 못했으니 청컨대 사직하고 죽음을 받을까 합니다."

양왕이 말했다.

"어찌 이렇게까지 하는 것이오?"

한안국은 눈물을 줄줄 흘리면서 말했다.

"대왕께서 스스로 황제와의 관계를 헤아려볼 때, 태상황太上皇[2]과 고황제高皇帝, 황제와 임강왕臨江王[3]의 친밀함과 비교하면 어느 쪽이 더 친밀하다고 여기십니까?"

효왕이 대답했다.

"과인은 그분들 간의 친밀함만 못하오."

公孫詭羊勝說孝王求爲帝太子及益地事 恐漢大臣不聽 乃陰使人刺漢用事謀臣 及殺故吳相袁盎 景帝遂聞詭勝等計畫 乃遣使捕詭勝 必得 漢使十輩至梁 相以下擧國大索 月餘不得 內史安國聞詭勝匿孝王所 安國入見王而泣曰 主辱臣死[1] 大王無良臣 故事紛紛至此 今詭勝不得 請辭賜死 王曰 何至此 安國泣數行下 曰 大王自度於皇帝 孰與太上皇[2]之與高皇帝及皇帝之與臨江王[3]親 孝王曰 弗如也

① 主欲臣死주욕신사

색은 이 말은 《국어》에 보인다.

此語見國語

신주 주욕신사主辱臣死는 신하는 군주의 치욕을 씻기 위해서 목숨을 바치는 것을 이른다.

② 太上皇태상황

신주 한고조漢高祖 유방劉邦의 부친인 유태공劉太公을 이른다.

③ 臨江王임강왕

신주 효경제의 후궁 율희栗姬의 아들 유영劉榮이다. 어머니의 성을 따서 율태자라고 불렀다. 경제와 율희의 맏아들로 태자에 책봉되었으나 폐위되어 임강臨江의 민왕閔王이 되었고, 금령을 어겨 결국 자결했다.

한안국이 말했다.

"대저 태상황과 고황제, 지금의 황제와 임강왕의 관계는 친부자 사이입니다. 그러나 고제께서 말씀하시기를 '3자나 되는 칼을 차고 천하를 얻은 것은 짐이다.'라고 했습니다. 그러므로 태상황께서는 임종할 때까지 정치에 관여하지 않고 역양櫟陽 땅에서 거처했습니다. 임강왕은 적장태자適長太子인데도 한마디의 실언 때문에 폐해지고 임강왕이 되었습니다.① 그 뒤 궁전을 짓다가 종묘의 담장 밖을 침범한 죄로② 갑자기 중위부에서 자살하게 되었습니다. 어째서이겠습니까? 천하를 다스리는 데는 끝내 사사로운 것으로써

공적인 것을 어지럽혀서는 안 되기 때문입니다. 속담에 이르기를 '비록 친아버지가 있다고 해도 어찌 그가 호랑이가 되지 않으리라는 것을 알며, 비록 친형이 있다고 해도 어찌 이리가 되지 않으리라는 것을 알겠는가?'라고 했습니다. 지금 대왕께서는 제후의 반열에 계시는데, 간사한 신하 한 명의 황당한 말에 유혹되어[③] 한나라에서 금지하는 법을 범하며 밝은 법을 굽히려고 하십니다. 천자께서는 태후 때문에 차마 법을 왕에게 적용하지 못하고 계십니다. 태후께서도 밤낮으로 눈물을 흘리면서 대왕께서 스스로 마음을 고치기만을 바라시는데 대왕께서는 끝까지 깨닫지 못하고 계십니다. 만일 태후께서 돌아가시게 된다면 대왕은 장차 누구를 의지하겠습니까?"

말을 다 마치기도 전에 효왕이 눈물을 줄줄 흘리면서 한안국에게 사죄해서 말했다.

"내가 지금 공손궤와 양승을 내어주리라."

공손궤와 양승이 자살했다.

한나라 사신이 돌아와서 양나라 일이 모두 해결된 것은 한안국의 힘 덕분이라고 보고했다. 이에 경제와 태후는 한안국을 더욱 중하게 여겼다. 효왕이 죽고 공왕共王이 즉위했는데, 한안국은 법에 저촉되어 관직을 잃고 집에 있게 되었다.

安國曰 夫太上臨江親父子之間 然而高帝曰 提三尺劍取天下者朕也 故太上皇終不得制事 居于櫟陽 臨江王 適長太子也 以一言過 廢王臨江[①] 用宮垣事[②] 卒自殺中尉府 何者 治天下終不以私亂公 語曰 雖有親父 安知其不爲虎 雖有親兄 安知其不爲狼 今大王列在諸侯 悅[③]一邪臣

浮說 犯上禁 橈明法 天子以太后故 不忍致法於王 太后日夜涕泣 幸大

王自改 而大王終不覺寤 有如太后宮車卽晏駕 大王尙誰攀乎 語未卒

孝王泣數行下 謝安國曰 吾今出詭勝 詭勝自殺 漢使還報 梁事皆得釋

安國之力也 於是景帝太后益重安國 孝王卒 共王卽位 安國坐法失官

居家

① 以一言過 廢王臨江이일언과 폐왕임강

집해 여순이 말했다. "경제가 일찍이 여러 희姬를 부탁했는데, 태자의

어미 율희栗姬의 언사가 불손했다. 이러한 연유로 태자를 폐했고 율희는

근심하다 죽었다."

如淳曰 景帝嘗屬諸姬 太子母栗姬言不遜 由是廢太子 栗姬憂死

② 用宮垣事용궁원사

신주 임강의 민왕閔王 유영劉榮은 종묘의 담장 밖 빈터를 침범하여 궁

실을 지은 죄로 경제에게 소환되었다. 장안에 이르러 중위부中尉府로 가

서 심문을 받았는데, 중위 질도郅都가 매우 엄하게 꾸짖자 두려워서 자

결했다. 〈오종세가〉에 자세히 기록되어 있다.

③ 悅열

색은 열悅은 《한서》에서 '술詂'로 되어 있다. 《설문》에서 말한다. "술詂

은 '유誘'(유혹하다)이다."

悅 漢書作詂 說文云 詂 誘也

무제 건원建元 연간에 무안후 전분田蚡이 한나라 태위太尉가 되었다. 황제 외척의 귀한 신분으로 집정執政한 것이다. 한안국은 500금의 예물을 전분에게 보냈다. 전분이 한안국에 대해 태후에게 말하자 무제도 평소에 한안국이 현명하다는 소문을 들었기에 곧바로 불러 북지도위北地都尉로 삼았다가 자리를 옮겨 대사농으로 삼았다.

민월閩越과 동월東越이 서로 공격했다. 한안국과 대행 왕회王恢는 군사를 인솔하고 출정하였다. 월에 도착하기 전에 민월에서 그의 왕을 죽이고 항복하자 한나라 군사도 철수했다.

建元中 武安侯田蚡爲漢太尉 親貴用事 安國以五百金物遺蚡 蚡言安國太后 天子亦素聞其賢 卽召以爲北地都尉 遷爲大司農 閩越東越相攻 安國及大行王恢將 未至越 越殺其王降 漢兵亦罷

어사대부 한안국

무제 건원 6년, 무안후는 승상이 되고 한안국은 어사대부가 되었다. 흉노에서 사신을 보내와서 화친을 청하자 무제는 그 일을 조정에서 의논케 했다. 대행 왕회는 연나라 사람이라 여러 차례 변방의 관리를 맡았기에 오랑캐의 일을 익숙히 알고 있었다. 그가 의론하여 말했다.

"한나라와 흉노가 화친한다고 해도 거의 몇 해 지나지 않아 곧 다시 약속을 배신할 것입니다. 허락하지 말고 군사를 일으켜 공격하는 것만 못할 것입니다."

한안국이 말했다.

"1,000리 밖으로 나가 싸우면 군사에게 이롭지 못할 것입니다. 지금 흉노들은 융마戎馬의 다리를 믿고 금수의 마음을 품고 새 떼가 날아 옮겨가듯 이동해 사로잡거나 제재하기가 어렵습니다. 그 땅을 얻어봤자 땅을 넓혔다고 하기에 부족하고, 그 백성을 받더라도 국력을 강화하기에 부족합니다. 그래서 상고시대부터 중원 사람으로 귀속①하지 않았습니다. 한나라에서 수천 리나 가서 이익을 다투면 사람이나 말이 지치고 흉노들은 피폐한 우리를 완전히 제압할 것입니다. 또 강력한 쇠뇌도 힘을 다하면 그 화살은 능히 노나라 얇은 비단②도 뚫지 못하고 회오리바람도 힘을 다하면 그 힘은 능히 가벼운 기러기의 털도 날리지 못한다고 했습니다. 처음에는 강력하지 않은 것이 아니지만 끝에는 힘이 쇠약해지는 것입니다. 그들을 공격하는 것은 온당하지 않으니 화친하는 것만 못합니다."

논의에 참여한 신하들 중 한안국의 의견을 따르는 자가 많았다. 이에 무제는 화친을 허락했다.

建元六年 武安侯爲丞相 安國爲御史大夫 匈奴來請和親 天子下議 大行王恢 燕人也 數爲邊吏 習知胡事 議曰 漢與匈奴和親 率不過數歲卽復倍約 不如勿許 興兵擊之 安國曰 千里而戰 兵不獲利 今匈奴負戎馬之足 懷禽獸之心 遷徙鳥擧 難得而制也 得其地不足以爲廣 有其衆不足以爲彊 自上古不屬①爲人 漢數千里爭利 則人馬罷 虜以全制其敝 且彊弩之極 矢不能穿魯縞② 衝風之末 力不能漂鴻毛 非初不勁 末力衰也 擊之不便 不如和親 群臣議者多附安國 於是上許和親

① 屬속

색은 살펴보니 진작이 말했다. "한나라에 귀속시켜 한나라 사람으로 만들지 않은 것이다."

案 晉灼云 不內屬於漢爲人

② 魯縞노호

집해 허신이 말했다. "노나라 비단은 더욱 얇다."

許愼曰 魯之縞尤薄

그다음 해 원광元光 원년에 안문군 마읍馬邑의 호걸인 섭옹일聶翁壹[①]이 대행 왕회王恢를 통해서 주상에게 의견을 올렸다.

"흉노와 처음으로 화친해 변방에서 믿고 친하게 지내고 있으니, 이익으로 유인하는 것이 좋을 것입니다."

몰래 섭옹일을 시켜서 간첩으로 삼고, 도망쳐서 흉노로 들어가 선우를 설득해서 말하게 했다.

"저는 마읍의 현령과 현승, 관리들을 참수하고 성을 가지고 항복할 수 있습니다. 그러면 재물을 모두 얻을 수 있을 것입니다."

선우는 섭옹일을 아끼고 믿었기 때문에 그렇게 하도록 허락했다.

섭옹일은 이에 돌아와 거짓으로 사형될 죄수를 처형해서 그의 머리를 마읍의 성에 내걸고 선우의 사신에게 보여서 믿게 했다. 그리고 말했다.

"마읍의 장과 관리들이 이미 죽었으니 급히 오는 것이 좋을 것이오."

이에 선우가 요새를 뚫고 10여만 명의 기병을 거느리고 무주武州의 요새[②]로 쳐들어왔다.

이때 한나라 복병伏兵으로 전차부대와 기마병과 쇠뇌부대 30여만 명이 마읍馬邑 근처 계곡에 숨어 있었다.

其明年 則元光元年 雁門馬邑豪聶翁壹[①]因大行王恢言上曰 匈奴初和親 親信邊 可誘以利 陰使聶翁壹爲間 亡入匈奴 謂單于曰 吾能斬馬邑令丞吏 以城降 財物可盡得 單于愛信之 以爲然 許聶翁壹 聶翁壹乃還

> 詐斬死罪囚 縣其頭馬邑城 示單于使者爲信曰 馬邑長吏已死 可急來
> 於是單于穿塞將十餘萬騎 入武州塞② 當是時 漢伏兵車騎材官三十餘
> 萬 匿馬邑旁谷中

① 豪聶翁壹호섭옹일

[집해] 장안이 말했다. "호豪는 수帥(장수)와 같다."

張晏曰 豪猶帥也

[색은] 섭聶은 성姓이다. 옹일翁壹은 이름이다. 《한서》에는 섭일聶壹로 되어 있다.

聶 姓也 翁壹 名也 漢書云 聶壹

② 武州塞무주새

[집해] 서광이 말했다. "안문雁門에 있다."

徐廣曰 在雁門

[색은] 〈지리지〉에는 현 이름으로 안문雁門에 속해 있다. 또 최호崔浩가 "지금 평성平城에서 곧바로 서쪽 100리에 무주성이 있다."라고 말한 것이 이곳이다.

地理志縣名 屬雁門 又崔浩云 今平城直西百里有武州城 是也

위위衛尉 이광李廣은 효기① 장군驍騎將軍이 되고, 태복 공손하公孫賀는 경거② 장군輕車將軍이 되고, 대행 왕회王恢는 장둔③ 장군將屯將軍이 되고, 태중대부 이식李息은 재관④ 장군材官將軍이 되고, 어사대부 한안국은 호군장군護軍將軍이 되어 여러 장수가 모두 호군장군에 소속되었다. 선우가 마읍으로 들어오면 한나라 군사가 격돌하기로 약속하였다. 왕회, 이식, 이광은 별도로 대군代郡에서 선우의 군수물자⑤를 주로 공격하기로 했다.

선우는 한나라 장성인 무주의 요새로 들어왔다. 마읍에 이르기 100여 리 전에 곳곳을 약탈하면서 쳐들어왔으나, 들에는 가축만 보이고 사람은 한 명도 보이지 않았다. 선우는 괴이쩍게 여기고 봉화대를 공격해서 무주武州의 위사尉史를 사로잡았다.

衛尉李廣爲驍騎①將軍 太僕公孫賀爲輕車②將軍 大行王恢爲將屯③將軍 太中大夫李息爲材官④將軍 御史大夫韓安國爲護軍將軍 諸將皆屬護軍 約單于入馬邑而漢兵縱發 王恢李息李廣別從代主擊其輜重⑤ 於是單于入漢長城武州塞 未至馬邑百餘里 行掠鹵 徒見畜牧於野 不見一人 單于怪之 攻烽燧 得武州尉史

① 驍騎효기

집해 《한서》에서 말한다. "북맥北貉의 연나라 사람이 와서 효기驍騎에 이르렀다." 응소가 말했다. "효驍는 건健(굳세다)이다." 장안이 말했다. "효驍는 용勇이며 육박六博 놀이의 효梟와 같다."

漢書曰 北貉燕人來致驍騎 應劭曰 驍 健也 張晏曰 驍 勇也 若六博之梟矣

② 輕車경거

[정의] 사마표의 《속한서》에서 말한다. "경거輕車는 옛날의 전차이다."

司馬彪漢書云 輕車 古之戰車

③ 將屯장둔

[정의] 이기가 말했다. "여러 주둔지를 감독하고 주관하는 것이다."

李奇云 監主諸屯

④ 材官재관

[정의] 신찬이 말했다. "재관材官은 말을 타고 활을 쏘는 관리이다."

臣瓚云 材官 騎射之官

⑤ 輜重치중

[정의] 《이아》〈석명〉에서 말한다. "치輜는 측廁이다. 의복이나 잡다한 것들이 뒤섞여 그 속에 실려 있는 것이다."

釋名云 輜 廁也 所載衣服雜廁其中

[신주] 군대의 보급품을 나르는 수레이다.

위사를 죽이려 하면서 신문하자 위사가 말했다.

"한나라 군사 수십만 명이 마읍 아래에 매복해 있습니다."

선우가 돌아보고 좌우左右에 말했다.

"한나라에 속을 뻔했다.①"

이에 군사를 이끌고 돌아갔다. 요새를 나가면서 말했다.

"내가 위사尉史를 얻은 것은 천명이다."

이에 위사를 명해서 '천왕天王'으로 삼았다.

요새 아래에 선우가 이미 떠나갔다는 말이 전해졌다. 한나라 군사가 추격해 요새에 이르렀으나 따라잡지 못할 것으로 판단하고 곧 철수했다.

왕회 등의 군사 3만 명은 선우와 한나라가 교전하지 않았다는 소문을 들었다. 또 가서 그들의 군수물자를 공격한다면 반드시 선우의 정예병과 싸우게 될 것이고, 한나라 군사는 반드시 패배할 것이라 여기고, 곧 임의로 군사를 철수해 모두 공로가 없었다.

欲刺問尉史 尉史曰 漢兵數十萬伏馬邑下 單于顧謂左右曰 幾爲漢所賣^① 乃引兵還 出塞 曰 吾得尉史 乃天也 命尉史爲天王 塞下傳言單于已引去 漢兵追至塞 度弗及 卽罷 王恢等兵三萬 聞單于不與漢合 度往擊輜重 必與單于精兵戰 漢兵勢必敗 則以便宜罷兵 皆無功

① 幾爲漢所賣기위한소매

정의 幾의 발음은 '기祈'이다.

幾音祈

신주 매賣는 속임을 당하는 것이다.

무제는 왕회가 선우의 보급부대를 공격하지 않고 멋대로 군사를 이끌고 물러난 것을 노여워했다. 왕회가 말했다.

"처음의 약속은 흉노가 마읍성을 쳐들어오면 우리의 군사와 선우가 접전을 할 때, 신이 그들의 보급부대를 공격해 군수품을 빼앗는 것이었습니다. 지금 선우가 그 소식을 듣고서 이르지 않고 돌아가서, 신이 3만 명의 군사로 대적하지 못했고 (대적했더라도) 다만① 치욕만을 취했을 것입니다. 신은 철수한다면 참형을 당할 것임을 잘 알았지만 폐하의 군사 3만 명은 온전히 보전할 수 있었습니다."

이에 왕회를 정위廷尉에게 치죄하게 했다. 정위는 왕회가 두요逗撓의 죄②에 해당하여 마땅히 참수해야 한다고 했다.

天子怒王恢不出擊單于輜重 擅引兵罷也 恢曰 始約虜入馬邑城 兵與單于接 而臣擊其輜重 可得利 今單于聞 不至而還 臣以三萬人衆不敵 禔①取辱耳 臣固知還而斬 然得完陛下士三萬人 於是下恢廷尉 廷尉當恢逗橈② 當斬

① 禔지

집해 서광이 말했다. "지禔는 다른 판본에는 '지祗'로 되어 있다."

徐廣曰 禔 一作祗也

② 逗橈두요

집해 《한서음의》에서 말한다. "두逗는 구불구불 왔다 갔다 하며 적을 피하는 것이고, 요橈는 되돌아보거나 두루 살피는 것이다. 군법軍法의 말이다."

漢書音義曰 逗 曲行避敵也 橈 顧望 軍法語也

[색은] 살펴보니 응소가 말했다. "두逗는 구불구불 왔다 갔다 하며 적을 피하는 것이며 逗의 발음은 '두豆'이다." 또 '주住'로 발음하고 주住는 머무르는 것을 이른다. 요橈는 굴약屈弱(굽히어 약하다)이다. 橈의 발음은 '요[女孝反]'이다. 일설에는 요橈는 되돌아보거나 두루 살피는 것이라고 했다.

案 劭云 逗 曲行而避敵 音豆 又音住 住謂留止也 橈 屈弱也 女孝反 一云橈 顧望也

왕회는 남몰래 1,000금의 뇌물을 승상인 전분에게 보냈다. 전분은 감히 무제에게 말하지 못하고 태후에게 말했다.

"왕회는 마읍 사건의 주모자인데 지금 성공하지 못했다고 왕회를 처형한다면 이것은 흉노를 위해 원수를 갚아주는 것입니다."

무제가 태후에게 문안을 드리자 태후는 승상의 말을 무제에게 전했다. 무제가 말했다.

"처음부터 마읍 사건을 만든 자는 왕회입니다. 그러므로 천하에서 수십만 명의 군사를 징발하여 그의 말을 따라 이렇게 시행했습니다. 또 비록 선우를 체포하지 못했더라도 왕회의 부대가 선우의 보급부대를 공격했다면 그래도 많은 것을 얻어서 사대부들의 마음을 위로할 수 있었을 것입니다. 지금 왕회를 처벌하지 않는다면 천하에 사죄할 방법이 없습니다."

이에 왕회가 듣고 자살했다.

恢私行千金丞相蚡 蚡不敢言上 而言於太后曰 王恢首造馬邑事 今不
成而誅恢 是爲匈奴報仇也 上朝太后 太后以丞相言告上 上曰 首爲馬
邑事者 恢也 故發天下兵數十萬 從其言 爲此 且縱單于不可得 恢所部
擊其輜重 猶頗可得 以慰士大夫心 今不誅恢 無以謝天下 於是恢聞之
乃自殺

한안국의 사람됨은 원대한 지략이 많고 지혜는 당세에 영합할 만
했으나 충직하고 순후한 행동과는 거리가 있었다.[①]

그는 재물을 즐기고 탐했으나 그가 추천한 자들은 모두가 청렴한
선비였으며 자신보다 현명한 자들이었다.

양梁나라에서 호수壺遂, 장고臧固, 질타郅他[②] 등을 천거했는데, 모
두가 천하의 명사들이어서 선비들 또한 이 때문에 칭찬하고 사모
했고, 천자도 국가의 인재로 여겼다.

한안국이 어사대부가 된 지 4년여 만에 승상 전분이 죽고 한안국
이 승상의 일을 대행했는데, 천자를 받들어 안내하다가 수레에서
떨어져 다리를 절뚝거리게 되었다.[③]

무제는 승상을 두는 것을 의논하고 한안국을 등용하고자 사람을
보내서 그의 상태를 관찰하게 했는데, 절뚝거리는 것이 매우 심했
다. 이에 변경해서 평극후平棘侯 설택薛澤을 승상으로 삼았다.

安國爲人多大略 智足以當世取合 而出於忠厚焉[①] 貪嗜於財 所推擧皆
廉士 賢於己者也 於梁擧壺遂臧固郅他[②] 皆天下名士 士亦以此稱慕之
唯天子以爲國器 安國爲御史大夫四歲餘 丞相田蚡死 安國行丞相事

奉引墮車蹇③ 天子議置相 欲用安國 使使視之 蹇甚 乃更以平棘侯薛澤
爲丞相

① 而出於忠厚焉이출어충후언

[색은] 살펴보니 출出은 거去(떠나다)이다. 한안국의 사람됨이 충후忠厚한
행동이 없다는 것을 말한다.

案 出者 去也 言安國爲人無忠厚之行

② 壺遂臧固郅他호수장고질타

[색은] 앞 글자 郅의 발음은 '질質'이고, 뒷 글자 他의 발음은 '다[徒河反]'
이다. 세 사람의 성명을 이르는 것으로 호수壺遂, 장고臧固, 질타郅他이다.
《한서》의 경우는 '지타至他'라고 했으니, 다른 곳에서도 명사名士를 천거
했다는 말이다.

上音質 下徒河反 謂三人姓名也 壺遂也 臧固也 郅他也 若漢書則云 至他 言至
於他處 亦擧名士也

③ 奉引墮車蹇봉인타거건

[집해] 여순이 말했다. "천자를 인도하다가 수레에서 떨어져 발을 절뚝
거린 것이다."

如淳曰 爲天子導引而墮車 跛足

한안국이 병으로 면직된 지 수개월이 지나 절뚝거리는 증상이 회복되자 무제가 다시 한안국을 중위中尉로 삼았다. 한 해 남짓 뒤에 위위衛尉로 자리를 옮겼다.

거기장군車騎將軍 위청衛靑이 흉노를 공격했는데[1] 상곡上谷에서 출동해 호胡를 롱성龍城[2]에서 무너뜨렸다. 장군 이광李廣이 흉노의 포로가 되었다가 다시 도망쳐 왔다. 공손오公孫敖는 많은 군사를 잃었다. 모두 참형에 해당했으나 속죄금을 내고 서인庶人이 되었다.

다음 해에 흉노는 대대적으로 변경에 쳐들어와서 요서遼西 태수를 살해하고, 안문으로 쳐들어와 수천 명을 살해하며 노략질하기에 이르렀다. 거기장군 위청이 흉노를 공격하러 안문으로 출동했다. 위위衛尉인 한안국은 재관장군材官將軍(쇠뇌부대장)이 되어서 어양漁陽에 주둔했다.

한안국이 흉노들을 생포했는데, 그들은 흉노가 멀리 떠났다고 말했다. 곧 글을 올려서 바야흐로 농사철이므로 주둔부대를 돌려보낼 것을 청했다. 주둔부대를 돌려보낸 지 한 달여 만에 흉노가 대대적으로 상곡上谷과 어양漁陽[3]으로 쳐들어왔다.

한안국이 지키는 성벽에는 700여 명이 있었는데 나가서 함께 싸웠으나 이기지 못하고 다시 성벽으로 들어왔다. 흉노들은 1,000여 명을 포로로 잡고 가축을 약탈하여 떠나갔다.

安國病免數月 蹇愈 上復以安國爲中尉 歲餘 徙爲衛尉 車騎將軍衛靑擊匈奴[1] 出上谷 破胡蘢城[2] 將軍李廣爲匈奴所得 復失之 公孫敖大亡卒 皆當斬 贖爲庶人 明年 匈奴大入邊 殺遼西太守 及入雁門 所殺略數

千人 車騎將軍衛靑擊之 出雁門 衛尉安國爲材官將軍 屯於漁陽③ 安國

捕生虜 言匈奴遠去 郞上書言方田作時 請且罷軍屯 罷軍屯月餘 匈奴

大入上谷漁陽 安國壁乃有七百餘人 出與戰 不勝 復入壁 匈奴虜略千

餘人及畜産而去

① 衛靑擊匈奴위청격흉노

[집해] 서광이 말했다. "원광 6년이다."

徐廣曰 元光六年也

② 龍城룡성

[집해] 龍의 발음은 '룡龍'이다.

龍音龍

[색은] 龍의 발음은 '룡龍'이다.

音龍

③ 漁陽어양

[정의] 유주幽州의 현이다.

幽州縣

무제가 듣고 화가 나서 사신을 보내서 한안국을 꾸짖었고, 한안국을 더욱 동쪽으로 이동시켜서 우북평右北平①에 주둔하게 했다. 이때 흉노의 포로가 (흉노가) 동쪽으로 쳐들어올 것이라고 말했기 때문이다.

한안국은 처음에 어사대부와 호군護軍이 되었다가 뒤에는 점점 소외당하고 멀어져서 벼슬도 강등되었다. 또 새로이 총애를 받는 장년의 장군인 위청 등은 공로가 있어서 더욱 귀해졌다.

한안국은 이미 소원해졌고 말수도 적어졌다. 주둔군의 장수로 또 흉노에게 속고, 군사들의 손실이 많아지자 심히 스스로 부끄러워했다. 그래서 주둔군을 파하고 돌아가기를 바랐는데, 더욱 주둔군을 동쪽으로 옮기게 되니 마음이 실의에 차 우울하기만 했다. 이에 수개월 만에 병이 들어서 피를 토하고 죽었다.

한안국은 무제 원삭元朔 2년에 죽었다.

天子聞之 怒 使使責讓安國 徙安國益東 屯右北平① 是時匈奴虜言當入東方 安國始爲御史大夫及護軍 後稍斥疏 下遷 而新幸壯將軍衛靑等有功 益貴 安國旣疏遠 黙黙也 將屯又爲匈奴所欺 失亡多 甚自愧 幸得罷歸 乃益東徙屯 意忽忽不樂 數月 病歐血死 安國以元朔二年中卒

① 右北平우북평

정의 유주 어양현 동남쪽 77리에 있는 북평성北平城은 곧 한나라 우북평이다.

幽州漁陽縣東南七十七里北平城 卽漢右北平也

태사공은 말한다.

나는 호수壺遂와 함께 율력律曆을 제정할 때 한장유韓長孺의 의리와 호수壺遂의 속이 깊고 두터움[1]을 살필 수 있었다. 세상에서는 흔히 양梁나라에는 장자長者가 많다고 말하는데 헛말이 아니었도다.

호수의 관직이 첨사詹事에 이르렀을 때, 천자는 바야흐로 호수를 승상에 임명하려고 했으나 마침 호수가 죽고 말았다. 그렇게 죽지 않았다면 호수는 안으로 겸손하고 행동을 닦아서 존경받는[2] 군자君子가 되었을 것이다.

太史公曰 余與壺遂定律曆 觀韓長孺之義 壺遂之深中隱厚[1] 世之言梁多長者 不虛哉 壺遂官至詹事 天子方倚以爲漢相 會遂卒 不然 壺遂之內廉行脩 斯鞠躬[2]君子也

① 深中隱厚심중은후

集解 서광이 말했다. "일설에는 '청렴하고 정직하며 충직하고 순후하다.[廉正忠厚]'라고 했다."

徐廣曰 一云 廉正忠厚

② 鞠躬국궁

新注 존경하는 뜻으로 몸을 굽힌다는 의미이다.

索隱述贊 사마정이 펼쳐서 밝히다.

한안국은 충직하고 돈후했다. 처음에 양나라 장군이 되었을 때, 법에 저촉되는 일이 있어 면직되어 죄수가 되었으나 양나라 재상으로 일어났다.

식은 재에 다시 불을 붙여 장군이 되어 흉노를 생포했으나 방어에는 실
패했다. 현인을 추대하여 존중받았으나 뇌물을 받아 비방을 받았다.
눈 같은 눈물로 군주를 깨닫게 했으니 신하의 절개가 밝았다고 할 만
하구나!

安國忠厚 初爲梁將 因事坐法 免徒起相 死灰更然 生虜失防 推賢見重 賄金貽
謗 雪泣悟主 臣節可亮

사기 제109권 史記卷一百九

이장군열전 李將軍列傳

사기 109권 이장군열전 제49

史記卷一百九 李將軍列傳第四十九

신주 이광李廣(?~서기전 119)은 농서隴西 성기成紀 사람이다. 그는 진秦나라 때부터 이어온 장문將門의 세가 출신으로 서기전 166년에 흉노와 소관蕭關의 싸움에 종군한 것을 시작으로 서기전 119년에 자결할 때까지 여러 전쟁에서 많은 전공戰功을 세운 사람이다.

문제文帝 14년(서기전 166)에 흉노가 소관蕭關(지금 영하 회족자치구 고원현固原縣 인근)을 대거 공격하자 흉노를 무찔러 그 공으로 중랑中郎이 되었다. 효경제孝景帝 3년(서기전 154)에 오吳·초楚 칠국의 난 때 효기도위驍騎都尉로 태위太尉 주아부周亞夫를 따라 오·초의 연합군을 격파했다. 후에 농서隴西, 북지北地, 안문雁門, 대군代郡, 운중雲中 등 변방의 태수를 역임하면서 흉노와 전투를 치러 많은 전공이 있었고 흉노가 가장 두려워할 정도로 명성이 높았다.

경제가 죽고 무제(서기전 140~서기전 87)가 즉위하자 상군 태수로서 미앙궁未央宮의 위위衛尉가 되었고, 서기전 129년에 안문에 출병하여 흉노를 공격하다가 패하여 사로잡혔다. 탈출하여 장안으로 돌아왔으나 참수형에 해당하여 속죄금을 내고 평민이 되었다. 이듬해 흉노가 침입하자 그를 우북평군右北平郡 태수로 부임시켰는데 흉노는 그를 비장군飛將軍이라

부르며 수년간 우북평군을 침략하지 못했다. 서기전 119년에 대장군 위청과 표기장군 곽거병霍去病이 흉노 공격을 위한 대대적인 출정에 참여할 때 전장戰場에 늦게 도착한 것을 이유로 이광을 심문하자 이광은 억울함을 참지 못하고 스스로 목을 베고 죽음으로써 한 시대, 한 인간의 서사敍史적 막이 내려졌다.

사마천은 "내가 이 장군을 본 적이 있었는데 진실하고 진실한 것이 시골 사람과 같았고 입으로는 변명하는 말을 하지 않았다. 이 장군이 죽음에 이르자 천하에서 알든 알지 못하든 모두 슬퍼했다. 저 이 장군의 충실하고 진실한 마음을 사대부들은 믿었기 때문이다."라고 말하며 매우 애석해했다.

또한 이광의 손자는 이릉李陵으로 사마천과 깊은 관련이 있다. 사마천은 이릉이 중과부적으로 싸우다가 흉노에 투항한 것을 변호하다가 궁형을 받았기 때문이다.

흉노가 꺼린 이광

이李장군 광廣은 농서隴西 성기成紀[1] 사람이다. 그의 선조 이신李信은 진秦나라 때 장군이 되었는데 연나라 태자 단丹을 추격해 사로잡았다.

본디 괴리槐里에 살았는데 성기成紀로 이사했다. 이광의 집안은 대대로 사술射術(활 쏘는 기술)을 전수해 왔다.[2]

효문제 14년, 흉노가 크게 소관蕭關으로 쳐들어오자 이광李廣은 좋은 집안의 자제[3]로 종군해 호胡를 공격했으며 기마騎馬와 활쏘기를 잘해서 죽이거나 사로잡은 포로가 많아서 한나라 중랑中郎이 되었다.

이광의 종제從弟 이채李蔡 또한 낭郎이 되었다. 모두 무기상시武騎常侍[4]가 되었으며 녹봉은 800석에 이르렀다.

李將軍廣者 隴西成紀[1]人也 其先曰李信 秦時爲將 逐得燕太子丹者也 故槐里 徙成紀 廣家世世受射[2] 孝文帝十四年 匈奴大入蕭關 而廣以良家子[3] 從軍擊胡 用善騎射 殺首虜多 爲漢中郎 廣從弟李蔡亦爲郎 皆爲武騎常侍[4]秩八百石

① 成紀성기

정의 성기成紀는 진주의 현縣이다.

成紀 秦州縣

② 受射수사

색은 살펴보니 소안이 말했다. "대대로 사법射法을 전해받는 것이다."

案 小顏云 世受射法

③ 良家子양가자

색은 살펴보니 여순이 말했다. "의醫, 무巫, 상고商賈, 백공百工이 아니다."

案 如淳云 非醫巫商賈百工也

신주 사회적 신분이나 지위가 있는 좋은 집안의 자식을 가리킨다.

④ 武騎常侍무기상시

색은 살펴보니 낭郎이 되었다가 무기상시에 보임된 것을 이른다.

案 謂爲郎而補武騎常侍

일찍이 천자의 행차를 따랐을 때 적을 공격하여 함락시키고 관문에서 저지하는 것이① 맹수를 가로막고 내려치듯 하자② 문제가 말했다.

"애석하구나! 그대가 때를 만나지 못함이. 만일 그대가 고제高帝 때 있었더라면 1만 호의 제후에 봉해주고도 어찌 충분하다고 말했으랴.”

경제가 처음 즉위했을 때 이광은 농서도위隴西都尉가 되었다가 기낭장騎郎將[3]으로 자리를 옮겼다.

오吳와 초楚 등 7개국이 반란을 일으켰을 때, 이광은 효기도위驍騎都尉가 되어 태위인 주아부周亞夫를 따라 오나라와 초나라 군대를 공격해 깃발을 빼앗으니 공로와 명성이 창읍昌邑의 백성들[4]에게 드러났다.

嘗從行 有所衝陷折關[1]及格猛獸[2] 而文帝曰 惜乎 子不遇時 如令子當高帝時 萬戶侯豈足道哉 及孝景初立 廣爲隴西都尉 徙爲騎郎將[3] 吳楚軍時 廣爲驍騎都尉 從太尉亞夫擊吳楚軍 取旗 顯功名昌邑下[4]

① 衝陷折關충함절관

신주 매우 세차게 적을 쳐서 함락시키고 관문에서 저지한다는 뜻이다. 원래 절관折關은 관문을 무너뜨린다는 의미이나 한나라가 관장하는 관문에서 적을 저지했다는 뜻이다.

② 及格猛獸급격맹수

신주 급及은 ‘견주다’ 격格은 ‘내려치다’의 뜻으로 맹수에 맞서 공격한다는 의미이다.

③ 騎郎將기낭장

집해 장안이 말했다. “무기낭장武騎郎將이 되었다.”

張晏曰 爲武騎郎將

색은 소안이 말했다. "기낭장騎郎將이 되었다는 것은 기랑騎郎을 주관함을 말한 것이다."

小顏云 爲騎郎將謂主騎郎也

④ 下하

신주 하下는 '백성'을 의미한다.

양왕이 이광에게 장군의 인수印綬를 준 까닭에 돌아와서는 상을 받지 못했다.[①] 상곡上谷의 태수로 자리를 옮겨 흉노와 날마다 맞서 싸웠다. 전속국典屬國 공손혼야公孫昆邪[②]는 주상을 위해 울면서 말했다.

"이광의 재주와 기백은 천하에 대적할 자가 없어서 자기의 능력만 믿고 자주 오랑캐와 싸우고 있습니다. 그를 잃게 될까 두렵습니다."

이에 상군上郡 태수로 자리를 옮겼다. 뒤에 이광을 전출시켜서 변방 군의 태수로 삼았다가 상군으로 옮겨 주었다. 일찍이 농서隴西, 북지北地, 안문雁門, 대군代郡, 운중雲中 태수가 되었는데, 모두 힘을 다해 싸워 명성이 있었다.

以梁王授廣將軍印 還 賞不行[①] 徙爲上谷太守 匈奴日以合戰 典屬國公孫昆邪[②]爲上泣曰 李廣才氣 天下無雙 自負其能 數與虜敵戰 恐亡之 於是乃徙爲上郡太守 後廣轉爲邊郡太守 徙上郡 嘗爲隴西北地雁門代郡雲中太守 皆以力戰爲名

① 賞不行상불행

　집해　문영이 말했다. "이광이 한나라 장수가 되어 사사로이 양왕梁王
의 인印을 받았다. 이 때문에 상을 주지 않은 것이다."

文穎曰 廣爲漢將 私受梁印 故不以賞也

② 典屬國公孫昆邪전속국공손혼야

　집해　昆의 발음은 '혼魂'이다.

昆音魂

　색은　살펴보니 전속국典屬國은 관직 이름이다. 공손公孫은 성이고, 혼
야昆邪는 이름이다. 복건이 말했다. "중국인이다." 포개包愷가 말했다.
"昆의 발음은 '혼魂'이다."

案 典屬國 官名 公孫 姓也 昆邪 名 服虔云 中國人 包愷云 昆音魂也

> 흉노가 상군上郡에 대대적으로 쳐들어오자 천자는 중귀인中貴
> 人①에게 이광을 따라 말을 다루고 병법을 익혀서 흉노를 공격하
> 도록 했다. 중귀인은 기병 수십여 명을 거느리고 멋대로 돌아다
> 니다가② 흉노 3명을 발견하고 싸웠다. 흉노 3명은 몸을 돌리며
> 활을 쏘아 맞혀③ 중귀인에게 상처를 입히고 그 기병들도 다 죽였
> 다. 중귀인이 이광에게 달려가니, 이광이 말했다.
> "이들은 반드시 활쏘기의 명수④일 것이다."
> 이광이 드디어 100여 명의 기병들을 이끌고 가서 세 사람을 추격
> 했다. 세 사람이 말을 잃고 걸어서 수십여 리를 갔다.

이광은 좌우의 기병들에게 좌우로 날개처럼 벌리게 하고 이광 자신이 직접 활을 쏘아 그중 2명을 사살하고 1명을 생포했다. 과연 흉노의 활쏘기 명수들이었다. 이윽고 포박해서 말 위에 싣고 흉노 땅을 바라보니 수천 명의 흉노 기병이 있었는데, 이광을 보고 자신의 기병들을 유인하러 온 것으로 여기고 모두 놀라서 산 위에 진을 쳤다. 이광의 100여 기병이 모두 크게 두려워하여 말을 몰고 돌아가고자 했다.

匈奴大入上郡 天子使中貴人^①從廣勒習兵擊匈奴 中貴人將騎數十縱^② 見匈奴三人 與戰 三人還射^③ 傷中貴人 殺其騎且盡 中貴人走廣 廣曰 是必射雕者^④也 廣乃遂從百騎往馳三人 三人亡馬步行 行數十里 廣令 其騎張左右翼 而廣身自射彼三人者 殺其二人 生得一人 果匈奴射雕 者也 已縛之上馬 望匈奴有數千騎 見廣 以爲誘騎 皆驚 上山陳 廣之百 騎皆大恐 欲馳還走

① 中貴人중귀인

집해 《한서음의》에서 말한다. "내관內官으로 총애받는 귀한 자이다."
漢書音義曰 內官之幸貴者

색은 살펴보니 동파의 《여복지》에서 말한다. "황문승黃門丞은 지극히 친밀하고 가까워 천하를 듣고 살피게 해서 중귀인中貴人 사자使者라고 이른다." 최호가 말했다. "궁중에 있으면서 귀하게 총애받으나 덕망이 있는 것은 아니다. 그러므로 이름을 나타내지 않은 것이다."
案 董巴輿服志云 黃門丞至密近 使聽察天下 謂之中貴人使者 崔浩云在中而貴 幸 非德望 故名不見也

② 縱종

집해 서광이 말했다. "멋대로 말을 달린 것이다."

徐廣曰 放縱馳騁

③ 還射환석

정의 射의 발음은 '석石'이다. 환還은 '전轉'(돌다)을 이른다.

射音石 還謂轉也

④ 射雕者석조자

집해 문영이 말했다. "조雕는 새이다. 이 때문에 활을 잘 쏘는 자에게 쏘아 맞히도록 한 것이다."

文穎曰 雕 鳥也 故使善射者射也

색은 살펴보니 복건이 말했다. "조雕는 '악鷲'(수리)이다." 《설문》에서 말한다. "취鷲(수리)와 같고 흑색이며 새끼가 많다." 일명 취鷲이고 그의 깃털로 화살 깃을 만든다. 위소가 말했다. "악鷲은 일명 조鵰(수리)이다."

案 服虔云 雕 鷲也 說文云 似鷲 黑色 多子 一名鷲 以其毛作矢羽 韋昭云 鷲 一名鵰也

신주 활쏘기의 명수를 말한다.

이광이 말했다.

"우리는 대군大軍과 수십 리나 떨어져 있다. 지금 이와 같은 상황에서 100여 기로 달아나게 되면 흉노는 추격해 활을 쏘아 모두를 죽일 것이다. 지금 우리가 머무르면서 흉노가 반드시 우리 대군이 있는 곳으로 유인하는 것으로 여기게 하면 반드시 감히 우리를 공격하지 못할 것이다."

이광이 여러 기병에게 명했다.

"전진하라."

전진해서 흉노의 진지에서 2리쯤 앞에 머물렀다. 그리고 명령하였다.

"모두 말에서 내려 안장을 풀어라."

그러자 기병들이 물었다.

"흉노가 많고 또 가까이 있는데 곧 급습을 당하게 되면 어찌합니까?"

이광이 말했다.

"저 흉노들은 우리가 달아날 줄로 여기고 있는데, 지금 모두 안장을 풀고 달아나지 않는 것을 보여준다면 우리가 유인하러 왔다는 것을 더욱 확신할 것이다."

이에 호胡의 기병들이 끝내 감히 공격하지 못했다. 어떤 백마를 탄 장수가[①] 나와서 그의 군사들을 감시하는데, 이광이 말에 올라 10여 명의 기병을 이끌고 달려가 백마를 탄 흉노 장수를 쏘아 죽이고 다시 돌아와 그의 기병 진영 안으로 돌아와 안장을 풀고 기사들에게도 모두 말을 놓아두고 자유롭게 누워있으라고 명했다. 이때 날이 저물었는데도 호胡의 군사들은 끝내 괴이쩍게 여겨서 감히 공격하지 못했다. 한밤중에도 호胡의 군사들은 한나라가 근처에 복병을 두고 있다가 밤에 공격하려고 하는 것으로 여기고 호胡는 모두 군사를 이끌고 떠나갔다.

이른 아침에 이광이 그의 대군이 있는 곳으로 돌아갔다. 대군은 이광이 있는 곳을 알지 못했으므로 감히 쫓아가지 못했다.

廣曰 吾去大軍數十里 今如此以百騎走 匈奴追射我立盡 今我留 匈奴 必以我爲大軍〔之〕誘(之) 必不敢擊我 廣令諸騎曰 前 前未到匈奴陳二 里所 止 令曰 皆下馬解鞍 其騎曰 虜多且近 卽有急 奈何 廣曰 彼虜以 我爲走 今皆解鞍以示不走 用堅其意 於是胡騎遂不敢擊 有白馬將①出 護其兵 李廣上馬與十餘騎犇射殺胡白馬將 而復還至其騎中 解鞍 令 士皆縱馬臥 是時會暮 胡兵終怪之 不敢擊 夜半時 胡兵亦以爲漢有伏 軍於旁欲夜取之 胡皆引兵而去 平旦 李廣乃歸其大軍 大軍不知廣所 之 故弗從

① 白馬將백마장

[정의] 그들의 장수가 백마를 타고 나가서 감시하고 보호하는 것이다.
其將乘白馬而出監護也

세월이 흘러 효경제가 죽고 무제가 즉위했다. 좌우에서 이광을 명 장으로 여기자 이광을 상군上郡 태수로 삼고 미앙궁未央宮의 위위 衛尉를 겸하게 했으며, 정불식程不識도 장락궁長樂宮의 위위衛尉로 삼았다.

정불식은 본디 이광과 함께 변방의 태수로 주둔군의 장군이었 다. 호胡를 치러 출격할 때 이광은 행군하면서 부대의 대오 없이 진을 치되^① 좋은 물과 풀이 있는 곳에 주둔하고 머물러 쉬면서 각자 편의대로^② 있게 하고, 조두刀斗^③를 두드리지 않고도 각자 스스로 보호하도록 했다. 장군의 장막^④ 안에서는 장부나 문서 보는 일을 간략하게 했다. 그래도 척후병^⑤을 멀리 두어 일찍이 적의 공격을 당하지 않았다.

居久之 孝景崩 武帝立 左右以爲廣名將也 於是廣以上郡太守爲未央 衛尉 而程不識亦爲長樂衛尉 程不識故與李廣俱以邊太守將軍屯 及出 擊胡 而廣行無部伍行陳^① 就善水草屯 舍止 人人自便^② 不擊刀斗^③以 自衛 莫府^④省約文書籍事 然亦遠斥候^⑤ 未嘗遇害

① 部伍行陳 부오행진

색은 살펴보니《백관지》에서 말한다. "장군이 군대를 거느리는데 모두 부곡部曲이 있다. 대장군의 진영은 오부五部이고 부部에는 교위校尉 1명이 있고 부部의 아래에는 곡曲이 있고 곡曲에는 군후軍候 1명이 있다."

案 百官志云 將軍領軍皆有部曲 大將軍營五部 部校尉一人 部下有曲 曲有軍 候一人也

② 便 편

색은 便의 발음은 거성이다.

音去聲

③ 刀斗 조두

집해 맹강이 말했다. "동銅을 사용해서 초기鐎器를 만들면 1말을 담는다. 낮에는 밥을 짓고 밤에는 두드리면서 길을 가니 이름을 조두刀豆라고 한다."

孟康曰 以銅作鐎器 受一斗 晝炊飯食 夜擊持行 名曰刀斗

[색은] 刀의 발음은 '초貂'이다. 살펴보니 순열이 말했다. "조두刀斗는 작은 방울이고 궁중의 전야령傳夜鈴과 같은 것이다." 소림이 말했다. "형상이 노구솥과 같으며 동銅을 사용해 만들었으며 가선이 없고 1말을 담는다. 그러므로 '조두'라고 이른다." 연銷은 곧 영鈴이다. 《비창》에서 말한다. "초鐎는 온기溫器이고 병두柄斗가 있고 냄비와 같은데 가선이 없다. 刀의 발음은 '초焦'이다."

刀音貂 案 荀悅云 刀斗 小鈴 如宮中傳夜鈴也 蘇林云 形如銷 以銅作之 無緣 受一斗 故云刀斗 銷卽鈴也 埤倉云 鐎 溫器 有柄斗 似銚無緣 音焦

④ 莫府막부

[색은] 살펴보니 대안은 "무릇 장군을 일러 막부莫府라고 하는데, 대개 병사들이 행군하다가 장막에서 머물기 때문에 막부幕府라고 일컫는다. 옛날에 막莫과 막幕은 통용했으니, 마침내 '막莫'으로 썼을 뿐이다. 《소이아》에는 막莫의 뜻을 대大라고 했는데 잘못된 것이다.

案 大顏云 凡將軍謂之莫府者 蓋兵行舍於帷帳 故稱(莫)〔幕〕府 古字通用 遂作 莫耳 小爾雅訓莫爲大 非也

⑤ 斥候척후

[색은] 살펴보니 허신許愼이 《회남자》의 주석에서 말했다. "척斥은 도度이다. 후候는 시視이며 망望이다."

案 許愼注淮南子云 斥 度也 候 視也 望也

정불식은 군대의 편성과 대오를 바르게 하고 진지를 경영하며 조두를 두드리고 병사와 관리가 장부를 관리하는 것을 지극히 명확하게 해서 군사들은 쉴 수 없었다. 그러나 마찬가지로 적의 공격을 당하지 않았다. 정불식이 말했다.

"이광은 군사를 운용함이 지극히 간결하고 용이하다. 그러나 흉노는 갑자기 침범한다고 하더라도 이겨낼 수 없다. 왜냐하면 그의 사졸들 또한 편안히 즐기다가도 모두 기꺼이 그를 위해 싸우다가 죽을 것이기 때문이다. 우리의 군대는 비록 번거롭고 소란스러우나 흉노가 또한 우리를 범하지는 못한다."

이때 한나라 변방의 군郡에서는 이광과 정불식이 모두 명장이었지만 흉노는 이광의 계책을 두려워했다. 사졸들도 대부분 이광을 따르는 것을 즐겼고, 정불식에게 가는 것을 고통스러워했다.

정불식은 효경제 때 자주 직간直諫해서 태중대부가 되었는데, 사람됨이 청렴하고 문서와 법도를 다루는 데에 근엄했다.

程不識正部曲行伍營陳 擊刀斗 士吏治軍簿至明 軍不得休息 然亦未嘗遇害 不識曰 李廣軍極簡易 然虜卒犯之 無以禁也 而其士卒亦佚樂 咸樂爲之死 我軍雖煩擾 然虜亦不得犯我 是時漢邊郡李廣程不識皆爲名將 然匈奴畏李廣之略 士卒亦多樂從李廣而苦程不識 程不識孝景時以數直諫爲太中大夫 爲人廉 謹於文法

뒤에 한나라는 마읍성馬邑城을 미끼로 선우를 유인했다. 이에 대군을 마읍 근처 계곡에 매복시켜 놓았다. 이광은 효기장군이 되어 호군장군護軍將軍 한안국의 휘하에 예속되어 있었다. 이때 선우가 이러한 사실을 알고 철수하자 한나라 군사들은 모두 공을 세우지 못하였다.

그 4년 뒤에 이광이 위위衛尉로서 장군이 되어 안문으로 나가서 흉노를 공격했다. 흉노는 군사가 많았기에 이광의 군대를 무너뜨려 이광을 생포했다. 선우는 평소 이광이 뛰어나다는 소문을 들었기에 명령해서 말했다.

"이광을 사로잡고 반드시 살려서 데리고 와라."

흉노의 기병들이 이광을 생포했는데, 이광이 당시 상처가 심하고 병을 앓았으므로 이광을 두 필의 말 사이에 두고 그물을 매어 달아 눕혔다. 10여 리쯤 갔을 때, 이광이 거짓으로 죽은 척하고 곁눈질로 옆을 살펴보니 흉노의 한 아이가 좋은 말을 타고 있었다. 이광은 별안간 호胡의 아이의 말에 뛰어올랐다. 이어서 아이를 밀어 떨어뜨려[1] 그의 활을 빼앗고 말을 채찍질하며 남쪽으로 수십 리를 달렸는데 다시 그 남은 군사들을 만나서 이끌고 요새로 들어왔다. 호胡는 이광을 체포하려고 수백여 명의 기병들로 추격하게 했다. 그러나 이광은 호胡 아이에게서 빼앗은 활을 가지고 추격하는 기병들을 쏘아 죽여서 탈출할 수 있었다. 이에 한나라에 이르자 한나라에서는 이광을 관리에게 내려 보내 문초하게 했다. 관리들은 이광이 많은 부하를 잃었고 오랑캐의 포로가 되었으니 마땅히 참수형에 해당한다고 했다. 이에 속죄금을 내고 서인이 되었다.

後漢以馬邑城誘單于 使大軍伏馬邑旁谷 而廣爲驍騎將軍 領屬護軍將軍 是時單于覺之 去 漢軍皆無功 其後四歲 廣以衛尉爲將軍 出雁門擊

匈奴 匈奴兵多 破敗廣軍 生得廣 單于素聞廣賢 令曰 得李廣必生致之
胡騎得廣 廣時傷病 置廣兩馬間 絡而盛臥廣 行十餘里 廣詳死 睨其旁
有一胡兒騎善馬 廣暫騰而上胡兒馬 因推墮兒① 取其弓 鞭馬南馳數十
里 復得其餘軍 因引而入塞 匈奴捕者騎數百追之 廣行取胡兒弓 射殺
追騎 以故得脫 於是至漢 漢下廣吏 吏當廣所失亡多 爲虜所生得 當斬
贖爲庶人

① 因推墮兒인추타아

집해 서광이 말했다. "일설에는 아이를 안고 말을 채찍질하여 남쪽으
로 달렸다고 한다."

徐廣曰 一云 抱兒鞭馬南馳也

시간이 흘러 집에 거처한 지 수년이 되었다.

이광의 집안은 옛날 영음후穎陰侯 관영灌嬰의 손자①인 관강灌强
과 함께 시골에 살면서 남전藍田의 남산 안에서 활을 쏘고 사냥
을 하며 지냈다.

어느 날 밤에 한 명의 기병을 데리고 출타해서 따르던 사람들과 시
골에서 술을 마시고 돌아가는데, 패릉정霸陵亭에 이르자 패릉의 위
尉②가 술에 취해 이광을 가로막고 꾸짖었다. 이광의 기병이 말했다.
"전임 이장군이십니다."

위尉가 말했다.

"현임 장군도 밤에 통행하지 못하는데 전임 장군이라면 말해 무엇하겠는가."

이광을 막고 패릉정 아래에 구류시켰다.

얼마 되지 않아 흉노가 쳐들어와서 요서 태수를 살해하고 한안국[3]의 군사를 무너뜨렸다. 그 뒤 한안국 장군이 우북평으로 자리를 옮겼다. 이에 천자는 이광을 불러서 제수해 우북평 태수로 삼았다. 이때 이광은 곧 패릉의 위尉에게 함께하기를 청해서 그가 군대에 이르자 참수하였다.

頃之 家居數歲 廣家與故潁陰侯孫[1]屛野居藍田南山中射獵 嘗夜從一騎出 從人田間飮 還至霸陵亭 霸陵尉[2]醉 呵止廣 廣騎曰 故李將軍 尉曰 今將軍尙不得夜行 何乃故也 止廣宿亭下 居無何 匈奴入殺遼西太守 敗韓將軍[3] 後韓將軍徙右北平 於是天子乃召拜廣爲右北平太守 廣卽請霸陵尉與俱 至軍而斬之

① 潁陰侯孫영음후손

[집해] 손孫은 관영灌嬰의 손자이고 이름은 강强이다.

(孫)灌嬰之孫 名强

[색은] 살펴보니 관영의 손자이고 이름은 강强이다.

案 灌嬰之孫 名强

② 尉위

[색은] 살펴보니 《백관지》에서 말한다. "위尉는 대현大縣에는 2인이다. 도적을 단속하는 것을 담당하는데, 무릇 도적이 나타나면 추격해 수색

하고 살펴서 조사하는 것이다."

案 百官志云 尉 大縣二人 主盜賊 凡有賊發 則推索尋案之也

③ 韓將軍한장군

집해 소림이 말했다. "한안국이다."

蘇林曰韓安國

이광이 우북평에 거처하자 흉노는 이광이 왔다는 소문을 듣고 (이
광을) '한나라의 날아다니는 장수'라고 호칭하고 여러 해 동안 우
북평을 피해 감히 쳐들어오지 못했다.

이광이 사냥을 나갔다가 수풀 안에 돌이 있는 것을 보고 호랑이
로 여겨서 활을 쏘았는데 돌에 명중되어 화살촉이 박혔다.[①] 살펴
보니 돌이었다. 이어서 다시 화살을 쏘았지만 끝내 다시는 돌에
박을 수가 없었다.

이광은 거처하는 군郡에 호랑이가 나온다는 소문이 있으면 일찍
이 직접 가서 활로 쏘았다. 우북평에 있을 때 호랑이를 활로 쏘았
는데 호랑이가 뛰어들어 이광을 상처 입히자 이광이 또한 마침내
활을 쏘아 죽였다.

廣居右北平 匈奴聞之 號曰 漢之飛將軍 避之數歲 不敢入右北平 廣出
獵 見草中石 以爲虎而射之 中石沒鏃[①] 視之石也 因復更射之 終不能
復入石矣 廣所居郡聞有虎 嘗自射之 及居右北平射虎 虎騰傷廣 廣亦
竟射殺之

① 沒鏃몰촉

집해 서광이 말했다. "다른 판본에는 '몰우沒羽'로 되어 있다."

徐廣曰 一作沒羽

이광은 청렴했다. 상금이나 하사품을 얻으면 번번이 그의 휘하에게 나누어주고 음식도 병사들과 똑같게 하였다. 이광은 죽을 때까지 40여 년간 2,000석의 녹봉을 받았는데 집안에 남은 재산이 없었고 끝까지 집안 재산에 관한 일은 말하지 않았다.

이광의 용모는 키가 크고 원숭이처럼 팔이 길었다.① 그가 활을 잘 쏘는 것도 타고난 것이었다. 그의 자손이나 다른 사람이 아무리 연습해도 이광에게는 미치지 못했다.

이광은 말을 더듬고 말수가 적었으며 남들과 함께 있으면 땅을 긋고 군대의 진지를 만들고 활을 쏘게 해 적중하고 적중하지 못하는 것에 따라 벌주를 마시게 했다.② 오로지 활쏘기를 오락으로 삼아 죽을 때까지 변함이 없었다.③

廣廉 得賞賜輒分其麾下 飲食與士共之 終廣之身 爲二千石四十餘年 家無餘財 終不言家産事 廣爲人長 猨臂① 其善射亦天性也 雖其子孫他人學者 莫能及廣 廣訥口少言 與人居則畫地爲軍陳 射闊狹以飲② 專以射爲戲 竟死③

① 猨臂원비

집해 여순이 말했다. "팔이 원숭이와 같다는 뜻이다. 비臂는 견肩과 통한다."

如淳曰 臂如猨 通肩

② 射闊狹以飲사활협이음
[집해] 여순이 말했다. "활 쏘는 놀이에서 적중하고 적중하지 않는 것을 가려서 승리하지 못한 자에게 술을 마시게 하는 것이다."
如淳曰 射戲求疏密 持酒以飲不勝者
[정의] 飲의 발음은 '음[於禁反]'이다.
飲音於禁反

③ 竟死경사
[색은] 이광 자신이 죽음에 이르러 끝마칠 때까지 변함없이 행했음을 이르는 것이다.
謂終竟廣身至死 以爲恆也

이광은 군사를 통솔할 때 양식이 떨어진 곳에서 물을 발견하면 사졸들이 다 마시기 전에는 물 근처에 가지 않았고, 사졸들이 식사를 다 하지 않으면 일찍이 밥을 먹지 않았다. 마음이 넓고 너그러워 까다롭지 않았고 군사들도 이 때문에 그를 좋아해서 즐거이 채용되려고 했다.
그가 활을 쏠 때는 적이 급하게 발견되어도 수십여 보의 거리에 있지 않거나 헤아려 보고 적중하지 못할 것 같으면 쏘지 않았고 발사하면 곧 시위에 감응하듯 거꾸러졌다. 이 때문에 그는 군사를 이끌고 싸울 때 자주 곤욕을 당했고 그가 맹수를 쏠 때 상처를 입기도 했다.

시간이 흘러 석건石建이 죽자 이에 무제는 이광을 불러서 석건 대신 낭중령郎中令으로 삼았다.

廣之將兵 乏絶之處 見水 士卒不盡飮 廣不近水 士卒不盡食 廣不嘗食 寬緩不苛 士以此愛樂爲用 其射 見敵急 非在數十步之內 度不中不發 發卽應弦而倒 用此 其將兵數困辱 其射猛獸亦爲所傷云 居頃之 石建 卒 於是上召廣代建爲郎中令

무제 원삭 6년, 이광이 다시 후장군이 되어, 대장군①의 군대를 따라 정양定襄으로 출동해서 흉노를 공격했다. 여러 장수들이 흉노의 머리를 베고 포로를 잡은 수효가 제도에 맞아② 그 공로로 후작이 되었으나 이광의 군대는 공로가 없었다.

2년 뒤, 이광이 낭중령이 되어 4,000명의 기병을 이끌고 우북평으로 출동했다. 이때 박망후博望侯 장건張騫 장군이 1만 명의 기병을 이끌고 이광과 함께 출병했는데, 길을 달리했다.

이광의 군사들이 행군을 수백 리나 했을 때, 흉노의 좌현왕左賢王이 4만여의 기병을 인솔하고 이광의 군대를 포위했다. 이광의 군사들이 모두 두려워하자 이광은 자기 아들 감敢에게 적군 속으로 달려들게 했다.

이감이 수십 명의 기병만을 거느리고 달려들어 곧바로 호胡의 기병 속을 관통해 그들을 좌우로 갈라놓고 돌아와서 이광에게 보고했다.

"흉노는 상대하기 쉽습니다."

군사들이 이에 안심했다. 이광이 둥글게 진을 치고 밖으로 향하자 호胡들이 급박하게 공격하여 화살이 비 오듯 떨어졌다.

元朔六年 廣復爲後將軍 從大將軍①軍出定襄 擊匈奴 諸將多中首虜率②
以功爲侯者 而廣軍無功 後二歲 廣以郞中令將四千騎出右北平 博望侯
張騫將萬騎與廣俱 異道 行可數百里 匈奴左賢王將四萬騎圍廣 廣軍士
皆恐 廣乃使其子敢往馳之 敢獨與數十騎馳 直貫胡騎 出其左右而還 告
廣曰 胡虜易與耳 軍士乃安 廣爲圜陳外嚮 胡急擊之 矢下如雨

① 大將軍대장군

신주 위청衛靑이며 자는 중경仲卿이다. 일곱 차례나 흉노를 물리쳐서
그 공으로 대사마大司馬를 거쳐 대장군에 이르렀다.

② 諸將多中首虜率제장다중수로율

집해 여순이 말했다. "중中은 충充과 같다. 본래의 법法에 맞게 얻은 수
급首級이 채워지면 제후에 봉해진다."

如淳曰 中猶充也 充本法得首若干封侯

신주 참수한 적의 수급과 잡은 적의 포로의 수를 법으로 규정하여 작
위를 봉해주는 제도가 있었다. 수로율首虜率이란 조정의 제도로 정한 수
량을 말한다.

한나라 군사는 죽은 자가 절반을 넘었고 한나라 군사의 화살도 거의 다 떨어졌다. 이에 이광은 군사들에게 활시위를 당겨 발사하지 말라고 하고, 이광이 직접 대황大黃[1]을 잡아 적의 비장裨將을 쏘아 맞히고 여러 사람을 죽이자, 호胡의 포위병들이 더욱 흩어져 버렸다. 마침 날이 저물어 관리와 군사들은 모두 지쳐 얼굴에 핏기가 없었는데, 이광의 의기는 흔들리지 않고 더욱 군사들을 격려했다. 군중은 이로부터 이광의 용맹에 감복했다.

다음날 다시 힘써 싸웠는데 박망후의 군대 또한 이르자 흉노의 군대는 이에 포위망을 풀고 떠나갔다. 한나라 군사는 지쳐서 추격하지 못했다. 이때 이광의 군사는 거의 몰살되었으며 싸움은 끝나 돌아왔다.

한나라 법으로는 박망후가 머물러 지체해 기약보다 뒤에 이르렀으므로 마땅히 사형에 처해야 하나 속죄금을 내고 서인이 되었다. 이광의 군대는 공로가 죄와 반반이 되어 상은 없었다.

漢兵死者過半 漢矢且盡 廣乃令士持滿毋發 而廣身自以大黃[1]射其裨將 殺數人 胡虜益解 會日暮 吏士皆無人色 而廣意氣自如 益治軍 軍中自是服其勇也 明日 復力戰 而博望侯軍亦至 匈奴軍乃解去 漢軍罷 弗能追 是時廣軍幾沒 罷歸 漢法 博望侯留遲後期 當死 贖爲庶人 廣軍功自如 無賞

① 大黃대황

집해 서광이 말했다. "《남도부》에서 '황간기장黃間機張은 좋은 쇠뇌의 이름이다.'라고 하였다." 살펴보니 정덕이 말했다. "누런 어깨 위의 쇠뇌는 연못 속에서도 누렇고 붉다." 맹강이 말했다. "태공의 《육도》에서 '견고한 것을 함락시키고 강한 적을 무너뜨리는 데는 대황大黃의 연노連弩를 사용한다.'라고 하였다." 위소가 말했다. "각노角弩는 색이 누렇고 몸체가 큰 것이다."

徐廣曰 南都賦曰 黃間機張 善弩之名 駰案 鄭德曰 黃肩弩 淵中黃朱之 孟康曰 太公六韜曰 陷堅敗強敵 用大黃連弩 韋昭曰 角弩色黃而體大也

[색은] 살펴보니 대황大黃이나 황간黃間은 쇠뇌의 이름이다. 그러므로 위소가 "각노角弩는 색이 누렇고 몸체가 크다."라고 한 것이 이것이다.

案 大黃 黃間 弩名也 故韋昭曰 角弩也 色黃體大是也

처음에 이광의 종제인 이채는 이광과 함께 효문제를 섬겼다. 경제 때 이채는 공로를 쌓아 2,000석의 관직에 올랐다. 이채는 효문제 때 대代의 재상이 되었다가 무제 원삭元朔 5년에 경거장군이 되었다. 이에 대장군을 따라 흉노의 우현왕을 공격해 공로가 있고 수로율首虜率에 충족되어서[①] 낙안후樂安侯에 봉해졌다.

무제 원수元狩 2년 중에 공손홍公孫弘을 대신해서 승상이 되었다. 이채의 사람됨은 인품이 하下에서 중中 정도이며[②] 명성은 이광과 비교해서 훨씬 떨어졌다. 그러나 이광은 작위도 얻지 못했고 관직도 구경九卿에 지나지 않았으나 이채는 열후가 되고 지위가 삼공三公에 이르렀다.

初 廣之從弟李蔡與廣俱事孝文帝 景帝時 蔡積功勞至二千石 孝武帝時 至代相 以元朔五年爲輕車將軍 從大將軍擊右賢王 有功中率[①] 封爲

> 樂安侯 元狩二年中 代公孫弘爲丞相 蔡爲人在下中② 名聲出廣下甚遠
> 然廣不得爵邑 官不過九卿 而蔡爲列侯 位至三公

① 中率중률

색은 中의 발음은 '중[丁仲反]'이다. 率의 발음은 '율律'이고, 또 '씰[雙筆反]'로도 발음한다. 소안이 말했다. "율率은 군공軍功 봉상封賞의 조목이고, 법령法令에 나타나 있다. 그러므로 중률中率이라고 한 것이다."

中音丁仲反 率音律 亦音雙筆反 小顏云 率謂軍功封賞之科 著在法令 故云中率

② 下中하중

색은 살펴보니 9품九品으로 논한다면 하下의 중中에 있는 것이니 제8품에 해당한다.

案 以九品而論 在下之中 當第八

> 이광의 군리나 사졸 중에 간혹 봉함을 받고 후작이 된 경우도 있다. 이광은 일찍이 하늘의 기운을 보고 점치는 자인 왕삭王朔과 더불어 한가하게 이야기했다.
> "한나라에서 흉노를 공격할 때부터 나는 그 공격에 참가하지 않은 적이 없었소. 여러 부의 교위校尉 이하는 재주가 중인에 미치지 못하오. 그러나 호胡를 공격한 공로로 후작을 받은 자가 수십 명이오. 내가 그 사람들보다 뒤처지지① 않았건만 한 자 한 치의 공로도 없어

읍을 봉해 받지 못한 것은 어찌 된 일이오? 아마도 나의 상相이 후작이 마땅하지 않거나 또 진실로 천명이 그러한 것이겠지요."

왕삭이 말했다.

"장군께서 스스로 생각해서 일찍이 후회스러운 바가 있다면 무엇입니까?"

이광이 말했다.

"나는 일찍이 농서 태수가 되었는데 강羌이 일찍이 배반하자 내가 유인해 항복하게 했소. 항복한 자가 800여 명이었는데 나는 그들을 속여서 같은 날에 죽였소. 지금까지도 크게 후회하는 것은 유독 이것뿐이오."

왕삭이 말했다.

"재앙은 이미 항복한 자를 죽이는 것보다 더 큰 것이 없습니다. 이것이 장군께서 후작이 되지 못하는 까닭일 것입니다."

諸廣之軍吏及士卒或取封侯 廣嘗與望氣王朔燕語 曰 自漢擊匈奴而廣未嘗不在其中 而諸部校尉以下 才能不及中人 然以擊胡軍功取侯者數十人 而廣不爲後人① 然無尺寸之功以得封邑者 何也 豈吾相不當侯邪 且固命也 朔曰 將軍自念 豈嘗有所恨乎 廣曰 吾嘗爲隴西守 羌嘗反 吾誘而降 降者八百餘人 吾詐而同日殺之 至今大恨獨此耳 朔曰 禍莫大於殺已降 此乃將軍所以不得侯者也

---

① 後人후인

[색은] 살펴보니 남의 뒤에 있지 않았다고 이른 것이다.

案 謂不在人後

자살한 이광 그리고 이릉

2년 뒤 대장군과 표기장군驃騎將軍이 흉노를 공격하러 대대적으로 출동하니 이광이 가겠다고 여러 차례 스스로 청했다. 그러나 무제는 그가 늙었다고 여기고 허락하지 않았다. 한참을 지나서야 허락하고 전장군으로 삼았다. 이 해는 무제 원수元狩 4년이다.

이광은 대장군 위청衛靑을 따라 흉노를 공격했다. 요새를 나오자 위청이 포로를 잡아서 선우가 있는 곳을 알아냈다. 이에 직접 정예병을 인솔하고 달려가면서 이광에게 우장군의 군사[1]에 합류해 동쪽 길로 출동하도록 했다.

그러나 동쪽 길은 좁으며 멀리 돌아갔고, 대군이 움직이는 데 물과 풀이 적었으며 그 지세가 주둔하고 행군하기 불편했다.[2] 이광이 스스로 청해서 말했다.

"신의 부대는 전장군前將軍으로 임명된 것인데 지금 대장군께서는 부대를 옮겨서 신에게 동쪽 길로 나가라고 하십니다. 또 신은 상투를 튼 이후로 흉노와 싸웠는데 지금에야 한번 선우와 맞닥뜨리게 되었습니다.[3] 신은 전위부대에 자리해서 먼저 선우를 죽이기를 원합니다."

대장군 위청은 또한 몰래 주상의 조심하라는 당부를 받았는데 무제가 말하기를 "이광은 노련한 장수이지만 운수가 불길한 자이니[4] 선우와 맞서 싸우지 않게 하라. 아마 하고자 하는 바를 이루지 못할 것이다."라고 했다.

後二歲 大將軍驃騎將軍大出擊匈奴 廣數自請行 天子以爲老 弗許 良久乃許之 以爲前將軍 是歲 元狩四年也 廣旣從大將軍靑擊匈奴 旣出塞 靑捕虜知單于所居 乃自以精兵走之 而令廣幷於右將軍軍[1] 出東道 東道少回遠 而大軍行水草少 其勢不屯行[2] 廣自請曰 臣部爲前將軍 今大將軍乃徙令臣出東道 且臣結髮而與匈奴戰 今乃一得當單于[3] 臣願居前 先死單于 大將軍靑亦陰受上誡 以爲李廣老 數奇[4] 毋令當單于 恐不得所欲

① 右將軍軍우장군군

집해 서광이 말했다. "주작도위主爵都尉 조이기趙食其가 우장군이 되었다."
徐廣曰 主爵趙食其爲右將軍

② 不屯行불둔행

집해 장안이 말했다. "수초水草가 적어서 집단생활이 불가한 것이다."
張晏曰 以水草少 不可群輩

③ 今乃一得當單于금내일득당선우

색은 지금 선우를 마주 대할 수 있다는 것이다. 살펴보니 이광이 젊어서 결발結髮하면서부터 흉노와 함께 싸웠는데, 오직 지금 선우와 서로 마주 대할 수 있음을 말한 것이다.

今得當單于 案 廣言自少時結髮而與匈奴戰 唯今者得與單于相當遇也

④ 數奇수기

집해 여순이 말했다. "수數는 흉노에게 패하는 것이고 기奇는 짝하지 못하는 것이다."

如淳曰 數爲匈奴所敗 奇爲不偶也

색은 살펴보니 복건이 말했다. "일을 만드는 데 운수가 짝하지 못하는 것이다. 數의 발음은 '삭朔'이다." 소안이 말했다. "奇의 발음은 '수[所具反]'이다." 소해蕭該가 말했다. "奇의 발음은 '긔[居宜反]'이다."

案 服虔云 作事數不偶也 音朔 小顔音所具反 奇 蕭該音居宜反

이때 공손오公孫敖가 새로이 후작 지위를 잃고 중장군中將軍이 되어 대장군을 따르고 있었다. 대장군 위청도 공손오의 옛 은혜를 생각하고 공손오와 함께 선우에 대적하고자 했다. 그러므로 전장군 이광을 동쪽으로 옮긴 것이다. 이광은 당시의 사정을 알고 있었으므로 굳이 스스로 대장군에게 말한 것이었다. 그러나 대장군 위청은 들어주지 않고 장사長史를 시켜 밀봉한 서신을 주어서 이광의 막사에 보내고 말했다.

"급히 부대로 가서 편지에 지시한 대로 하라.①"

이광은 대장군에게 인사도 하지 않고 일어나 떠나며 마음속으로 몹시 부아가 치밀었으나 부대로 나가 군사를 인솔하고 우장군

조이기趙食其^②와 함께 군대를 합해 동쪽 길로 나갔다.

而是時公孫敖新失侯 爲中將軍從大將軍 大將軍亦欲使敖與俱當單于

故徙前將軍廣 廣時知之 固自辭於大將軍 大將軍不聽 令長史封書與

廣之莫府 曰 急詣部 如書^① 廣不謝大將軍而起行 意甚慍怒而就部 引

兵與右將軍食其^②合軍出東道

① 如書어서

정의 이광에게 그의 문첩文牒과 같이 급히 군사를 이끌고 동쪽 길로 옮기게 한 것이다.

令廣如其文牒 急引兵徙東道也

② 食其이기

색은 食其의 발음은 '이기異基'이다. 살펴보니 조장군趙將軍의 이름이다. 혹은 글자의 원래 음대로 읽기도 한다.

音異基 案 趙將軍名也 或亦依字讀

군대에 향도자嚮導者가 없어서 혹은 길을 잃기도^① 해 대장군보다 뒤에 도착했다. 대장군은 선우와 접전接戰했으나 선우가 달아나 잡지 못하고 돌아오는데, 남쪽으로 사막을 건너다가^② 전장군과 우장군을 만났다.

이광은 대장군을 만나고 나서 군막으로 돌아갔다. 대장군은 장사長史를 시켜 말린 밥과 탁주③를 이광에게 보내고 이어서 이광과 조이기가 길을 잃은 상황을 물었다. 위청은 그것을 기록해 천자에게 올려 군의 사정④을 보고하려고 했다. 이광이 대답하지 않자 대장군이 장사를 시켜 이광의 군막 안의 장부를 담당하는 자를 몹시 꾸짖었다. 이에 이광이 말했다.

"교위들은 죄가 없다. 내가 스스로 길을 잃었다. 내가 지금 직접 장부를 올리겠다."

軍亡導 或失道① 後大將軍 大將軍與單于接戰 單于遁走 弗能得而還 南絶幕② 遇前將軍右將軍 廣已見大將軍 還入軍 大將軍使長史持糒 醪③遺廣 因問廣食其失道狀 青欲上書報天子軍曲折④ 廣未對 大將軍 使長史急責廣之幕府對簿 廣曰 諸校尉無罪 乃我自失道 吾今自上簿

① 失道실도

색은 길을 인도하는 사람이 없어서 군대가 그 때문에 길을 잃은 것을 이른 것이다.

謂無人導引 軍故失道也

② 絶幕절막

정의 절絶은 도度이다. 남쪽으로 돌아가 사막을 건넌 것이다.

絶 度也 南歸度沙幕

③ 糒醪비료

신주 말린 밥과 탁주이다.

④ 軍曲折군곡절

[정의] 구불구불 왔다 갔다 하며 돌아 꺾어 가다가 군대가 대장군보다 늦게 이른 것을 말한다.

言委曲而行迴折 使軍後大將軍也

군막에 이르러 이광이 그의 휘하에게 말했다.

"나는 상투를 튼 이래로 흉노와 크고 작은 전투를 70여 차례나 했다. 지금 다행히 대장군을 따라 출전하고 선우의 군사와 접하게 되었는데, 대장군께서 또 나의 부대를 옮겨 길을 돌아가게 되었고 더욱이 길을 잘못 들기까지 했다. 어찌 하늘의 명이 아니겠는가. 또 나는 나이가 60여 세이다. 끝내 도필리刀筆吏[1]의 취조에 다시 대답할 수 없다."

마침내 칼을 당겨서 스스로 자결했다. 이광의 군리, 사졸, 대부 모두 통곡하였다. 백성도 듣고 아는 사이거나 모르는 사이거나, 늙은이거나 젊은이거나 할 것 없이 모두 눈물을 흘렸다. 우장군은 홀로 형리에게 넘겨져 사형판결을 당했으나 속죄금을 내고 서인이 되었다.

至莫府 廣謂其麾下曰 廣結髮與匈奴大小七十餘戰 今幸從大將軍出接單于兵 而大將軍又徙廣部行回遠 而又迷失道 豈非天哉 且廣年六十餘矣 終不能復對刀筆之吏[1] 遂引刀自剄 廣軍士大夫一軍皆哭 百姓聞之 知與不知 無老壯皆爲垂涕 而右將軍獨下吏 當死 贖爲庶人

① 刀筆之吏도필지리

신주 글씨 쓰는 관리로 지위가 낮은 사무직 관리이다. 옛날에는 죽간竹簡이나 목간木簡에 글씨를 쓰다가 잘못되면 칼로 깎아내고 다시 썼기 때문에 도필刀筆이라고 했다.

이광은 당호當戶와 초椒와 감敢이라는 세 아들을 두었는데 모두 낭郎이 되었다. 천자가 한언韓嫣①과 함께 놀고 있었는데, 한언이 조금 불손하게 하자 당호가 한언을 공격했다. 한언이 달아나자 이에 천자는 당호를 용맹하다고 여겼다. 당호는 일찍 죽었고 초椒는 제수되어 대군代郡 태수가 되었으나 모두 이광보다 먼저 죽었다. 당호에게는 유복자가 있었는데 이름은 릉陵이었다. 이광이 군대에서 죽을 때 감敢은 표기장군을 따랐다. 이광이 죽은 다음 해 이채李蔡는 승상으로 효경제원孝景帝園 담 밖의 땅②을 침범한 것에 연좌되었다. 이에 관리에게 넘겨져 치죄를 당하자 이채 또한 자살했으므로 옥관의 문초에 응하지 않은 죄로 봉국封國이 없어졌다.

廣子三人 曰當戶椒敢 爲郎 天子與韓嫣戲 嫣少不遜 當戶擊嫣① 嫣走 於是天子以爲勇 當戶早死 拜椒爲代郡太守 皆先 廣死 當戶有遺腹子 名陵 廣死軍時 敢從驃騎將軍 廣死明年 李蔡以丞相坐侵孝景園壖地② 當下吏治 蔡亦自殺 不對獄 國除

---

① 嫣언

색은 嫣은 '언偃'으로 발음하기도 하고, '헌[許乾反]'으로 발음하기도 한다.

或音偃 又音許乾反

신주 한언韓嫣은 자가 왕손王孫이다. 한왕 신의 증손이자 궁고후弓高侯
한퇴당韓頹當의 손자로 말타기에 능했다. 그는 무제 유철劉徹이 교동왕膠
東王이었을 때 반독伴讀(종실의 자제들에게 독서를 지도하던 벼슬)이었다. 무제 유
철이 즉위한 후에는 흉노 정벌을 지지했으며 또 무예가 뛰어나 무제의
총애를 받아서 같은 침실에서 잠을 잘 정도였다. 한언은 이따금 유철에
게 불손하게 굴 때도 있었다. 이때 이광 장군의 큰아들 당호로부터 공격
당해 도망했다는 것이다.

② 壖地연지

색은 壖의 발음은 '연[人絹反]' 또는 '난[乃段反]' 또는 '언[而宣反]'이다. 살
펴보니 연지壖地는 신도神道의 땅이다.《황도》에서 말한다. "양릉陽陵은
궐문闕門의 서쪽으로 나가는 곳이고, 신도神道는 사방으로 통한다. 무릉
茂陵의 신도神道는 넓이가 43장丈이다."

壖音人絹反 又音乃段反 又音而宣反 案 壖地 神道之地也 黃圖云 陽陵闕門西
出 神道四通 茂陵神道 廣四十三丈也

정의 《한서》에서 말한다. "조서로 내린 총지冢地 양릉陽陵에서 마땅히
20묘畝를 얻었는데, 이채李蔡가 몰래 3경頃을 취해 자못 40여만 전을 받
고 팔았다. 또 몰래 신도神道의 외연지外壖地 1묘畝를 취해 그 안에다 장
사를 치렀는데 하옥下獄을 당하자 자살했다."

漢書云 詔賜冢地陽陵 當得二十畝 蔡盜取三頃 頗賣得四十餘萬 又盜取神道外
壖地一畝 葬其中 當下獄 自殺

이감李敢은 교위校尉가 되어 표기장군을 따라 호胡의 좌현왕左賢王을 공격하고, 힘을 다해 싸워서 좌현왕의 북과 깃발을 탈취하고 수급을 많이 베었다. 이에 작위를 하사받아 관내후關內侯가 되었는데 식읍은 200호였다. 이광李廣을 대신해 낭중령郎中令이 되었다. 얼마 지나서 대장군 위청이 자신의 아버지와 원한이 있는 것①을 원망하고 이에 대장군을 공격해서 상처를 입혔으나 대장군은 이러한 사실을 숨겼다. 여러 해가 지나 이감李敢은 주상을 따라서 옹雍 땅② 감천궁에 이르러 사냥했다.

이때 표기장군 곽거병이 위청과 친척 관계에 있어③ 이감을 활로 쏘아 죽였다. 곽거병은 당시에 주상의 총애를 입고 있었기에 무제는 이를 숨기고 사슴에게 들이받혀서 죽었다고 했다. 한 해 남짓 되어서 곽거병이 죽었다.④

이감에게 딸이 있었는데 태자중인太子中人⑤이 되어 총애 받았는데 이감의 아들 우禹도 태자의 총애가 있었다. 그러나 이익만을 좋아해 이씨는 점점 쇠약해졌다.

李敢以校尉從驃騎將軍擊胡左賢王 力戰 奪左賢王鼓旗 斬首多 賜爵關內侯 食邑二百戶 代廣爲郎中令 頃之 怨大將軍靑之恨其父① 乃擊傷大將軍 大將軍匿諱之 居無何 敢從上雍② 至甘泉宮獵 驃騎將軍去病與靑有親③ 射殺敢 去病時方貴幸 上諱云鹿觸殺之 居歲餘 去病死④ 而敢有女爲太子中人⑤ 愛幸 敢男禹有寵於太子 然好利 李氏陵遲衰微矣

① 恨其父 한기부

색은 소안이 말했다. "그의 아버지에게 한스럽게 하고 죽게 한 것이다."

小顔云 令其父恨而死

② 上雍상옹

색은 유씨가 말했다. "上의 발음은 '상尙'이다." 대안大顔이 말했다. "옹
雍 땅의 지형이 높다. 그러므로 상上이라고 이른다."

劉氏音尙 大顔云 雍地形高 故云上

신주 위에 색은에서 대안이 "옹 땅의 지형이 높아 상옹이라고 이른
다."라고 풀이한 것은 그릇되어 보인다. 옹 땅의 지형이 높은 것은 사실이
나 문맥과 여러 가지 정황을 따져 보면 '상上'은 분명히 무제를 가리킨다.

③ 驃騎將軍去病與靑有親표기장군거병여청유친

신주 위청은 무제 두 번째 황후인 위자부衛子夫의 동생으로 무제의 처
남이며, 곽거병은 위자부의 둘째 언니인 위소아衛少兒의 아들로 무제의
처조카가 된다.

④ 去病死거병사

집해 서광이 말했다. "원수元狩 6년이다."

徐廣曰 元狩六年

⑤ 太子中人태자중인

신주 태자궁에서 시중드는 궁녀이다.

이릉李陵은 장성한 뒤에 건장감建章監에 선발되어 기병들을 감독했다. 활을 잘 쏘고 사졸들을 사랑했다. 무제는 이씨李氏들이 대대로 장군이 된 것을 생각하고 800여 명의 기병을 거느리게 했다. 일찍이 이릉은 흉노의 땅 2,000여 리를 깊숙이 쳐들어가 거연居延 땅①을 지나 지형을 살피고도 흉노에게 사로잡히는 일이 없이 돌아왔다. 벼슬을 제수받아 기도위騎都尉가 되었고 단양丹陽의 초나라 사람 5,000명을 거느리고 주천酒泉과 장액張掖에서 활쏘기를 가르치고 주둔해 호胡의 침입에 대비케 했다.

李陵既壯 選爲建章監 監諸騎 善射 愛士卒 天子以爲李氏世將 而使將八百騎 嘗深入匈奴二千餘里 過居延①視地形 無所見虜而還 拜爲騎都尉 將丹陽楚人五千人 敎射酒泉張掖以屯衛胡

① 居延거연

집해 서광이 말했다. "장액군張掖郡에 속한다."

徐廣曰 屬張掖

정의 《괄지지》에서 말한다. "거연해居延海는 감주甘州 장액현 동북쪽 64리에 있다." 〈지리지〉에서 말한다. "거연택居延澤이 고문古文에서는 유사流沙라고 했다." 감주甘州는 경京에서 서북쪽으로 2,460리에 있다.

括地志云 居延海在甘州張掖縣東北六十四里 地理志云 居延澤古文以爲流沙 甘州在京西北二千四百六十里

여러 해가 지나 무제 천한天漢 2년 가을에 이사장군貳師將軍 이광리李廣利는 3만 명의 기병을 거느리고 흉노의 우현왕右賢王을 기련천산祁連天山^①에서 공격하려 했다. 그래서 이릉에게 활을 쏘는 보병 5,000명을 거느리게 하고 거연 북쪽으로 1,000여 리를 나가서 흉노의 군사를 분산시키도록 했다. 이는 흉노의 군사들이 이사장군에게만 전심으로 달려들지 못하도록 한 것이다.

이릉이 이미 이르렀다가 기한이 되어 돌아가는데 선우는 8만 명의 기병으로 이릉의 군대를 포위하고 공격했다. 이릉의 군대는 5,000명이었고 무기와 화살도 이미 다 떨어진 상태였다. 군사 중에 죽은 자가 과반이었으며, 죽거나 상처를 입은 흉노도 또한 1만여 명이었다. 퇴각하다가 싸우다가 하면서 연이어 싸운 것이 8일간이었다. 그리고 돌아오다가 거연에 이르기 100여 리쯤 전에 흉노가 좁은 곳을 막고 길을 끊었다. 이릉의 군대는 식량이 떨어졌는데도 구원병은 이르지 않았다. 흉노가 거세게 공격하면서 이릉에게 항복할 것을 요구하자 이릉이 말했다.

"폐하께 보답할 면목이 없게 되었다."

마침내 흉노에게 항복했다. 그의 군사들은 모두 전멸했으며 나머지도 달아나 뿔뿔이 흩어져서 한나라로 돌아온 자는 400여 명이었다.

선우는 이릉을 사로잡고 나서 평소 그의 집안에 관한 명성을 들었고 싸움에서 또 기세가 있었기에 그의 딸을 이릉의 아내로 삼게 하고 귀하게 대우했다.^② 한나라에서 이를 듣고 이릉의 어머니와 처자식들을 모두 죽였다. 이후로 이씨의 명성은 무너지고 그의 문하에 있던 농서隴西의 선비들은 모두 부끄럽게 여겼다.

數歲 天漢二年秋 貳師將軍李廣利將三萬騎擊匈奴右賢王於祁連天山① 而使陵將其射士步兵五千人出居延北可千餘里 欲以分匈奴兵 毋令專走貳師也 陵旣至期還 而單于以兵八萬圍擊陵軍 陵軍五千人 兵矢旣盡 士死者過半 而所殺傷匈奴亦萬餘人 且引且戰 連鬪八日 還未到居延百餘里 匈奴遮狹絶道 陵食乏而救兵不到 虜急擊招降陵 陵曰無面目報陛下 遂降匈奴 其兵盡沒 餘亡散得歸漢者四百餘人 單于旣得陵 素聞其家聲 及戰又壯 乃以其女妻陵而貴之② 漢聞 族陵母妻子自是之後 李氏名敗 而隴西之士居門下者皆用爲恥焉

① 祁連天山기련천산

집해 서광이 말했다. "돈황에서 나와 천산天山에 이른다."

徐廣曰 出燉煌至天山

색은 살펴보니 진작이 말했다. "서역西域에 있고 포류해蒲類海와 가깝다." 또 《서하구사》에서 말한다. "백산白山은 겨울이나 여름에도 눈이 있어 흉노는 천산天山이라고 일렀다."

案 晉灼云 在西域 近蒲類海 又西河舊事云 白山冬夏有雪 匈奴謂之天山也

정의 《괄지지》에서 말한다. "기련산祁連山은 감주甘州 장액현張掖縣 서남쪽 200리에 있다. 천산天山은 일명 백산白山이라고 하고 지금의 이름은 초라만산初羅漫山이며 이오현伊吾縣 북쪽 120리에 있다. 이주伊州는 경京에서 서북쪽으로 4,416리에 있다."

括地志云 祁連山在甘州張掖縣西南二百里 天山一名白山 今名初羅漫山 在伊吾縣北百二十里 伊州在京西北四千四百一十六里

② 單于旣得陵~以其女妻陵而貴之단우기득릉~이기녀처릉이귀지

신주 사마천은 무제에게 이릉을 변호했다가 임금을 무고했다는 죄목으로 궁형에 처해진다. 한나라에는 속전贖錢제도가 있었으므로 오십만 전을 내면 형벌은 면제받는 대신 신분은 귀족에서 서인으로 떨어질 수 있었다. 그러나 사관 집안인 사마천의 집안은 그런 거액을 마련할 수 없었고 끝내 궁형에 처해졌다. 이는 목숨만이라도 부지하여, 역사서를 쓰라는 부친의 유지를 받들기 위한 것이었다. 《한서》〈사마천열전〉에는 사마천이 궁형에 처하게 되는 자세한 정황과 궁형을 받고 난 뒤의 그의 심정이 임안에게 보낸 편지인 '보임안서報任安書'를 통해 생생하게 전한다.

태사공은 말한다.

전傳에 이르기를 '그의 몸을 바르게 하면 명령하지 않아도 행해지고, 그 자신이 바르지 않으면 비록 명령을 내린다고 해도 따르지 않는다.'라고 했다. 그것은 이 장군을 이른 것이다. 내가 이 장군을 본적이 있는데, 진실하고 진실한 것①이 시골 사람과 같았고 입으로는 변명하는 말을 하지 않았다. 이 장군이 죽음에 이르자 천하에서 알든 알지 못하든 모두 슬퍼했다. 저 이릉 장군의 충실하고 진실한 마음을 사대부들은 믿었기 때문이다. 속담에 이르기를 '복숭아나무나 오얏나무는 말하지 않아도 그 아래에 저절로 샛길이 난다.②'라고 했다. 이 말은 비록 하찮은 것이겠으나 가히 큰 것을 깨닫게 한다.

太史公曰 傳曰 其身正 不令而行 其身不正 雖令不從 其李將軍之謂也

余睹李將軍悛悛^①如鄙人 口不能道辭 及死之日 天下知與不知 皆爲盡哀 彼其忠實心誠信於士大夫也 諺曰 桃李不言 下自成蹊^② 此言雖小 可以諭大也

① 悛悛순순

색은 悛의 발음은 '춘[七旬反]'이다.《한서》에는 '순순恂恂'으로 되어 있다. 恂의 발음은 '순詢'이다.

音七旬反 漢書作恂恂 音詢

신주 순순悛悛은 진실하고 진실한 모양이다.

② 桃李不言下自成蹊도리불언하자성혜

색은 살펴보니 요씨가 말했다. "복숭아나무나 오얏나무는 본래 말을 하지 못하지만 다만 꽃이 피고 열매를 맺어 사물을 감동하게 한다. 그러므로 사람이 기약하지 않고 가도 그 아래에는 저절로 지름길이 이루어진다. 이광이 비록 나가서 변명할 수 없었지만, 능히 감동시키는 바가 있었고 충심으로 남을 믿게 하였기 때문임을 비유한 것이다."

案 姚氏云 桃李本不能言 但以華實感物 故人不期而往 其下自成蹊徑也 以喩廣雖不能出辭 能有所感 而忠心信物故也

색은술찬 사마정이 펼쳐서 밝히다.

이광은 원숭이 같은 긴 팔로 활을 잘 쏘아 실로 자기의 능력을 믿었다. 말의 안장을 풀고서도 적을 물리치고 원형진을 치고 쇠뇌를 쏘아 명중했다. 변방의 군郡을 누차 지켰고 대군은 거듭해서 따랐다. 길을 잃고 척후병을 만났고 운수가 기구해 봉함을 받지 못했다. 안타깝구나! 명장이여.
천하에 대적할 자가 없었네.

猿臂善射 實負其能 解鞍卻敵 圓陣摧鋒 邊郡屢守 大軍再從 失道見斥 數奇不
封 惜哉名將 天下無雙

사기 제110권 史記卷一百十

흉노열전 匈奴列傳

사기 110권 흉노열전 제50

史記卷一百十 匈奴列傳第五十

정의 이 권은 간혹 다른 본 중 차례가 '평진후平津侯'의 뒤인 제52에 둔 것이 있다. 지금 제50으로 한 것은 사마천의 구본舊本이 이와 같고 유백장의 《사기음의》 본도 또한 이와 같기 때문이다. 만약 여러 열전을 먼저 하고 사이四夷 열전을 다음으로 배치했다고 한다면 사마상여, 급정, 정당시 열전이 뒤에 있게 된 것은 부합하지 않는다.

此卷或有本次平津侯後 第五十二 今第五十者 先生舊本如此 劉伯莊音亦然 若先諸傳而次四夷 則司馬汲鄭不合在後也

신주 〈흉노열전〉은 〈위청열전〉, 〈곽거병열전〉과 함께 읽으면 흉노에 대해서 입체적 사실을 알 수 있다. 〈위청곽거병열전〉이 흉노와 싸워 아주 드물게 승리를 거둔 한족漢族 장수들을 영웅시한 것이라면 〈흉노열전〉은 한나라는 물론 역대 중원왕조들을 위협했던 북방 흉노족에 대한 폄훼와 저주의 감정과 뒤섞여 작성한 것이다. '오랑캐 종'이라는 뜻의 흉노匈奴라는 국명 자체가 흉노 자신들이 지은 것이 아님은 물론이다.

사마천은 흉노의 풍습을 아주 비천한 것으로 그렸다. 노인들은 장정들이 먹고 난 것을 먹으며, 아버지가 죽으면 그 후모를 아내로 삼고, 형제가 죽으면 그 아내를 취한다는 것 등이다. 유목민족이 여성 혼자 생존하기

힘들기 때문에 가족공동체에서 여성의 일생을 책임지는 제도라는 설명은 없다. 그러면서도 정작 흉노의 선조는 하夏나라의 왕성王姓인 하후씨夏后氏의 후손 순유로 설정해서 한족의 울타리 안에 끌어넣으려고 시도했다.

사마천을 비롯한 한나라 지식인들의 이런 관점은 흉노와 한나라의 국세 차이 때문이다. 중원을 평정한 한고조 유방은 32만 명의 대군을 거느리고 흉노 공격에 나섰다가 평성平城에서 흉노의 황제인 묵돌선우의 40만 기병에게 포위되어 아사할 지경에 처했다. 궁여지책으로 묵돌의 황후 연지에게 막대한 뇌물을 바치고 겨우 목숨을 건졌다. 이후 종실의 딸을 선우의 후궁으로 보내고 매년 막대한 뇌물을 바치겠다고 약속하며 평화를 구걸해야 했으니 흉노를 바라보는 관점이 어떠했을지는 짐작할 수 있다.

사마천이 자신을 궁형에 처한 무제를 불로장생을 좇아 신선이나 찾아다니는 군주로 폄하하면서도 무제 때 비로소 위청과 곽거병 등의 장수를 보내 시종 열세였던 대흉노관계를 우위로 바꾼 것은 인정하지 않을 수 없다.

〈흉노열전〉에서 주목할 것은 흉노와 고조선의 관계이다. 《사기》〈흉노열전〉에 나오는 연나라 장수 진개秦開의 동호東胡 정벌기사는 한족들이 고조선과 동호를 같은 국가로 인식했다는 사실을 말해준다. 〈흉노열전〉은 진개가 동호 강역 1,000리를 차지하고 "조양造陽에서 양평襄平까지 연 장성을 쌓았고, 상곡上谷·어양漁陽·우북평右北平·요서遼西·요동遼東 군을 설치해서 호胡를 방어했다.”고 적고 있다. 그런데 같은 내용이《삼국지》〈동이열전 한韓〉조에는 진개가 공격한 대상이 조선朝鮮이고 탈취한 땅이 2,000리라고 달리 적고 있다. 단재 신채호가 일찍이《사기》〈흉노열전〉의 동호는 조선이라고 갈파한 것처럼 한족들은 때로는 고조선을 동호라고도 불렀음을 알 수 있다. 연장성은 동호라고도 불렀던 고조선을 막기 위해 쌓은 것이다.

진시황이 쌓은 만리장성 또한 북쪽은 흉노를 막기 위해서, 동북쪽은 고조선을 막기 위해서 쌓은 것이다.《한서》〈위현韋賢열전〉에 “동쪽으로 조선을 정벌하고 현도, 낙랑을 일으켜서 흉노의 왼쪽 팔을 끊었다.”는 기사가 있는데 이것이 바로 고조선과 흉노가 어떤 관계인지를 잘 말해주는 사례이다.

흉노와 우리 민족의 관계는 표기장군 곽거병霍去病과 관계에서 알 수 있다. 곽거병은 롱서隴西 언지산焉支山에서 흉노의 우현왕右賢王 휴저왕休屠王을 격파하고 흉노가 하늘에 제사지내는 금인상金人象을 얻었다는 장수이다.《한서》〈김일제金日磾열전〉은 휴저왕의 아들 김일제가 한나라로 끌려왔다가 투후秺侯가 되는 과정을 그리고 있다. 그런데 신라〈문무왕비문〉에 신라 왕실의 기원을 “투후제천의 후손秺侯祭天之胤”이라고 말해서 신라 왕실이 투후 후예라고 말하고 있다.

사마천은 흉노국을 저열한 세력으로 그리려고 노력했으나 감추지 못한 사실들이 드러난다. 흉노 황제인 선우는 그 태자를 좌저기왕左屠耆王으

로 삼았고, 좌현왕左賢王·우현왕右賢王과 좌녹리왕左谷蠡王·우녹리왕右谷
蠡王 등의 여러 왕이 있었다는 것이다. 또한 좌골도후左骨都侯·우골도후
左右骨都侯가 이들 왕들을 보좌하는 체제였다. 좌우대장左右大將, 좌우대
도위左右大都尉, 좌우대당호左右大當戶 등은 모두 군사를 관장하는 직책들
로서 흉노가 군사를 우선시했음을 알 수 있다. 《송서》〈백제열전〉은 백
제에도 우현왕과 좌현왕이 있다고 말하고 있는데, 이는 흉노의 정치체제
가 한국 고대국가의 정치체제와 긴밀한 관계에 있음을 말해주는 것이다.

흉노는 한 해 정월에 여러 장長들이 선우의 정庭에서 모여 제사지내고
5월에는 롱성龍城에서 큰 규모로 모여 선조와 천지天地와 귀신에게 제사
를 지냈다는 사실에서 흉노 또한 하늘을 섬기는 천손민족의 가치관을 가
진 민족임을 알 수 있다. 흉노를 비롯해서 역사에서 사라진 민족들의 역
사를 복원해야 하는 이유를 〈흉노열전〉이 말해준다.

흉노의 개요

흉노匈奴의 선조는 하후씨夏后氏의 후손으로 순유淳維[①]라고 한다. 당우唐虞(요순)시대 이전에는 산융山戎[②]과 험윤獫狁과 훈육葷粥[③]이 북만北蠻에 거주했다. 그들은 목축하는 생업에 따라 이동하면서 살았다.

그들이 목축한 것은 대부분 말, 소, 양이었으며 그들은 특별히 낙타,[④] 당나귀, 노새,[⑤] 결제駃騠(버새),[⑥] 도도駒駼(준마),[⑦] 전혜騨騱(야생마)[⑧]도 길렀다.

匈奴 其先祖夏后氏之苗裔也 曰淳維[①] 唐虞以上有山戎[②]獫狁葷粥[③] 居于北蠻 隨畜牧而轉移 其畜之所多則馬牛羊 其奇畜則橐駝[④]驢驘[⑤]駃騠[⑥]騊駼[⑦]騨騱[⑧]

① 淳維순유

집해 《한서음의》에서 말한다. "흉노의 시조 이름이다."

漢書音義曰 匈奴始祖名

색은 장안이 말했다. "순유淳維는 은나라 때 북쪽 변방으로 달아났다." 또 악산樂産의 《괄지보》에서 말한다. "하나라 걸桀이 무도하자 탕왕

湯王이 명조鳴條로 내쫓았는데 3년 만에 죽었다. 그의 아들 훈육獯粥은 걸왕의 여러 첩을 아내로 삼아서 북야北野에 피해 살면서 가축을 따라 옮겨 다녔는데, 중국에서는 흉노라고 일컬었다." 따라서 하후夏后의 후손이라고 한 말은 어떤 이는 당연하다고 했다. 그래서 응소는 《풍속통》에서 말한다. "은나라 때는 훈육獯粥이라고 했는데, 흉노라고 고친 것이다." 또 복건이 말했다. "요임금 때는 훈육葷粥, 주周나라 때는 험윤獫狁, 진秦나라 때는 흉노라고 했다." 위소가 말했다. "한나라는 흉노라고 했는데 훈육葷粥은 그 별명이다." 곧 순유淳維는 그들의 시조이고 아마 훈육獯粥과 더불어 하나일 것이다.

張晏曰 淳維以殷時奔北邊 又樂産括地譜云 夏桀無道 湯放之鳴條 三年而死 其子獯粥妻桀之衆妾 避居北野 隨畜移徙 中國謂之匈奴 其言夏后苗裔 或當然 也 故應劭風俗通云 殷時曰獯粥 改曰匈奴 又服虔云 堯時曰葷粥 周曰獫狁 秦 曰匈奴 韋昭云 漢曰匈奴 葷粥其別名 則淳維是其始祖 蓋與獯粥是一也

② 山戎산융

정의 《좌전》 장공莊公 30년에서 말한다. "제나라 사람이 산융을 정벌했다." 두예가 말했다. "산융山戎, 북융北戎, 무종無終이라는 세 가지 이름으로 불렀다."《괄지지》에서 말한다. "유주幽州 어양현漁陽縣은 본래 북융北戎의 무종자국無終子國이다."

左傳莊三十年 齊人伐山戎 杜預云 山戎北戎無終三名也 括地志云 幽州漁陽縣 本北戎無終子國

③ 獫狁葷粥험윤훈육

집해 진작이 말했다. "요임금 때는 훈육葷粥이라고 부르고 주周나라에서는 험윤獫狁이라고 불렀으며 진秦나라 때에는 흉노匈奴라고 불렀다."

晉灼云 堯時曰葷粥 周曰獫狁 秦曰匈奴

④ 橐駝탁타

[색은] 탁타橐他이다. 위소가 말했다. "등의 살이 탁탁橐과 같다. 그러므로 탁탁橐이라고 이른다." 포개가 말했다. "橐의 발음은 '탁託'이다. 타他는 어떤 판본에 '타駞'로 되어 있다."

橐他 韋昭曰 背肉似橐 故云橐也 包愷音託 他 或作駞

[정의] 畜의 발음은 '후[許又反]'이다.

畜 許又反

⑤ 驢驘여라

[색은] 살펴보니《고금주》에서 말한다. "당나귀 수컷과 말 암컷이 교미해서 라驘를 낳는다."

案 古今注云 驢牡馬牝 生驘

[정의] 驘의 발음은 '롸[力戈反]'이다.

驘音力戈反

⑥ 駃騠결제

[집해] 서광이 말했다. "북적北狄의 준마駿馬이다."

徐廣曰 北狄駿馬

[색은]《설문》에서 말한다. "결제駃騠는 수말과 노새 사이에서 난 새끼이다."《광이지》에서 駃騠의 발음을 '결제決蹄'라고 하였다.《발몽기》에서 말한다. "그 어미의 배를 가르고 태어난다."《열녀전》에서 말한다.

"태어난 지 7일이면 그의 어미를 뛰어넘는다."

說文云 駃騠 馬父嬴子也 廣異志音決蹄也 發蒙記 㓼其母腹而生 列女傳云 生
七日超其母

⑦ 駒駼도도

[집해] 서광이 말했다. "말과 비슷하며 푸른 빛이다."

徐廣曰 似馬而青

[색은] 살펴보니 곽박은《이아》의 주석에서 말했다. "도도마駒駼馬는 청
색青色이며 駒駼의 발음은 '도도淘塗'이다." 또《자림》에는 야생마라고
하였다.《산해경》에서 말한다. "북해北海에 짐승이 있어, 그 형상은 말과
같고 그 이름이 도도駒駼이다."

按 郭璞注爾雅云 駒駼馬 青色 音淘塗 又字林云 野馬 山海經云 北海有獸 其狀
如馬 其名駒駼也

⑧ 驒騱전혜

[집해] 서광이 말했다. "驒의 발음은 '전顚'이다. 거허巨虛의 종류이다."

徐廣曰 音顚 巨虛之屬

[색은] 전해驒奚이다. 위소가 말했다. "驒의 발음은 '전顚'이다."《설문》
에서 말한다. "야생마에 속한다." 서광이 말했다. "거허巨虛의 종류이다.
일설에는 검푸른 말로 흰 비늘이 있는데, 무늬가 악어 같다고 하였다."
추탄생鄒誕生의 본本에서 말한다. "해奚가 '혜騱'로 되어 있다."

驒奚 韋昭驒音顚 說文 野馬屬 徐廣云 巨虛之類 一云青驪白鱗 文如鼉魚 鄒誕
生本 奚字作騱

물과 풀이 있는 곳을 따라 옮겨 다니는데 성곽이나 일정한 거처가 없고 농사짓는 일도 하지 않았다. 그러나 또한 각 부족은 땅을 나누어① 소유했는데 문서는 없이 말로 약속한 것이었다.

어린아이들은 양을 타고 다니면서 활을 당겨서 새나 쥐를 쏠 줄 알았다. 조금 더 자라면② 여우와 토끼를 쏘아 식량으로 삼았다. 사내들은 활을 능히 당길 힘이 되면③ 모두 기병이 되었다.

그들의 풍속은 편안할 때는 목축을 하면서 활에 의지하여 새나 짐승 사냥을 생업으로 삼았다. 긴급해지면 사람들이 싸우고 공격하는 것에 익숙해서 침략하고 정벌하는 것이 그들의 천성이었다.

逐水草遷徙 毋城郭常處耕田之業 然亦各有分地① 毋文書 以言語爲約束 兒能騎羊 引弓射鳥鼠 少長②則射狐兔用爲食 士力能毋③弓 盡爲甲騎 其俗 寬則隨畜 因射獵禽獸爲生業 急則人習戰攻以侵伐 其天性也

① 分地분지

색은 앞 글자 分의 발음은 '분[扶糞反]'이다.

上音扶糞反

② 少長소장

색은 앞 글자 少의 발음은 '소[式紹反]'이고, 뒷 글자 長의 발음은 '장[陟兩反]'이다. 소장少長은 나이가 조금 든 것을 이른다.

上音式紹反 下音陟兩反 少長謂年稍長

③ 毋만

색은 앞 글자 毌의 발음은 '만彎'(활을 당기다)인데, 가장 통상적인 음으로 발음해도 또한 통한다.

上音彎 如字亦通也

그들이 먼 거리에서 쓰는 무기는 활과 화살이고 단거리에서 쓰는 무기는 칼과 창[1]이었다. 유리하면 나가고 불리하면 물러났는데, 달아나는 것을 부끄럽게 여기지 않았다. 진실로 이로운 것이 있는 곳에서는 예의를 알지 못했다.

군왕 이하 모두가 가축의 고기를 먹고 그 가죽으로 옷을 만들어 입으며 침구로 쓰기도 했다.

장정들은 살찌고 맛 좋은 음식을 먹고 노인들은 그 나머지를 먹었다. 건장하고 씩씩한 것을 귀하게 여기고 늙고 약한 것을 천하게 여겼다. 아버지가 죽으면 그 후모後母를 아내로 삼고,[2] 형제가 죽으면 모두 그 아내를 취해서 아내로 삼았다.

그 풍속은 이름을 부르는 것을 꺼리지 않았으며 성이나 자字[3]는 없었다.

其長兵則弓矢 短兵則刀鋋[1] 利則進 不利則退 不羞遁走 苟利所在 不知禮義 自君王以下 咸食畜肉 衣其皮革 被旃裘 壯者食肥美 老者食其餘 貴壯健 賤老弱 父死 妻其後母[2] 兄弟死 皆取其妻妻之 其俗有名不諱 而無姓字[3]

① 鋋연

집해 위소가 말했다. "연鋋은 생김새가 모矛와 같은데 자루는 쇠로 만든다." 鋋의 발음은 '션[時年反]'이다.

韋昭曰 鋋形似矛 鐵柄 音時年反

색은 鋋의 발음은 '션蟬'이다. 《비창》에서 말한다. "션鋋은 작은 창인데 자루는 쇠로 되었다." 《고금자고》에서 말한다. "근𥎓(창자루)은 '긍矜'과 통용된다."

音蟬 埤蒼云 鋋 小矛鐵矜 古今字詁云 𥎓 通作矜

② 父死 妻其後母부사처기후모

신주 앞에서는 흉노를 하후夏后의 후예라고 서술하고 여기에서는 아버지의 후처를 부인으로 삼는다고 비난하고 있으니 앞뒤가 맞지 않는다. 이 역시 사마천이 흉노의 계보를 조작해 하후의 후예로 만들었음을 시사한다. 유목 민족들 사이에서 남편을 잃은 여인이 형이나 아우에게 의탁하는 것은 생존을 계속 유지하기 위한 수단이자 가족공동체, 부족공동체 구성원의 평생 생활을 보장하는 방법이었다.

③ 姓字성자

집해 《한서》에서 말한다. "선우單于의 성은 연제씨攣鞮氏이다."

漢書曰 單于姓攣鞮氏

색은 攣의 발음은 '연[六緣反]'이고, 鞮의 발음은 '제[丁啼反]'이다.

攣 音六緣反 鞮 音丁啼反

하夏나라 도道가 쇠약해지자 공유公劉①는 후직后稷의 관직을 잃고 서융西戎에서 풍속을 바꾸고② 빈豳 땅③에 도읍을 세웠다. 그후 300여 년이 지나 융적戎狄이 대왕단보大王亶父④를 공격하자 단보는 기산岐山 아래로 달아났다. 이때 빈 땅의 사람들이 모두 대왕단보를 따라와서 여기에 도읍을 세우고 주周나라를 일으켰다.⑤

그후 100여 년이 지나 주周나라 서백西伯 창昌이 견이씨畎夷氏⑥를 정벌했고, 10여 년 뒤 무왕武王이 주紂를 정벌하고 낙읍雒邑을 다스렸다. 그리고 다시 풍호酆鄗로 옮겨 살면서 융이戎夷들을 경수涇水와 낙수洛水⑦의 북쪽으로 추방했으며, 계절마다 조공을 바치게 하고 '황복荒服'이라고 명명했다.

夏道衰 而公劉①失其稷官 變于西戎② 邑于豳③ 其後三百有餘歲 戎狄攻大王亶父④ 亶父亡走岐下 而豳人悉從亶父而邑焉 作周⑤ 其後百有餘歲 周西伯昌伐畎夷氏⑥ 後十有餘年 武王伐紂而營雒邑 復居于酆鄗 放逐戎夷涇洛⑦之北 以時入貢 命曰 荒服

① 公劉공유

집해 서광이 말했다. "후직后稷의 증손이다."

徐廣曰 后稷之曾孫

정의 〈주본기〉에서 말한다. "부줄不窋이 그 관직을 잃었다." 여기서 공유公劉라고 이른 것은 확실하지 않다.

周本紀云 不窋失其官 此云公劉 未詳也

② 變于西戎변우서융

신주 《염철론》〈화친편〉에서 "그러므로 정사에는 따르지 않을 명령이 있으나, 세상에는 교화하지 못할 백성은 없다. 《시경》에 '멀리 있는 물을 떠서 가져와 이곳에 물을 대네.'라고 했다. 그러므로 공유가 융적의 땅에 거처하자 융적이 교화되었다.[故政有不從之教 而世無不可化之民 詩云 挹彼行潦 挹彼注兹 故公劉處戎狄 戎狄化之]"라고 했다. 이를 통해 교화하여 그곳의 풍속을 바꾸었음을 알 수 있다.

③ 豳빈

신주 빈豳은 옛 지명으로 빈邠이라고도 한다. 주周나라 때 공유公劉의 도읍지였는데, 지금의 섬서성 빈현邠縣 서쪽이다. 주나라 강역이 섬서성 빈현마저도 차지하지 못했음을 말해주는 사례라고 하겠다.

④ 大王亶父대왕단보

집해 서광이 말했다. "공유公劉의 9세손이다."

徐廣曰 公劉九世孫

⑤ 作周작주

색은 살펴보니 처음으로 주周나라를 일으킨 것을 이르는 것이다.

按 謂始作周國也

⑥ 畎夷氏견이씨

색은 위소가 말했다. "《춘추》에는 견융犬戎으로 되어 있다." 살펴보니 畎의 발음은 '견犬'이다. 대안이 말했다. "곧 곤이昆夷이다." 《산해경》에서 말한다. "황제黃帝는 묘룡苗龍을 낳고, 묘룡은 융오融吾를 낳고, 융오는 농명弄明을 낳고, 농명은 백견白犬을 낳았다. 백견白犬은 이모二牡가 있었는데 이이가 견융犬戎이 되었다."《설문》에서 말한다. "적적赤狄은 본래 견종犬種인데 자字는 종견從犬이다." 또《산해경》에서 말한다. "사람의 얼굴에 짐승의 몸을 가졌는데 이름을 견이犬夷라고 한다." 가규가 말했다. "견이犬夷는 융戎의 별종別種이다."

韋昭云 春秋以爲犬戎 按 畎音犬 大顔云 卽昆夷也 山海經云 黃帝生苗龍 苗龍生融吾 融吾生弄明 弄明生白犬 白犬有二牡 是爲犬戎 說文云 赤狄本犬種 字從犬 又山海經云 有人面獸身 名曰犬夷 賈逵云 犬夷 戎之別種也

⑦ 洛락

색은 진작이 말했다. "낙수洛水는 풍익馮翊 회덕현懷德縣에 있고 동남쪽에서 위수渭水로 들어간다." 또 살펴보니《수경》에서 말한다. "(낙수가) 상군上郡 조음雕陰 태창산泰昌山에서 나와 화음華陰을 지나서 위수로 들어가는데 곧 칠저수漆沮水이다."

晉灼曰 洛水在馮翊懷德縣 東南入渭 又案 水經云出上郡雕陰泰昌山 過華陰入渭 卽漆沮水也

신주 경수와 낙수는 모두 섬서성 경내를 흐르는 강이다. 무왕 때까지도 주나라는 섬서성을 모두 차지하지 못했음을 말해 준다.

그 뒤 200여 년이 흘러 주나라 도가 쇠약해졌으나[1] 목왕穆王은 견융犬戎을 정벌하고 네 마리의 흰 이리와 네 마리의 흰 사슴을 사로잡아 돌아왔다.

이 뒤로부터 황복荒服은 조공을 바치러 이르지 않았다. 이에 주나라는 마침내 보형甫刑[2]의 형벌을 만들었다.

목왕의 뒤로 200여 년이나 지나서 주周나라 유왕幽王은 총애하는 여인 포사褒姒 때문에 신후申侯[3]와 사이가 좋지 않았다. 이에 신후는 화가 나서 견융과 함께 주나라 유왕幽王을 여산驪山[4] 아래에서 공격해 죽이고,[5] 마침내 주周나라 초호焦穫[6]를 빼앗아 경수와 위수의 사이에 살면서 포악하게 중원을 침략했다. 진秦나라 양공襄公이 주나라를 구원하자 이에 주나라 평왕平王은 풍호酆鄗를 떠나서 동쪽의 낙읍雒邑으로 도읍을 옮겼다.

其後二百有餘年 周道衰[1] 而穆王伐犬戎 得四白狼四白鹿以歸 自是之後 荒服不至 於是周遂作甫刑[2]之辟 穆王之後二百有餘年 周幽王用寵姬褒姒之故 與申侯[3]有郤 申侯怒而與犬戎共攻殺周幽王于驪山[4]之下[5] 遂取周之焦穫[6] 而居于涇渭之間 侵暴中國 秦襄公救周 於是周平王去酆鄗而東徙雒邑

① 周道衰주도쇠

색은 살펴보니 〈주본기〉에 "의왕懿王 때 왕실이 쇠약해져 시인詩人이 원망하고 비방하는 시를 지었다."라고 했는데, 아雅를 복원할 수 없었다.
案 周紀云 懿王時 王室衰 詩人作怨刺之詩 不能復雅也

② 甫刑보형

신주 주나라 목왕穆王 때 여후呂侯가 만든 형벌이다. 하나라 우임금 때 만든 형벌을 개정한 것인데,《상서》〈여형〉이 이에 관한 내용이다.

③ 申侯신후

정의 옛 신성申城은 등주鄧州 남양현 북쪽 30리에 있는데, 주선왕周宣王의 외삼촌을 봉한 곳이다.

故申城在鄧州南陽縣北三十里 周宣王舅所封

④ 驪山여산

집해 위소가 말했다. "융戎이 뒤에 와서 이 산에서 살았다. 그래서 여융驪戎이라고 불렀다."

韋昭曰 戎後來居此山 故號曰驪戎

⑤ 殺周幽王于驪山之下살주유왕우려산지하

신주 신후申侯는 지금의 하남성 남양南陽에 있던 동이족 신국申國의 군주였다. 그 딸이 주유왕周幽王의 왕후가 되어 의구宜臼를 낳아 태자가 되었다. 그 후 유왕이 왕후를 폐하고 포사褒姒를 왕후로 봉하고 그의 아들 백복伯服을 태자로 삼자 의구가 신국으로 와서 알렸다. 신후는 동방의 증국繒國, 서방의 견융과 함께 주유왕을 공격해 서기전 771년 유왕을 지금의 섬서성 임동臨潼 동쪽에서 죽였다. 그리고 신후, 증후繒侯, 허문공許文公 등이 태자 의구를 세워서 낙읍에 천도하게 했는데, 이이가 주평왕周平王이다. 이때부터 서주西周 시대는 막이 내리고, 동주東周 시대 곧 춘추 시대가 시작된다.

⑥ 焦穫초호

정의 《괄지지》에서 말한다. "초호는 또 이름이 고구劋口라고 하고, 또 고중劋中이라고도 했다. 옹주雍州 경양현성涇陽縣城 북쪽 10여 리에 있다. 주周에도 초호가 있다."

括地志云 焦穫亦名劋口 亦曰劋中 在雍州涇陽縣城北十數里 周有焦穫也

당시 진秦나라 양공襄公이 융戎을 정벌하고, 기산에 이르러 처음으로 제후의 반열에 올랐다.[①] 이후 65년이 지나 산융山戎[②]이 연나라를 넘어서 제나라를 침략하자, 제나라 희공釐公은 제나라 교외에서 산융과 싸웠다. 그 뒤 44년이 지나 산융이 연나라를 침략했다. 연나라에서 다급하게 제나라에 알리자, 제나라 환공桓公이 북쪽으로 가 산융을 정벌하니 산융이 달아났다.

그 뒤 20여 년 후에 융적戎狄이 낙읍洛邑에 이르러 주나라 양왕襄王을 침략하자, 양왕은 정鄭나라 범읍氾邑[③]으로 달아났다.

애초에 주나라 양왕은 정나라를 정벌하려고 융적의 여인을 취해서 왕후로 삼았다. 그리하여 융적의 군사와 함께 정나라를 정벌했다. 얼마 후 적후狄后를 쫓아내자 적후가 원망했다. 양왕의 계모는 혜후惠后인데 아들 자대子帶가 있어 천자로 세우고자 했다. 이에 혜후, 적후, 자대가 함께 내응해서 융적에게 문을 열어 주었는데, 융적들이 쳐들어와 주나라 양왕을 쳐서 내쫓고 자대를 세워 천자로 삼았다.

當是之時 秦襄公伐戎至岐[①] 始列爲諸侯 是後六十有五年 而山戎[②]越

燕而伐齊 齊釐公與戰于齊郊 其後四十四年 而山戎伐燕 燕告急于齊
齊桓公北伐山戎 山戎走 其後二十有餘年 而戎狄至洛邑 伐周襄王 襄
王奔于鄭之氾邑③ 初 周襄王欲伐鄭 故娶戎狄女爲后 與戎狄兵共伐鄭
已而黜狄后 狄后怨 而襄王後母曰惠后 有子子帶 欲立之 於是惠后與
狄后子帶爲內應 開戎狄 戎狄以故得入 破逐周襄王 而立子帶爲天子

① 岐기

[정의] 지금의 기주岐州이다. 고유가 말했다. "진양공이 주周나라를 구
하는 데에 공이 있어서 주周의 옛 땅인 풍호酆鄗를 받고 제후에 반열되
었다."

今岐州 高誘云 秦襄公救周有功 受周故地酆鄗 列爲諸侯也

② 山戎산융

[색은] 복건이 말했다. "산융山戎은 지금의 선비鮮卑일 것이다." 살펴보
니 호광이 말했다. "선비鮮卑는 동호東胡의 별종이다." 또 응봉이 말했다.
"진秦나라에서 장성長城을 쌓는데 사역徒役하는 사士가 새외塞外로 도망
쳐서 선비산鮮卑山에 의지해 살았기 때문에 이름이 되었다."

服虔云 山戎蓋今鮮卑 按 胡廣云 鮮卑 東胡別種 又應奉云 秦築長城 徒役之士
亡出塞外 依鮮卑山 因以爲號

[신주] 산융은 중국 춘추시대 북방에 거주하던 기마민족인데, 북융北戎
이라고도 불렸다. 동이족의 한 분파인데 중원 왕조들이 자신들을 중심
으로 동이, 서융, 남만, 북적으로 나눈 것이다. 산융은 후에 연산燕山 일
대에서 활동하면서 하북성 등지에 고죽孤竹, 영지令支, 도하屠何, 무종無

終 등의 나라를 세웠다. 그들은 중원에 여러 차례 내려와 악鄂, 제齊, 연燕, 진晉나라 등을 공격했는데, 고조선과 산융의 상관성을 밝히는 것이 동아시아 고대사의 큰 숙제이다. 단재 신채호가 《사기》〈흉노열전〉의 동호東胡는 곧 고조선이다."라고 말한 것처럼, 중국의 사서史書는 고조선이란 표현 대신 동호東胡, 숙신肅愼 같은 다른 용어를 사용했기 때문에 중국 사서에서 고조선을 가리키는 이칭異稱을 찾아서 고조선사를 복원해야 할 것이다.

③ 氾邑범읍

[색은] 소림이 말했다. "氾의 발음은 '범凡'이다. 지금의 영천潁川 양성襄城이 이곳이다." 살펴보니 《춘추지명》에서 말한다. "범읍氾邑은 양왕襄王이 거처한 곳이다. 그래서 '양성襄城'이라고 일렀다."

蘇林氾音凡 今潁川襄城是 按 春秋地名云 氾邑 襄王所居 故云襄城也

[신주] 양성은 하남성 허창시許昌市 산하의 현으로서 춘추시대 범읍氾邑이었다.

이에 융적들이 혹은 육혼陸渾[①]에 살게 되었고 동쪽으로는 위衛나라에 이르러 중원을 침략하고 포학하게 도둑질했다.

중원에서는 이를 미워했다. 그러므로 시인詩人들이 노래해서 말했다.

"융적을 응징했네."

"험윤獫狁을 쳐서 태원까지 이르렀네.[②]"

"떠나는 수레 소리 요란하고 삭방 땅에 성을 쌓게 했네.[③]"

주나라 양왕이 밖에 거처한 지 4년이 되자 사신을 보내서 다급한 상황을 진晉나라에 알렸다. 진晉나라 문공文公은 처음 제후로 즉위하여 패업霸業을 닦으려고 이에 군사를 일으켜 융적戎狄을 정벌해 축출하고 자대子帶를 죽이고 안으로 주양왕周襄王을 맞아들여 낙읍에서 살게 했다.

於是戎狄或居于陸渾① 東至於衛 侵盜暴虐中國 中國疾之 故詩人歌之曰 戎狄是應 薄伐玁狁 至於大原② 出輿彭彭 城彼朔方③ 周襄王旣居外四年 乃使使告急于晉 晉文公初立 欲修霸業 乃興師伐逐戎翟 誅子帶迎內周襄王 居于雒邑

① 陸渾육혼

집해 서광이 말했다. "일설에는 '육읍陸邑'이라고 했다."

徐廣曰 一爲陸邑

색은 《좌전》에서 말한다. "진秦과 진晉이 육혼陸渾의 융戎을 이천伊川으로 이주시켰다." 두예가 말했다. "윤성允姓의 융戎이 육혼陸渾에서 거주하니, 진秦과 진晉 사이에 있다고 여겨서 두 나라에서 유인해서 이천伊川으로 이주시키고 마침내 융戎의 호칭을 따르게 했다. 지금의 육혼현陸渾縣이 이곳이다."

春秋左氏 秦晉遷陸渾之戎于伊川 杜預 以爲允姓之戎居陸渾 在秦晉之間 二國誘而徙之伊川 逐從戎號 今陸渾縣是也

신주 춘추시대 융족이 거주하던 육혼은 지금의 하남성 숭현嵩縣 일대로 한나라 때 이곳에 육혼현을 설치했다. 현재의 하남성 낙양시 숭현 북쪽이다.

② 薄伐玁狁 至於大原박벌험윤 지어태원

집해 《모시전》에서 말한다. "축출한 것을 말했을 뿐이다."

毛詩傳曰 言逐出之而已

신주 《시경》〈소아小雅 유월六月〉의 시구이다.

③ 出輿彭彭城彼朔方출여방방성피삭방

집해 《모시전》에서 말한다. "방방彭彭은 네 필의 말 모양이다. 삭방朔
方은 북방이다."

毛詩傳曰 彭彭 四馬貌 朔方 北方

정의 험윤玁狁이 떠난 뒤에 북방이 안정되어 이에 성을 쌓고 지킨 것
이다.

玁狁既去 北方安靜 乃築城守之

신주 《시경》〈소아 출거出車〉의 시구이다.

당시 진秦나라와 진晉나라가 강성한 나라였다.

진문공晉文公이 융적戎狄을 물리치고 하서河西의 은수圁水와 낙수洛
水 사이①에서 거처하게 하고 적적赤翟②과 백적白翟③이라고 불렀다.

當是之時 秦晉爲彊國 晉文公攘戎翟 居于河西圁洛之間① 號曰赤翟②
白翟③

---

① 圁洛之間은락지간

집해 서광이 말했다. "은圁은 서하西河에 있는데 '은銀'으로 발음한다.

낙洛은 상군上郡과 풍익馮翊 사이에 있다."

徐廣曰 圖在西河 音銀 洛在上郡馮翊間

[색은] 서하西河의 은圖과 낙洛이다. 진작이 말했다. "圖의 발음은 '은䛬'이다." 《삼창》에는 '환圜'으로 되어 있다. 〈지리지〉에서 말한다. "환수圜水는 상군上郡 백토현白土縣 서쪽에서 나와 동쪽으로 흘러 하수로 들어간다." 위소가 말했다. "환圜은 마땅히 '은圖'으로 되어야 한다." 《속한서군국지》와 《태강지지》에는 모두 '은圖'으로 되어 있다.

西河圖洛 晉灼音䛬 三蒼作圜 地理志云圜水出上郡白土縣西 東流入河 韋昭云 圜當爲圖 續郡國志及太康地志竝作圖字也

[정의] 《괄지지》에서 말한다. "백토白土의 고성은 염주鹽州 백지白池 동북쪽 390리에 있다." 또 이르기를 "연주延州, 유주綏州, 은주銀州와 가까운데, 본래 춘추시대에는 백적白狄이 거처하던 곳이며, 칠국七國시대에는 위魏나라에 속했었다. 뒤에 진秦나라에 편입되어 진秦나라에서 36개 군을 설치했다."라고 했다. 낙洛은 칠저漆沮이다.

括地志云 白土故城在鹽州白池東北三百九十里 又云 近延州綏州銀州 本春秋時白狄所居 七國屬魏 後入秦 秦置三十六郡 洛 漆沮也

② 赤翟적적

[색은] 살펴보니 《좌전》에서 말한다. "진晉나라 군사가 적적赤狄 노씨潞氏를 멸망시켰다." 두씨가 말했다. "노潞를 적적赤狄의 별종別種이라 하고 지금 상당上黨의 노현潞縣이다." 또 《춘추지명》에서 말한다. "지금은 적섭호赤涉胡라 한다."

案 左氏傳云 晉師滅赤狄潞氏 杜氏 以潞 赤狄之別種也 今上黨潞縣 又春秋地名云 今曰赤涉胡

③ 白翟백적

색은 《좌전》에서 말한다. "진晉나라 군사가 적狄을 기箕에서 무너뜨리고 극결郤缺이 백적자白狄子를 포로로 잡았다." 두씨가 말했다. "백적白狄의 별종別種이라고 여겼다. 이 때문에 서하군西河郡에 백부호白部胡가 있다고 한 것이다." 또 《국어》에서 말한다. "제환공이 서쪽을 침략해 백적白狄의 땅을 빼앗고 마침내 서하에 이르렀다."

左氏 晉師敗狄于箕 郤缺獲白狄子 杜氏 以爲白狄之別種 故西河郡有白部胡 又國語云 桓公西征 攘白狄之地 遂至于西河也

정의 《괄지지》에서 말한다. "노주潞州는 본래 적적赤狄의 땅이다. 연주延州, 은주銀州, 유주綏州의 삼주三州는 백적白翟의 땅이다." 살펴보니 글에서 "은圁, 노潞의 사이를 적적赤狄이라고 부른다."라고 했지만 확실하지 않다.

括地志云 潞州本赤狄地 延銀綏三州白翟地 按 文言 圁潞之間號赤狄 未詳

진秦나라 목공穆公이 유여由余[1]를 신하로 삼고 서융西戎의 8개국을 진秦나라에 복종시켰다.

그러므로 농隴의 서쪽으로부터 면저縣諸,[2] 혼융緄戎,[3] 적적, 환원의 융戎이[4] 있었고, 기산岐山, 양산梁山, 경수涇水, 칠수漆水의 북쪽에 의거義渠,[5] 대려大荔,[6] 오지烏氏,[7] 후연朐衍[8]의 융戎이 있었다.

秦穆公得由余[1] 西戎八國服於秦 故自隴以西有縣諸[2]緄戎[3]翟獂之戎[4] 岐梁山涇漆之北有義渠[5]大荔[6]烏氏[7]朐衍[8]之戎

① 由余유여

신주 유여는 성이 희姬인데 주무왕의 막내아들[少子] 당숙우唐叔虞의 15세손이자 진晉 악후鄂侯의 증손이다. 다른 설에는 주초왕周携王(서기전 790~서기전 750) 희여신姬余臣의 후예로 난을 피해 융戎의 땅으로 이주했다고 한다. 춘추시대 때에 진국晉國 사람이었는데, 후에 진목공에게 상경上卿으로 제수되어 진나라가 서융을 공격할 때 공을 세웠다.

② 縣諸면저

색은 〈지리지〉에 천수天水에 면저도縣諸道가 있었다.

地理志 天水有縣諸道

정의 《괄지지》에서 말한다. "면저성縣諸城은 진주秦州 진령현秦嶺縣 북쪽 56리에 있다. 한漢나라 면저도縣諸道는 천수군天水郡에 속한다."

括地志云 縣諸城 秦州秦嶺縣北五十六里 漢縣諸道 屬天水郡

③ 緄戎혼융

정의 앞 글자 緄의 발음은 '곤昆'이다. 글자는 당연히 '곤混'(이민족 곤)이 되어야 한다. 안사고가 말했다. "혼이緄夷이다." 위소가 말했다. "《춘추》에 견융犬戎으로 되어 있다."

上音昆 字當作混 顏師古云 混夷也 韋昭云 春秋以爲犬戎

④ 翟獂之戎적환지융

집해 서광이 말했다. "천수天水에 있다. 獂의 발음은 '환丸'이다."

徐廣曰 在天水 獂音丸

색은 〈지리지〉에서 말한다. "천수天水의 환도獂道이다." 응소가 말했다. "환융獂戎 읍이다. 獂의 발음은 '환桓'이다."

地理志 天水獂道 應劭 以獂戎邑 音桓

정의 《괄지지》에서 말한다. "환도獂道의 고성은 위주渭州 양무현襄武縣 동남쪽 37리에 있다. 옛날의 환융읍獂戎邑이다. 한漢나라 환도獂道는 천수군에 속한다."

括地志云 獂道故城在渭州襄武縣東南三十七里 古之獂戎邑 漢獂道 屬天水郡

⑤ 義渠의거

색은 위소가 말했다. "의거義渠는 본래 서융국西戎國으로 왕王이 있었는데 진秦나라가 멸망시켰다. 지금 북지군北地郡에 있다."

韋昭云 義渠本西戎國 有王 秦滅之 今在北地郡

정의 《괄지지》에서 말한다. "영주寧州, 경주慶州는 서융西戎인데 곧 유구읍성劉拘邑城이다. 당시 의거義渠는 융국戎國이었는데 진秦나라 때 북지군北地郡이 되었다."

括地志云 寧州慶州 西戎 卽劉拘邑城 時爲義渠戎國 秦爲北地郡也

⑥ 大荔대려

집해 서광이 말했다. "뒤에 이름을 고쳐서 임진臨晉이라고 했고, 풍익馮翊에 있다."

徐廣曰 後更名臨晉 在馮翊

색은 살펴보니 〈진본기〉에는 여공공厲共公이 대려大荔를 정벌하고 그의 왕성을 빼앗아 뒤에 이름을 임진臨晉이라고 고쳤다. 그래서 〈지리지〉에 "임진臨晉은 옛 대려국大荔國이다."라고 했다.

按 秦本紀厲共公伐大荔 取其王城 後更名臨晉 故地理志云臨晉故大荔國也

정의 《괄지지》에서 말한다. "동주同州 풍익현馮翊縣과 조읍현朝邑縣은 본래 한漢나라 임진현의 땅으로, 옛 대려大荔 융국戎國이었다. 지금 조읍현의 동쪽 30보에 있는 옛 왕성이 곧 대려왕성大荔王城이다." 荔의 발음은 '례[力計反]'이다.

括地志云 同州馮翊縣及朝邑縣 本漢臨晉縣地 古大荔戎國 今朝邑縣東三十步故王城 卽大荔王城 荔 力計反

⑦ 烏氏오지

집해 서광이 말했다. "안정安定에 있다."

徐廣曰 在安定

정의 氏의 발음은 '지支'이다. 《괄지지》에서 말한다. "오지烏氏의 고성은 경주涇州 안정현 동쪽 30리에 있다. 주周나라 옛 땅이고 뒤에 융戎이 들어왔는데, 진혜왕秦惠王이 빼앗고 오지현을 설치했다."

氏音支 括地志云 烏氏故城在涇州安定縣東三十里 周之故地 後入戎 秦惠王取之 置烏氏縣也

⑧ 朐衍후연

집해 서광이 말했다. "북지北地에 있다. 朐의 발음은 '후詡'이다."

徐廣曰 在北地 朐音詡

색은 살펴보니 〈지리지〉에서 말한다. "후연朐衍은 현 이름이고 북지北地에 있다." 朐의 발음을 서광은 '후詡'라고 했고, 정씨는 '우吁'라고 했다.

案 地理志 朐衍 縣名 在北地 徐廣音詡 鄭氏音吁

정의 《괄지지》에서 말한다. "염주鹽州는 옛날에 융적戎狄이 살았는데, 곧 후연융朐衍戎의 땅으로 진秦나라 북지군이다."

括地志云 鹽州 古戎狄居之 卽朐衍戎之地 秦北地郡也

> 진晉나라 북쪽에는 임호林胡[1]와 누번樓煩[2]의 융戎이 있었고 연
> 燕나라 북쪽에는 동호東胡[3]와 산융山戎이 있었다.
> 각자 나뉘고 흩어져서 계곡에 살았는데 군장君長이 있고부터 가끔
> 모였고 100여 융이 있었다. 그러나 서로 하나가 되지는 못했다.
> 而晉北有林胡[1]樓煩[2]之戎 燕北有東胡[3]山戎 各分散居谿谷 自有君長
> 往往而聚者百有餘戎 然莫能相一

① 林胡임호

[색은] 여순이 말했다. "임호林胡는 곧 담림儋林이다. 이목李牧에게 멸망
당했다."

如淳云 林胡卽儋林 爲李牧所滅也

[정의] 《괄지지》에서 말한다. "삭주朔州는 춘추 때 북지北地이다." 여순
이 말했다. "곧 담림澹林인데 이목에게 멸망당했다."

括地志云 朔州 春秋時北地也 如淳云卽澹林也 爲李牧滅

② 樓煩누번

[색은] 〈지리지〉에 누번樓煩은 현 이름으로 안문雁門에 속한다. 응소가
말했다. "옛 누번호樓煩胡의 땅이다."

地理志 樓煩 縣名 屬雁門 應劭云 故樓煩胡地

[정의] 《괄지지》에서 말한다. "남주嵐州는 누번호樓煩胡의 땅이다."《풍

속통》에서 말한다. "옛 누번호樓煩胡의 땅이라고 했다."

括地志云 嵐州 樓煩胡地也 風俗通云 故樓煩胡地也

③ 東胡동호

집해 《한서음의》에서 말한다. "오환烏丸은 혹은 선비鮮卑라고 이른다."

漢書音義曰 烏丸 或云鮮卑

색은 복건이 말했다. "동호東胡는 오환烏丸의 선조이다. 뒤에 선비鮮卑
가 되었는데, 흉노의 동쪽에 있어서 동호東胡라고 했다." 살펴보니《속한
서》에서 말한다. "한나라 초기, 흉노인 묵돌冒頓이 그 나라를 없애자 남
은 무리들이 오환산烏桓山을 지켜서 호칭으로 삼았다. 풍속은 수초水草를
따라 이주하여 일정하게 거처하는 곳이 없었다. 아버지의 이름을 성으로
삼았다. 부자父子와 남녀가 모두 머리를 깎아서 가볍고 편리하다."

服虔云 東胡 烏丸之先 後爲鮮卑 在匈奴東 故曰東胡 案 續漢書曰 漢初 匈奴冒
頓滅其國 餘類保烏桓山 以爲號 俗隨水草 居無常處 以父之名字爲姓 父子男
女悉髡頭爲輕便也

신주 《사기》〈흉노열전〉의 동호는 곧 고조선의 일부이다. 서기전 3세
기 말 흉노가 동호를 격파하자 남은 세력 동호 세력이 오환산烏桓山으로
이주했기 때문에 오환이라고 불렀다. 오환은 선비족鮮卑族의 전신이기도
한데 언어로는 투르크어突厥語와 몽골어蒙古語에 속한다. 동이족에서 갈
라진 흉노, 오환, 동호 등의 정확한 계보를 파악하는 것이 한국 고대사의
수수께끼를 푸는 중요한 열쇠이다.

이로부터 100여 년 뒤에 진晉나라 도공悼公이 위강魏絳을 사신으로 보내 융적戎翟과 화친케 하자 융적이 진晉나라에 조회했다. 그로부터 100여 년 뒤에 조양자趙襄子①가 구주句注②를 넘어 대代 땅을 쳐서 병합하고 호胡와 맥貉③까지 이르렀다. 그 뒤 이미 한韓과 위魏나라가 함께 지백智伯④을 멸망시키고 진晉나라를 나누어 가졌는데, 조나라는 대代와 구주句注의 북쪽을 차지하고, 위魏나라는 하서河西와 상군上郡을 차지하여 융戎과 국경을 함께 했다. 그런 뒤에 의거義渠의 융戎이 성곽을 쌓고 스스로 지켰다. 그러나 진秦나라가 점점 잠식해 들어가 혜왕惠王에 이르러 마침내 의거의 25개 성을 함락시켰다. 또 진秦나라 혜왕이 위魏나라를 공격해 위나라의 서하와 상군을 모두 진나라에 편입시켰다.

自是之後百有餘年 晉悼公使魏絳和戎翟 戎翟朝晉 後百有餘年 趙襄子①踰句注②而破幷代以臨胡貉③ 其後旣與韓魏共滅智伯④ 分晉地而有之 則趙有代句注之北 魏有河西上郡 以與戎界邊 其後義渠之戎築城郭以自守 而秦稍蠶食 至於惠王 遂拔義渠二十五城 惠王擊魏 魏盡入西河及上郡于秦

① 趙襄子조양자

신주 조양자(?~서기전 425)는 성이 영嬴, 씨가 조趙이고 이름이 무휼無恤이다. 영씨는 진秦과 조趙의 왕성으로 모두 동이족이다. 춘추 말기에는 진晉나라 대부였고, 전국시기에 조국趙國을 건국했다. 시호가 양자襄子여서 조양자라고 칭한다. 한때 대代 땅을 진나라에 병합시켰다. 진晉나라는 지智씨, 조趙씨, 한韓씨, 위魏씨 등이 실권을 잡고 있었는데, 지백이 한

韓, 위魏와 손잡고 봉토 반환을 거부하는 조양자를 공격하다가 되레 조양자가 한씨와 위씨를 자기편으로 끌어들여 지백을 공격하면서 지씨가 망하고 진晉나라는 조국趙國, 한국韓國, 위국魏國으로 분할되었다.

② 句注구주

[집해] 句의 발음은 '구鉤'인데 산 이름이고 안문雁門에 있다.

音鉤 山名 在雁門

[색은] 복건이 말했다. "句의 발음은 '구拘'이다." 위소는 "산 이름이고 음관陰館에 있다."

服虔云 句音拘 韋昭云 山名 在陰館

③ 胡貉호맥

[색은] 살펴보니 맥貉은 곧 예濊이다. 貉의 발음은 '멱[亡格反]'이다.

案 貉卽濊也 音亡格反

[신주] 북한의 리지린은 《고조선연구》에서 예濊는 고조선으로, 맥貊은 동호東胡로 보았다.

④ 智伯지백

[신주] 순요荀瑤(서기전 506~서기전 453)는 성이 희姬고, 씨는 지智이며 이름은 요瑤이다. 그래서 지요智瑤라고 하는데, 지智씨는 원래 순荀에서 나왔기 때문에 순요라 하고 지백이라고도 한다. 시호가 양襄이어서 지양자智襄子라고 칭하는 것이다. 춘추말기 진晉나라 집정대신이었다. 지백은 만호의 봉읍을 나라에 바치고서 진국의 대신이었던 한씨, 위씨, 조씨에게도 바치게 했지만 조趙씨가 거부하자, 서기전 455년에 지백이 한씨, 위씨

와 손잡고 조씨를 공격했다. 그러나 서기전 453년에 한씨, 위씨가 태도를 바꾸어 조씨와 손잡고 공격함으로써 멸망되었다. 이로써 한씨, 위씨, 조씨가 지백의 봉읍을 나누니 조나라, 위나라, 한나라이 되었다. 이를 삼진三晉이라고 한다.

진秦나라 소왕昭王 때, 의거의 융왕이 소왕의 어머니 선태후宣太后①와 간통해 두 아들을 낳았다. 선태후는 의거의 융왕을 속여서 의거 융왕을 감천궁甘泉宮에서 죽이고 마침내 군사를 일으켜 의거를 잔악하게 정벌했다. 이에 진나라는 농서隴西, 북지北地, 상군上郡을 차지하고 장성長城을 쌓아 호胡를 막았다.

조趙나라 무령왕武靈王도 풍습을 변경해 호복胡服을 입고 말 타고 활쏘기를 훈련시켜서 북쪽의 임호林胡와 누번樓煩을 쳐부수었고 장성長城을 쌓았다.② 그래서 대代와 아울러③ 음산陰山④ 아래부터 고궐高闕⑤에 이르기까지 요새를 만들었다. 이에 운중雲中, 안문, 대군을 설치했다.

秦昭王時 義渠戎王與宣太后①亂 有二子 宣太后詐而殺義渠戎王於甘泉 遂起兵伐殘義渠 於是秦有隴西北地上郡 築長城以拒胡 而趙武靈王亦變俗胡服 習騎射 北破林胡樓煩 築長城② 自代竝③陰山④下 至高闕⑤爲塞 而置雲中雁門代郡

① 宣太后선태후
집해 소왕昭王의 어머니이다.

昭王母也

<u>색은</u> 복건이 말했다. "소왕의 어머니이다."

服虔云 昭王之母也

② 築長城축장성

<u>정의</u> 《괄지지》에서 말한다. "조무령왕의 장성은 삭주朔州 선양현善陽縣의 북쪽에 있다." 그래서 살펴보니 《수경》에서 말한다. "백도白道 장성의 북산北山 위에는 긴 담이 있었다. 마치 무너지고 훼손된 것처럼 계곡의 물을 따라 산들 사이에 뻗쳐서 동서로 끝이 없었는데, 아마 조무령왕趙武靈王이 쌓은 바일 것이다."

括地志云 趙武靈王 長城在朔州善陽縣北 案水經云 白道長城北山上有長垣 若積毀焉 沿谿亙嶺 東西無極 蓋趙武靈王所築也

③ 竝병

<u>집해</u> 竝의 발음은 '방傍' 또는 '방[白浪反]'이다.

音傍 白浪反

④ 陰山음산

<u>색은</u> 서광이 말했다. "오원五原 서쪽과 안양현安陽縣 북쪽에 걸쳐 음산陰山이 있다. 음산은 하수(황하)의 남쪽에 있고, 양산陽山은 하수의 북쪽에 있다. 竝의 발음은 '방傍' 또는 '방[白浪反]'이다."

徐廣云 五原西安陽縣北有陰山 陰山在河南 陽山〔在河〕北 竝音傍 白浪反

<u>정의</u> 《괄지지》에서 말한다. "음산은 삭주朔州 북쪽 요새 바깥 돌궐突厥 경계에 있다."

括地志云 陰山在朔州北塞外突厥界

⑤ 高闕고궐

집해 서광에서 말한다. "삭방에 있다."

徐廣曰 在朔方

정의 〈지리지〉에서 말한다. "삭방朔方은 임융현臨戎縣이다. 북쪽은 산이 연달아 있어 장성長城보다 험하다. 그 산의 가운데가 끊어져서 두 봉우리가 함께 높은데, 그 지방의 풍속에서는 이름을 고궐高闕이라고 했다."

地理志云 朔方臨戎縣北有連山 險於長城 其山中斷 兩峯俱峻 土俗名爲高闕也

그 뒤 연나라에 현명한 장수 진개秦開가 호胡의 인질이 되었는데 호胡에서 매우 신임했다. 그는 뒤에 연나라로 돌아와 동호東胡를 습격해서 무너뜨렸다. 동호는 1,000여 리를 후퇴했다. 형가와 함께 진왕秦王을 찔러 죽이려 한 진무양秦舞陽은 진개의 손자이다. 연나라 또한 장성長城을 쌓았는데, 조양造陽[①]에서 양평襄平[②]에 이르렀다. 이에 상곡上谷, 어양漁陽, 우북평右北平, 요서遼西, 요동遼東 군을 설치해서 호胡를 방어했다.

이때에는 의관과 속대를 갖춘[③] 전국戰國 7국七國 중 3국三國[④]이 흉노와 국경을 맞대고 있었다.

그 뒤 조趙나라 장군 이목李牧[⑤]이 있을 때는 흉노가 감히 조나라 국경에 쳐들어오지 못했다.

其後燕有賢將秦開 爲質於胡 胡甚信之 歸而襲破走東胡 東胡卻千餘

里 與荊軻刺秦王秦舞陽者 開之孫也 燕亦築長城 自造陽^①至襄平^② 置
上谷漁陽右北平遼西遼東郡以拒胡 當是之時 冠帶^③戰國七 而三國^④
邊於匈奴 其後趙將李牧^⑤時 匈奴不敢入趙邊

① 造陽조양

[집해] 위소가 말했다. "지명으로 상곡上谷에 있다."

韋昭曰 地名 在上谷

[정의] 살펴보니 상곡군은 지금의 규주嬀州이다.

按 上谷郡今嬀州

② 襄平양평

[색은] 위소가 말했다. "지금 요동에서 다스리는 곳이다."

韋昭云 今遼東所理也

③ 冠帶관대

[신주] 의관과 속대를 갖췄다는 것은 문화, 예의, 풍속 등이 발달했다는
의미이다.

④ 三國삼국

[색은] 살펴보니 삼국三國은 연燕, 조趙, 진秦이다.

案 三國 燕趙秦也

⑤ 李牧이목

이목(?~서기전 22)은 이름이 촬섭撮聶이고, 자가 목牧이다. 조나라 장수로서 백기白起, 왕전王剪, 염파廉頗와 함께 전국戰國 4대 명장으로 불린다. 이목은 대군代郡과 안문군雁門郡에 주둔하면서 흉노를 격파하는 데 큰 공을 세웠지만 조趙나라 유무왕幽繆王에게 살해당했다.

그 뒤 진秦나라가 6국을 멸하고 시황제가 몽염蒙恬 장군에게 10만 명의 군사를 거느리고 북쪽으로 호胡를 정벌하게 해 하남河南의 땅을 모두 수복했다.

하수를 따라 요새를 만들고[1] 44개의 현성縣城을 쌓아 하수에 임했는데 죄수[2]와 수자리 병사를 옮겨서 채우게 했다. 또 직도直道[3]를 통해서 구원九原에서부터 운양雲陽에 이르게 했으며[4] 주변의 산, 험한 구렁, 계곡 등을 따라 손볼 만한 곳은 고쳐서 임조臨洮에서 시작해 요동까지 1만 리에 이르게[5] 했다. 또 하수를 건너서 양산陽山과 북가北假[6] 안까지 점거했는데, 이때에는 동호東胡가 강력했고 월지月氏[7]도 세력이 왕성했었다.

後秦滅六國 而始皇帝使蒙恬將十萬之衆北擊胡 悉收河南地 因河爲塞[1] 築四十四縣城臨河 徙適[2] 戍以充之 而通直道[3] 自九原至雲陽[4] 因邊山險壍谿谷可繕者治之 起臨洮至遼東萬餘里[5] 又度河據陽山北假[6] 中 當是之時 東胡彊而月氏[7]盛

---

① 河爲塞하위새

살펴보니 《태강지기》에서 말한다. "진秦나라 요새는 오원五原 북

쪽 900리에서부터 조양造陽이라고 이른다. 동쪽으로 가다가 이분산利賁
山 남쪽에서 마치고 한양漢陽의 서쪽이다." 한漢은 다른 판본에는 '어漁'
로 되어 있다.

案 太康地記 秦塞自五原北九百里 謂之造陽 東行終利賁山南 漢陽西也 漢一
作漁

② 適적

[집해] 適의 발음은 '적[丁革反]'이다.

音丁革反

[색은] 適의 발음은 '적[丁革反]'이다.

丁革反

③ 直道직도

[색은] 소림이 말했다. "장안과의 거리는 8,000리이고 정남북쪽에 서로
직도直道(곧은 길)이다."

蘇林云 去長安八千里 正南北相直道也

④ 九原至雲陽구원지운양

[색은] 위소가 말했다. "구원九原은 현 이름이고 오원五原에 속한다."

韋昭云 九原 縣名 屬五原也

[정의] 《괄지지》에서 말한다. "승주勝州 연곡현連谷縣은 본래 진秦나라
구원군九原郡인데, 한나라 무제가 오원五原으로 이름을 고쳤다. 운양雲陽
의 옹현雍縣은 진秦나라 임광궁林光宮이니 곧 한나라 감천궁甘泉宮이 거
기에 있다." 또 이르기를 "진秦의 고도故道는 경주慶州 화지현華池縣 서쪽

45리의 자오산子午山 위에 있다. 구원부터 운양까지는 1,800리이다."

括地志云 勝州連谷縣 本秦九原郡 漢武帝更名五原 雲陽雍縣 秦之林光宮 卽
漢之甘泉宮在焉 又云 秦故道在慶州華池縣西四十五里子午山上 自九原至雲
陽 千八百里

⑤ 臨洮至遼東임조지요동

색은 위소가 말했다. "임조臨洮는 농서隴西의 현縣이다."

韋昭云 臨洮 隴西縣

정의 《괄지지》에서 말한다. "진秦나라 농서군 임조현은 곧 지금의 민
주성岷州城이다. 본래 진秦나라 장성의 시작이 민주岷州의 서쪽 12리에서
일어나 연무延袤(길이)가 1만여 리이며 동쪽으로 요수遼水로 들어간다."

括地志云 秦隴西郡臨洮縣 卽今岷州城 本秦長城首 起岷州西十二里 延袤萬餘
里 東入遼水

신주 임조현은 현재 감숙성甘肅省 정서시定西市 산하의 현이다. 예전에
는 적도狄道라고 불렀으며 적인狄人들이 사는 곳이었다. 적인 또한 동이
족의 한 일파이다. 이곳이 진나라 만리장성의 서쪽 끝이었다. 《사기》는
진나라 만리장성의 동쪽 끝을 요동이라고 했는데, 북위北魏의 역도원酈
道元이 주석한 《수경주》〈하수〉 조는 "진시황이 태자 부소와 몽염에게
장성을 쌓게 했는데, 임조에서 시작해서 갈석까지 이르렀다.[始皇令太子扶
蘇與蒙恬築長城 起自臨洮 至于碣石]"라고 말하고 있다. 고대의 요동이 갈석산
이 있던 곳임을 말해주는 것이다.

진晉나라 평주平州 산하 낙랑군에 수성현遂城縣이 있는데 "진秦나라
만리장성이 일어나는 곳"이라고 설명하고 있다. 평주를 다스리는 치소는
지금의 하북성 노룡현으로서 명, 청 때의 영평부永平府다. 이 지역에 만

리장성이 있었는데, 현재 중국 담기양의 《중국역사지도》는 만리장성을 평양까지 그려놓고 있다. 이는 조선총독부 직속 조선사편수회 식민사학자의 주장을 근거로 제작한 것인데 문헌적 근거가 매우 희박하며 사리에도 전혀 맞지 않는다.

⑥ 北假북가

집해 북가北假는 북방北方의 전관田官이다. 전답을 가난한 사람에게 대여해 주는 것을 주관한다. 그러므로 북가北假라고 일렀다.
北假 北方田官 主以田假與貧人 故云北假

색은 응소가 말했다. "북가北假는 북지北地 양산陽山의 북쪽에 있다." 위소가 말했다. "북가北假는 땅 이름이다." 또 살펴보니 《한서》〈원제기〉에는 "북가北假는 전관田官이다."라고 했다. 소림도 북방의 전관으로 생각했다. 전답을 가난한 사람에게 대여해 주는 것을 주관하기 때문에 북가라고 한 것이다.
應劭云 北假在北地陽山北 韋昭云 北假 地名 又按 漢書元紀云 北假 田官 蘇林 以爲北方田官也 主以田假與貧人 故曰北假也

정의 《괄지지》에서 "한나라 오원군五原郡 하목현河目縣의 고성은 북가北假 안에 있다."라고 했으니 북가는 지명이고 하북河北에 있다. 지금은 승주勝州 은성현銀城縣에 속한다. 《한서》〈왕망전〉에도 "오원五原, 북가北假는 기름진 토양으로 곡식이 잘 자란다."라고 했다.
括地志云 漢五原郡河目縣故城在北假中 北假 地名也 在河北 今屬勝州銀城縣 漢書王莽傳云 五原北假 膏壤殖穀也

⑦ 月氏월지

氏의 발음은 '지支'이다.《괄지지》에서 말한다. "양涼, 감甘, 숙肅,
연延, 사沙 등의 주州는 본래 월지국月氏國이다."

氏音支 括地志云 涼甘肅延沙等州地 本月氏國

묵돌선우의 등장

흉노 선우單于^①는 두만頭曼^②이었는데, 두만은 진秦나라를 이기지 못하고 북으로 이주했다. 그 10여 년 뒤에 몽염이 죽고 제후들이 진나라에 반란을 일으켜 중원의 나라가 소란하게 되자 진秦에서 변방 수자리로 보낸 자들도 모두 다시 떠나가 이에 흉노가 여유를 갖게 되었다. 그리하여 다시 점점 하수의 남쪽으로 건너와 중국의 옛 요새를 국경으로 하게 되었다. 두만선우에게는 태자가 있었는데 이름이 묵돌冒頓^③이다.

뒤에 연지閼氏^④를 사랑해 막내아들을 낳았는데, 선우가 묵돌을 폐하고 막내아들을 세우려고 해서 이에 묵돌을 월지月氏에 인질로 보냈다. 묵돌이 이미 월지의 인질이 되었는데도 두만은 갑자기 월지를 습격했다. 월지에서 묵돌을 죽이고자 했지만 묵돌은 그들의 좋은 말을 훔쳐서 타고 도망해 돌아왔다.

匈奴單于^①曰頭曼^② 頭曼不勝秦 北徙 十餘年而蒙恬死 諸侯畔秦 中國擾亂 諸秦所徙適戍邊者皆復去 於是匈奴得寬 復稍度河南與中國界於故塞 單于有太子名冒頓^③ 後有所愛閼氏^④ 生少子 而單于欲廢冒頓而立少子 乃使冒頓質於月氏 冒頓既質於月氏 而頭曼急擊月氏 月氏欲殺冒頓 冒頓盜其善馬 騎之亡歸

① 單于선우

집해 《한서음의》에서 말한다. "선우單于는 넓고 큰 모양인데, 그것은 하늘이 넓고 큰 것[單于]을 본떠 말한 것이다."

漢書音義曰 單于者 廣大之貌 言其象天單于然

색은 살펴보니 《한서》에서 말한다. "선우의 성씨는 연제씨攣鞮氏인데, 그의 나라를 일컬어 '탱려고도선우撑黎孤塗單于'라고 한다. 흉노는 하늘을 '탱려撑黎'라 하고, 아들을 '고도孤塗'라고 이르며 선우는 넓고 큰 모양이다. 그 하늘을 본떠 말한 것이다. 그러므로 '탱려고도선우'(하늘의 아들 선우)라고 한 것이다." 또 《현안춘추》에서 말한다. "사안士安이 《한서》를 읽다가 이 말을 자세하게 이해하지 못하자 이민족 종[胡奴]이 곁에 있다가 말하기를 '이것은 호胡에서 천자를 이르는 것이다.'라고 했는데, 고서古書의 설명에 부합한다."

案 漢書單于姓攣鞮氏 其國稱之曰 撑黎孤塗單于 而匈奴謂天爲撑黎 謂子爲孤塗 單于者 廣大之貌也 言其象天 故曰撑黎孤塗單于 又玄晏春秋云 士安讀漢書 不詳此言 有胡奴在側 言之曰 此胡所謂天子 與古書所說符會也

신주 탱撑은 '탱撐'의 이체자異體字다. 탱려撑黎가 하늘이라는 것은 중앙아시아 등지에서 단군을 '탱그리'라고 부르는 것과 유사하다.

② 頭曼두만

집해 위소가 말했다. "曼의 발음은 '만瞞'이다."

韋昭曰 音瞞

색은 曼의 발음은 '완[莫官反]'이다. 위소가 말했다. "曼의 발음을 '만瞞'이다."

音莫官反 韋昭音瞞

③ 冒頓묵돌

색은 冒의 발음은 '묵墨'이다. 가장 통상적인 음으로도 읽는다.

冒音墨 又如字

④ 關氏연지

색은 關의 옛 발음은 '연[於連反]'과 '알[於曷反]', 두 가지 음이다. 흉노 황후의 호칭이다. 습착치習鑿齒는 연왕燕王에게 보낸 편지에 "산 아래에는 홍람紅藍(국화과의 두 해 살이 잇꽃)이 있는데 족하足下께서는 먼저 알지 못했습니까? 북방 사람들은 그 꽃을 찾아 취해서 비단을 누렇게 물들이고, 그 위 꽃부리의 고운 것을 취해서 연지烟肢를 만들어 부인들이 얼굴에 사용하기를 원합니다. 내가 젊었을 때 두세 번 지나면서 연지烟肢를 보았는데, 오늘 처음 홍람紅藍을 보았으니 뒤에 마땅히 족하를 위해 그 씨앗을 바치겠습니다. 흉노가 아내의 이름을 '연지閼支'라고 지은 것은 연지와 같이 사랑한다는 것을 말한 것입니다. 關의 발음은 '연煙'입니다. 족하께서는 먼저 또한 이를 짓지 않고 《한서》를 읽은 것으로 상상이 됩니다."라고 했다.

舊音於連於曷反二音 匈奴皇后號也 習鑿齒與燕王書曰 山下有紅藍 足下先知不 北方人探取其花染緋黃 按取其上英鮮者作烟肢 婦人將用爲顔色 吾少時再三過見烟肢 今日始視紅藍 後當爲足下致其種 匈奴名妻作閼支 言其可愛如烟肢也 關音煙 想足下先亦不作此讀漢書也

신주 습착지習鑿齒는 4세기 경 동진東晉의 역사학자로 현학玄學(노장학), 불학佛學에 밝은 박학다식한 인물이다. 여기에서 말하는 연왕燕王은 오호16국 시대 선비족 나라인 연燕이다. 따라서 '연지燕氏'라고 이름한 유래를 말한 것이다.

두만이 용감하다고 여기고 1만 명의 기병을 거느리게 했다. 묵돌은 이에 명적鳴鏑[1]을 만들어 기병에게 말 타고 활을 쏘는 것을 익히게 하고서 명령을 내렸다.

"내가 명적으로 쏜 곳에 다 같이 쏘지 않는 자들은 모두 목을 베겠다."

이에 사냥을 나가 새와 짐승을 사냥하는데 묵돌이 명적으로 쏜 곳에 쏘지 않는 자들은 불현듯 목을 베었다. 얼마 후 묵돌이 명적으로 직접 그의 좋은 말을 쏘았는데, 좌우에서 혹 감히 쏘지 못하는 자들이 있었다. 묵돌은 좋은 말에 쏘지 않은 자들을 그 자리에서 목 베었다.

한참 후 다시 명적으로 그의 사랑하는 아내를 직접 쏘았는데 좌우에서 혹 자못 두려워서 감히 쏘지 못하자 묵돌은 또다시 목을 베었다.

한참 후 묵돌이 사냥을 나가다가 명적으로 선우의 좋은 말을 쏘았다. 좌우에서 모두가 다 쏘아 버리자, 이에 묵돌이 그 좌우가 모두 부릴 만하게 되었다는 사실을 알았다.

그 아버지 선우두만을 따라가 사냥을 하는데, 명적으로 두만을 쏘자 그 좌우가 또한 모두 명적을 따라 쏴서 선우두만을 죽였다. 마침내 그 계모[後母]와 동생, 그리고 대신 중에 따르지 않는 자들을 모두 죽였다. 묵돌은 스스로 즉위해 선우가 되었다.

頭曼以爲壯 令將萬騎 冒頓乃作爲鳴鏑[1] 習勒其騎射 令曰 鳴鏑所射而不悉射者 斬之 行獵鳥獸 有不射鳴鏑所射者 輒斬之 已而冒頓以鳴鏑自射其善馬 左右或不敢射者 冒頓立斬不射善馬者 居頃之 復以鳴鏑

自射其愛妻 左右或頗恐 不敢射 冒頓又復斬之 居頃之 冒頓出獵 以鳴
鏑射單于善馬 左右皆射之 於是冒頓知其左右皆可用 從其父單于頭曼
獵 以鳴鏑射頭曼 其左右亦皆隨鳴鏑而射殺單于頭曼 遂盡誅其後母與
弟及大臣不聽從者 冒頓自立爲單于

① 鳴鏑명적

[집해] 《한서음의》에서 말한다. "적鏑은 전箭(화살)인데 지금의 명전鳴箭
(소리가 나는 화살)과 같은 것이다." 위소가 말했다. "화살촉이 날아가면서
소리가 나는 것이다."

漢書音義曰 鏑 箭也 如今鳴箭也 韋昭曰 矢鏑飛則鳴

[색은] 응소는 말했다. "효전髐箭이다." 위소가 말했다. "화살촉이 날아
가면서 소리를 내는 것이다."

應劭云 髐箭也 韋昭云 矢鏑飛則鳴

묵돌이 이미 즉위해 선우가 되었는데① 이때는 동호東胡가 강성했
다. 동호는 묵돌이 아버지를 죽이고 스스로 즉위했다는 말을 들
었다. 이에 사신을 보내서 묵돌에게 이르기를 두만 때 있었던 천
리마를 얻으려 한다고 했다. 묵돌이 신하들에게 물으니 신하들이
말했다.

"천리마는 흉노의 보마寶馬입니다. 주어서는 안 됩니다."
묵돌이 말했다.

"어찌 남과 나라를 이웃하고 있으면서 한 마리 말을 아끼겠는가?"

마침내 천리마를 주었다. 한참 후 동호는 묵돌이 두려워할 것이라고 여기고, 이에 사신을 보내서 묵돌에게 이르기를 선우의 연지閼氏 한 명을 얻고자 한다고 말했다. 묵돌이 다시 좌우에게 묻자 좌우가 모두 화를 내며 말했다.

"동호가 무도해서 연지를 요구합니다. 공격하기를 청합니다."

묵돌이 말했다.

"어찌 남과 나라를 이웃하고 있으면서 여자 하나를 아끼겠는가?"

마침내 사랑하는 연지를 동호에 주었다. 동호왕이 더욱 더 교만해져서 서쪽을 침략했는데 흉노와 사이 중간에 버려진 땅이었다. 사람이 거주하지 않는 1,000여 리나 되는 땅에 각각 그 변방의 구탈甌脫[2]로 삼고 거주했다.

冒頓旣立[1] 是時東胡彊盛 聞冒頓殺父自立 乃使使謂冒頓 欲得頭曼時有千里馬 冒頓問群臣 群臣皆曰 千里馬 匈奴寶馬也 勿與 冒頓曰 奈何與人隣國而愛一馬乎 遂與之千里馬 居頃之 東胡以爲冒頓畏之 乃使使謂冒頓 欲得單于一閼氏 冒頓復問左右 左右皆怒曰 東胡無道 乃求閼氏 請擊之 冒頓曰 奈何與人隣國愛一女子乎 遂取所愛閼氏予東胡 東胡王愈益驕 西侵 與匈奴間 中有棄地 莫居 千餘里 各居其邊爲甌脫[2]

① 冒頓旣立묵돌기립

집해 서광이 말했다. "진이세秦二世 원년 임진壬辰의 해에 선우에 올랐다."

徐廣曰 秦二世元年壬辰歲立

신주 진이세 원년은 서기전 209년이다. 진이세 호해胡亥는 서기전 209

년에 제위에 올라 서기전 207년에 스물넷의 나이에 강압으로 자살했다.

② 甌脫구탈

집해 위소가 말했다. "국경 부근에 주둔하여 지키는 곳이다."

韋昭曰 界上屯守處

색은 복건이 말했다. "흙방[土室]을 만들어 한나라 사람을 엿보는 곳이다." 또 《찬문》에서 말한다. "구탈甌脫은 토혈土穴(흙으로 된 굴)이다." 또 이를 지명이라고 했는데, 그래서 아래에 "생득구탈왕生得甌脫王(구탈왕을 생포하였다)이라 한 것이다." 위소가 말했다. "국경 부근에 주둔하고 지키는 곳이다. 甌의 발음은 '우[一侯反]'이다. 脫의 발음은 '달[徒活反]'이다."

服虔云 作土室以伺漢人 又纂文曰 甌脫 土穴也 又云是地名 故下云 生得甌脫王 韋昭云 界上屯守處也 甌音一侯反 脫音徒活反

정의 살펴보니 국경 위의 척후斥候하는 집을 구탈甌脫이라 한 것이다.

按 境上斥候之室爲甌脫也

동호에서 사신을 보내 묵돌에게 말했다.
"흉노와 우리가 경계로 삼는 구탈甌脫 밖은 버려진 땅으로 흉노는 이르지 못하는 곳이니 내가 갖고자 하오."
묵돌이 신하들에게 묻자 신하들 중 어떤 이가 말했다.
"이는 버려진 땅이니 주어도 좋고 주지 않아도 좋습니다."
이에 묵돌이 크게 화를 내면서 말했다.
"땅이란 나라의 근본이다. 어찌 줄 수 있겠는가?"

그리고 땅을 주자고 말한 사람들은 전부 목이 베어졌다. 묵돌은 말 위에 올라 나라 안에 명령을 내리기를, 뒤로 처지는 자들은 목을 베겠다고 말하고 드디어 동쪽으로 가서 동호를 습격했다.

동호는 애초에 묵돌을 가볍게 여기고 방비하지 않았다. 이에 묵돌이 군사를 이끌고 (동호에) 이르러 공격해 크게 부수고 동호왕을 멸망시켰으며 그의 백성과 가축을 사로잡았다. 돌아온 후 서쪽으로 달려가 월지를 공격하고 남쪽으로 누번과 백양白羊의 하남왕河南王 땅①을 병합했다. 진秦나라가 몽염을 시켜서 빼앗은 흉노 땅과 한漢나라 관문인 옛 하남河南의 요새를 모두 수복했으며, 조나朝那와 부시膚施②에 이르러 드디어 연燕과 대代를 침략했다.

이때 한나라 군사는 항우項羽와 서로 대치하고 있어 중원은 전쟁에 고달팠다. 이 때문에 묵돌이 스스로 강성해져서 활을 쏠 수 있는 군사만 30여만 명이나 되었다.

東胡使使謂冒頓曰 匈奴所與我界甌脫外棄地 匈奴非能至也 吾欲有之 冒頓問群臣 群臣或曰 此棄地 予之亦可 勿予亦可 於是冒頓大怒曰 地者 國之本也 奈何予之 諸言予之者 皆斬之 冒頓上馬 令國中有後者斬 遂東襲擊東胡 東胡初輕冒頓 不爲備 及冒頓以兵至 擊 大破滅東胡王 而虜其民人及畜産 旣歸 西擊走月氏 南幷樓煩白羊河南王①(侵燕代) 悉復收秦所使蒙恬所奪匈奴地者 與漢關故河南塞 至朝那膚施② 遂侵燕代 是時漢兵與項羽相距 中國罷於兵革 以故冒頓得自彊 控弦之士 三十餘萬

① 白羊河南王백양하남왕

색은 여순이 말했다. "백양왕白羊王은 하남河南에 거처했다."

如淳云 白羊王居河南

신주 백양의 하남왕은 흉노의 왕 중 하나이다. 흉노 땅의 일부인 하남 지역 백양에 거주했기 때문에 붙여진 칭호이다.

② 朝那膚施조나부시

집해 서광이 말했다. "상군上郡에 있다."

徐廣曰 在上郡

정의 한漢나라 조나朝那 고성은 원주原州 백천현百泉縣 서쪽 70리에 있는데 안정군安定郡에 속해 있다. 부시膚施는 현縣으로, 진秦나라에서 (이름을) 고치지 않았다. 지금 연주延州의 부시현이 이곳이다.

漢朝那故城 在原州百泉縣西七十里 屬安定郡 膚施 縣〔因〕秦(因)不改 今延州膚施縣是

순유淳維부터 두만頭曼까지 1,000여 년 동안 때로는 강대했고 때로는 약소했으며, 따로 흩어지고 나누어지는 것이 풍조였으므로 그 대대로 전해진 것을 순서대로 기록할 수 없었다. 그러나 묵돌에 이르러 흉노는 가장 강대했으며 북쪽 이민족들을 모두 복종시켜 따르게 하고, 남쪽으로 중원에 대적하는 나라가 되었다.

그 대대로 전해진 나라 관호官號 중에 기록할 수 있는 것은 다음과 같다.

좌우현왕左右賢王, 좌우녹리^①왕左右谷蠡王, 좌우대장左右大將, 좌우대도위左右大都尉, 좌우대당호左右大當戶, 좌우골도후左右骨都侯^②를 두었다.

흉노는 현명한 것을 '도기屠耆'^③라고 했다. 그래서 항상 태자를 좌도기왕左屠耆王으로 삼았다. 좌우현왕左右賢王 이하부터 당호當戶에 이르기까지 큰 것은 만기萬騎, 작은 것은 수천기를 거느리는 것이 무릇 24장인데, 그 호칭을 '만기萬騎'라고 했다.

대신들은 모두 관직을 세습했다. 호연씨呼衍氏와 난씨蘭氏^④와 그 뒤에 수복씨須卜氏^⑤가 있게 되었다. 이 세 성이 흉노의 귀족이다.

自淳維以至頭曼千有餘歲 時大時小 別散分離 尚矣 其世傳不可得而次云 然至冒頓而匈奴最彊大 盡服從北夷 而南與中國爲敵國 其世傳國官號乃可得而記云 置左右賢王 左右谷蠡^①王 左右大將 左右大都尉 左右大當戶 左右骨都侯^② 匈奴謂賢曰 屠^③耆 故常以太子爲左屠耆王 自如左右賢王以下至當戶 大者萬騎 小者數千 凡二十四長 立號曰 萬騎 諸大臣皆世官 呼衍氏蘭氏^④ 其後有須卜氏^⑤ 此三姓其貴種也

① 谷蠡녹리

집해 복건이 말했다. "谷의 발음은 '록鹿'이고, 蠡의 발음은 '리離'이다."

服虔曰 谷音鹿 蠡音離

색은 복건이 말했다. "谷蠡의 발음은 '녹리鹿離'이다. 蠡의 발음은 또 '여黎'이다."

服虔 音鹿離 蠡 又音黎

② 骨都侯골도후

집해 골도骨都는 성이 다른 대신이다.

骨都 異姓大臣

색은 살펴보니《후한서》에서 말한다. "골도후는 성이 다른 대신이다."

按 後漢書云 骨都侯 異姓大臣

③ 屠도

집해 서광이 말했다. "도屠는 다른 판본에는 '제諸'로 되어 있다."

徐廣曰 屠 一作諸

④ 呼衍氏蘭氏호연씨난씨

정의 안사고가 말했다. "호연呼衍은 곧 지금 선비鮮卑의 성姓이 호연자呼延者이다. 난성蘭姓은 지금도 있다."

顔師古云 呼衍 卽今鮮卑姓呼延者也 蘭姓今亦有之

⑤ 須卜氏수복씨

집해 호연씨呼衍氏, 수복씨須卜氏는 항상 선우와 혼인한다. 수복씨는 옥송獄訟을 주관한다.

呼衍氏須卜氏常與單于婚姻 須卜氏主獄訟

색은 살펴보니《후한서》에서 말한다. "호연씨와 수복씨는 항상 선우와 혼인한다. 수복씨는 옥송獄訟을 주관한다."

按 後漢書云 呼衍氏須卜氏常與單于婚姻 須卜氏主獄訟也

정의 《후한서》에서 말한다. "호연씨와 수복씨는 항상 선우와 혼인한다."

後漢書云 呼衍氏須卜氏常與單于婚姻

여러 좌방左方의 왕王들과 장수들은 동방에 거주하고 상곡上谷을 마주하여① 가게 되면 동쪽으로 예맥穢貊, 조선朝鮮과 접해 있다. 우방右方의 왕들과 장수들은 서쪽에 살며 상군上郡을 마주하여② 서쪽으로는 월지月氏와 저氐와 강羌③과 접해 있다.

선우의 정庭(수도)은 대代, 운중雲中을 마주하고 있다.④ 그들은 각각 땅을 나누어 소유하고 있으면서도 물과 풀이 있는 곳을 쫓아서 옮겨 다녔다.

좌우현왕과 좌우녹리왕이 가장 큰 나라이며, 좌우골도후左右骨都侯가 정사를 보좌했다. 24장長들 또한 각자 천장千長, 백장百長, 십장什長,⑤ 비소왕神小王, 상봉相封⑥, 도위都尉, 당호當戶, 저거且渠⑦ 등의 속관을 두었다.

諸左方王將居東方 直上谷①以往者 東接穢貊朝鮮 右方王將居西方 直上郡②以西 接月氏氐羌③而單于之庭直代雲中④ 各有分地 逐水草移徙 而左右賢王左右谷蠡王最爲大(國) 左右骨都侯輔政 諸二十四長亦各自置千長百長什長⑤神小王相封⑥都尉當戶且渠⑦之屬

① 直上谷치상곡

색은 살펴보니 요씨가 말했다. "옛 글자의 용례에 '직直'을 '치値'로 여겼다. 치値는 당當의 뜻이다."

案 姚氏云 古字例 以直爲値 値者 當也

정의 상곡군은 지금의 규주嬀州이다. 흉노의 동방 남쪽에서 나오므로 규주와 바로 마주한다고 말한 것이다.

上谷郡 今嬀州也 言匈奴東方南出 直當嬀州也

② 直上郡치상군

[정의] 상군 고성은 경주涇州 상현上縣 동남쪽 50리에 있다. 흉노의 서방 남쪽은 유주綏州와 바로 마주한다고 말한 것이다.

上郡故城 在涇州上縣東南五十里 言匈奴西方南直當綏州也

③ 月氏氐羌월지저강

[색은] 서쪽으로 저氐와 강羌과 접해 있다고 해서 살펴보니 《풍속통》에서 말한다. "이저二氐는 본래 서남이西南夷의 종족이다." 〈지리지〉에서 말한다. "무도武都에 백마저白馬氐가 있다." 또 어환魚豢은 《위략》에서 말한다. "한漢나라에서 무도군을 설치해서 그 종족을 물리치자 흩어져 산의 계곡으로 도망쳤는데, 어떤 자는 청저靑氐라고 부르고 어떤 자는 백지白氐라고 불렀다." 《찬문》에서 말한다. "저氐는 또한 양羊을 일컫는 것이다." 《설문》에서 말한다. "강羌은 서방의 양을 치는 사람이다." 《속한서》에서 말한다. "강羌은 삼묘三苗로서 강성姜姓의 별종인데, 순舜임금이 삼위三危로 옮겼다고 했는데, 지금 하관河關의 서남강西南羌이 이들이다."

西接氐羌 案 風俗通云 二氐 本西南夷種 地理志 武都有白馬氐 又魚豢魏略云 漢置武都郡 排其種人 分竄山谷 或號靑氐 或號白氐 纂文云 氐亦羊稱 說文云 羌 西方牧羊人 續漢書云 羌 三苗姜姓之別 舜徙于三危 今河關之西南羌是也

④ 單于之庭直代雲中선우지정치대운중

[색은] 살펴보니 흉노가 도읍한 곳을 일러 '정庭'이라고 했다. 낙산이 말했다. "선우는 성곽이 없어서 어디가 나라인지 알지 못한다. 궁려穹廬 앞 땅이 정庭과 같으므로 정庭이라고 일렀다."

案 謂匈奴所都處爲庭 樂産云 單于無城郭 不知何以國之 穹廬前地若庭 故云庭

[정의] 대군성은 북적北狄의 대국代國인데, 진秦, 한漢 때 대현성代縣城이다. 울주蔚州 강호현羌胡縣 북쪽 150리에 있다. 운중雲中의 고성은 조나라 때 운중성雲中城이고 진秦나라 때 운중군雲中郡이었으며, 승주勝州 유림현楡林縣 동북쪽 40리에 있다. 흉노의 남쪽은 대와 운중과 바로 마주한다는 말이다.

代郡城 北狄代國 秦漢代縣城也 在蔚州羌胡縣北百五十里 雲中故城 趙雲中城 秦雲中郡 在勝州楡林縣東北四十里 言匈奴之南直當代雲中也

⑤ 千長百長什長천장백장십장

[색은] 살펴보니 《속한서》〈백관지〉에서 "리里에는 괴魁를 두고서 사람은 십가十家, 또는 오가五家를 서로 감시하게 했다. 리괴里魁는 1리里의 100가家를 주관하고, 십什은 10가家를 주관하고, 오伍는 5가家의 장長으로 서로 조사하고 살핀다."라고 했다. 그래서 가의賈誼는 《과진론》에서 "십백 중에서 힘써 일어난다."라고 하였으니 이 뜻이다.

案 續漢書(郡國)〔百官〕志云里有魁 人有什伍 里魁主一里百家 什主十家 伍長五家 以相檢察 故賈誼過秦論 以爲俛起什百之中是也

⑥ 封봉

[집해] 서광이 말했다. "다른 판본에는 '장將'으로 되어 있다."

徐廣曰 一作將

⑦ 且渠저거

[정의] 且의 발음은 '져[子餘反]'이다. 안사고가 말했다. "지금 저거沮渠의

성씨인데, 아마도 본래 이 관직에서 성을 따랐을 것이다."

且 子餘反 顔師古云 今之沮渠姓 蓋本因此官

한 해의 정월正月에는 여러 장長이 소규모로 선우의 정庭에서 모여서 제사를 지낸다. 5월에는 롱성龍城①에서 큰 규모로 모여 그 선조와 천지天地와 귀신에게 제사를 지낸다.

가을에 말이 살찌면 대림蹛林②에서 크게 모여 백성과 가축③의 수를 조사했다. 그 법에 칼날을 뽑아 한 자 이상 상처 낸 자는 죽이고, 도둑질한 자는 그 가족을 연좌시켜 가족과 재산을 몰수했다. 죄가 가벼운 자는 알형軋刑④에 처하고 죄가 큰 자는 사형에 처했다. 감옥에 가두어 두는 것은 길어도 열흘을 지나지 않았고, 한 나라에 갇혀 있는 죄수가 두어 사람에 지나지 않았다.

선우는 아침에 진영을 나와서 떠오르기 시작하는 해에 절하고 저녁에는 달에 절했다.

선우의 앉는 자리는 왼쪽을 윗자리로 하고 북쪽을 향한다.⑤ 날은 무일戊日과 기일己日을 길일로 여긴다.

歲正月 諸長小會單于庭 祠 五月 大會龍城① 祭其先天地鬼神 秋 馬肥 大會蹛林② 課校人畜③計 其法 拔刃尺者死 坐盜者沒入其家 有罪小者 軋④ 大者死 獄久者不過十日 一國之囚不過數人 而單于朝出營 拜日之 始生 夕拜月 其坐 長左而北鄉⑤ 日上戊己

① 龍城롱성

《한서》에는 '용성龍城'으로 되어 있는데, 또 '룡龍' 자로도 되어 있다. 최호가 말했다. "서방西方의 호胡는 모두가 용신龍神을 섬겼다. 그래서 크게 모이는 곳을 용성龍城이라고 부른다."《후한서》에서 말한다. "흉노의 풍속에는 해마다 세 곳의 용사龍祠에서 천신天神에게 제사를 지내고 있다."

漢書作 龍城 亦作蘢字 崔浩云 西方胡皆事龍神 故名大會處爲龍城 後漢書云 匈奴俗 歲有三龍祠 祭天神

② 蹛林대림

집해 《한서음의》에서 말한다. "흉노의 가을 사제社祭는 8월 중에 모두가 제사 지내는 곳에서 모인다. 蹛의 발음은 '대帶'이다."

漢書音義曰 匈奴秋社八月中皆會祭處 蹛音帶

색은 복건이 말했다. "蹛의 발음은 '대蹛'이다. 흉노의 가을 사제는 8월 중에 모두가 제사 지내는 곳에서 모인다." 정씨鄭氏가 말했다. "지명이다." 진작은 "이릉李陵이 소무蘇武에게 편지를 보내서 이르기를 '서로 다투어 대림으로 달려갔다.'라고 썼다."라고 했는데, 곧 복건의 설명도 이것이다. 또 위소는 林의 발음은 '담[多藍反]'이라고 했다. 요씨가 살펴보니 〈이목전〉에 "흉노를 대파하고 첨람襜襤을 멸했다."라고 했는데, 이 글자는 위소가 말한 발음과 자못 같다. 그러나 '림林'이나 '람襤'은 소리가 서로 비슷해서 어떤 이는 '림林'을 '람襤'으로 썼다.

服虔云 音帶 匈奴秋社八月中皆會祭處 鄭氏云 地名也 晉灼云 李陵與蘇武書 云 相競趨蹛林 則服虔說是也 又韋昭 音多藍反 姚氏案 李牧傳 大破匈奴 滅襜 襤 此字與韋昭音頗同 然林襤聲相近 或以林爲襤也

정의 안사고가 말했다. "대蹛는 임목林木으로 둘러싸서 제사하는 것이

다. 선비鮮卑의 풍속이 예전부터 서로 전해져서, 가을 제사에는 임목林木
은 없고 높게 버들가지를 세워놓고서 많은 기병이 달려와 세 번을 두루
둘러싸고 나면 이에 끝이 났다. 이것은 그 남겨진 법도이다.”

顔師古云 蹛者 遶林木而祭也 鮮卑之俗 自古相傳 秋祭無林木者 尙豎柳枝 衆
騎馳遶三周乃止 此其遺法也

③ 人畜인축

[정의] 畜의 발음은 ‘후[許又反]’이다.

許又反

④ 軋알

[집해] 《한서음의》에서 말한다. “칼로 죄인의 얼굴에 새기는 것이다.”

漢書音義曰 刃刻其面

[색은] 복건이 말했다. “칼로 얼굴을 베는 것인데 軋의 발음은 ‘알[烏八
反]’이다.” 등전이 말했다. “역歷이다.” 여순이 말했다. “과摑는 질抶(매질하
다)이다.”《삼창》에서 말한다. “알軋은 전輾(타작하다)이다.”《설문》에서 말
한다. “전輾은 역轢(수레바퀴로 치다)이다.”

服虔云 刀割面也 音烏八反 鄧展云 歷也 如淳云 摑 抶也 三蒼云 軋 輾也 說文
云 輾 轢也

[정의] 안사고가 말했다. “알軋은 그 골절骨節을 수레바퀴로 치는 것으
로 지금의 복사뼈를 누르는 것과 같은 것이다.”

顔師古云 軋者 謂輾轢其骨節 若今之厭踝者也

⑤ 北鄉북향

정의 그가 앉는 자리가 북쪽을 향하고 있지만, 장자長者가 왼쪽에 앉는 것은 왼쪽을 존중하기 때문이다.

其座北向 長者在左 以左爲尊也

죽은 사람을 보내는 데는 관棺과 곽槨이 있고 금은을 넣고 가죽 옷들을 넣지만, 봉분을 하거나 나무를 심거나 상복을 입지는 않는다.① 선우가 죽으면 가깝게 총애하던 신하나 첩 중 따라 죽는 자가 많아서 수천, 수백 명②에 이르기도 한다.

거사할 때는 별과 달을 살폈는데, 달이 차면 공격해 싸우고 달이 이지러지면 군사들을 퇴각시킨다. 공격해 싸울 때 적의 머리를 베거나 포로를 잡으면 한 잔의 술을 하사하면서 노획한 것은 빼앗은 자에게 주고 사로잡은 적은 노비奴婢로 삼게 했다. 그래서 그들은 싸울 때 모두 자신의 이익을 취하려고 하였으니 최선을 다해 군사들을 유인해서 적을 덮쳤다. 그래서 적을 보면 이익을 좇아서 새 떼처럼 모여들지만, 패색이 짙어지면 기와가 깨지듯 구름이 흩어지듯 했다. 싸우다가 죽은 자를 부축해서 수레에 싣고 온 자는 죽은 자의 재산을 모두 갖게 했다.

其送死 有棺槨金銀衣裘 而無封樹喪服① 近幸臣妾從死者 多至數千百人② 擧事而候星月 月盛壯則攻戰 月虧則退兵 其攻戰 斬首虜賜一卮酒 而所得鹵獲因以予之 得人以爲奴婢 故其戰 人人自爲趣利 善爲誘兵 以冒敵 故其見敵則逐利 如鳥之集 其困敗 則瓦解雲散矣 戰而扶輿死者 盡得死者家財

① 無封樹喪服무봉수상복

집해 장화張華가 말했다. "흉노는 무덤의 이름을 '두락逗落'이라고 했다."

張華曰 匈奴名冢曰 逗落

② 數千百人수천백인

정의 《한서》에는 "수십백인數十百人"으로 되어 있다. 안사고가 말했다. "혹은 수십인數十人 혹은 백인百人이다."

漢書作數十百人 顏師古云 或數十人 或百人

그 뒤 북쪽으로 혼유渾庾, 굴역屈射,① 정령丁零,② 격곤鬲昆, 신리薪犂③의 나라를 정복했다. 이에 흉노의 귀인貴人이나 대신大臣들이 모두 복종했으며 묵돌선우를 현명한 군주로 여겼다.

이때 한漢나라는 처음으로 중원의 나라를 안정시키고 한왕韓王 신信을 대代로 옮겨 마읍馬邑에 도읍하게 했다.

흉노가 크게 공격해 마읍을 포위하자 한왕 신이 흉노에 항복했다. 흉노는 한왕 신을 사로잡자 이를 기회로 군사를 이끌어 남쪽 구주산을 넘어 태원太原을 공격하고 진양晉陽 아래에 이르렀다.

고제高帝는 직접 군사를 이끌고 가서 공격했다. 때마침 겨울이어서 크게 추운 데다 비와 눈이 내려서 병사들은 손가락이 떨어진 자가 열에 두셋이나 되었다. 이에 묵돌은 거짓으로 패해 달아나 한나라 군사들을 유인했다. 한나라 군사들이 묵돌을 쫓아 공격하자 묵돌은 그의 정예병은 숨기고 그의 파리하고 허약한 병사들만

보였다. 이에 한나라는 모든 군사를 동원했다. 보병步兵이 많았는데, 32만 명이 북쪽으로 추격했다.

後北服渾庾屈射①丁零②鬲昆薪犁③之國 於是匈奴貴人大臣皆服 以冒頓單于爲賢 是時漢初定中國 徙韓王信於代 都馬邑 匈奴大攻圍馬邑 韓王信降匈奴 匈奴得信 因引兵南踰句注 攻太原 至晉陽下 高帝自將兵往擊之 會冬大寒雨雪 卒之墮指者十二三 於是冒頓詳敗走 誘漢兵 漢兵逐擊冒頓 冒頓匿其精兵 見其羸弱 於是漢悉兵 多步兵 三十二萬 北逐之

① 渾庾屈射혼유굴역

[색은] 혼유渾庾와 굴역屈射은 나라 이름이다. 射의 발음은 '역亦' 또는 '석石'이다.

國名 射音亦 又音石

② 丁零정령

[색은] 살펴보니 《위략》에서 말한다. "정령丁零은 강거康居의 북쪽에 있는데, 흉노의 정庭(도읍)인 접습수接習水와의 거리가 7,000리이다." 또 이르기를 "흉노의 북쪽에는 혼유국渾窳國이 있다."라고 했다.

按 魏略云 丁零在康居北 去匈奴庭接習水七千里 又云 匈奴北有渾窳國

③ 鬲昆薪犁격곤신리

[정의] 이상의 5개 국가는 흉노의 북쪽에 있다.

已上五國 在匈奴北

고제高帝가 먼저 평성平城①에 이르렀지만, 보병은 아직 도착하지 않았다. 묵돌이 정예병인 기병 40만 명을 풀어서 고제를 백등白登②에서 7일간 포위하자, 한나라 군사들은 안과 밖에서 서로 식량을 구원할 수 없었다.

흉노의 기병들은 그 서쪽에서 백마白馬의 부대가 포위했고, 동쪽에서 푸른 바탕에 얼굴과 이마가 흰색인 청방마青驍馬③의 부대가 포위했고, 북쪽에서 흑색의 말인 오려마烏驪馬④의 부대가 포위했고, 남쪽에서 적황색 말인 성마騂馬⑤의 부대가 포위했다.

고제高帝는 이에 사신을 보내 흉노의 연지에게 몰래 후하게 선물을 보내자 연지가 이에 묵돌에게 말했다.

"두 나라 군주는 서로 곤란하게 해서는 안 됩니다. 지금 한나라 땅을 얻더라도 선우께서는 끝까지 그 땅에서 살지 못할 것입니다. 또 한왕漢王은 또한 신神의 보호가 있다고 하니 선우께서는 잘 헤아리십시오."

高帝先至平城① 步兵未盡到 冒頓縱精兵四十萬騎圍高帝於白登②七日 漢兵中外不得相救餉 匈奴騎 其西方盡白馬 東方盡青驍馬③ 北方盡烏驪④馬 南方盡騂⑤馬 高帝乃使使間厚遺閼氏 閼氏乃謂冒頓曰 兩主不相困 今得漢地 而單于終非能居之也 且漢王亦有神 單于察之

---

① 平城평성

집해 서광이 말했다. "안문군에 있다."

徐廣曰 在雁門

② 白登백등

정의 백등대白登臺는 백등산白登山 위에 있고 삭주朔州 정양현定襄縣 동쪽 30리에 있다. 정양현은 한漢나라 때의 평성현平城縣이다.

白登臺在白登山上 朔州定襄縣東三十里 定襄縣 漢平城縣也

③ 靑駹馬청방마

색은 駹의 발음은 '망[武江反]'이다. 살펴보니 청방마靑駹馬는 색이 푸르다.

駹音武江反 案 靑駹馬 色靑

정의 정현이 말했다. "방駹은 색이 순수하지 않은 것이다."《설문》에서 말한다. "방駹은 얼굴과 이마가 모두 희다."《이아》에서 말한다. "검은 말인데 얼굴이 흰 것이다."

鄭玄云 駹 不純也 說文云 駹 面顙皆白 爾雅云 黑馬面白也

④ 驪려

색은 《설문》에서 말한다. "여驪는 흑색이다."

說文云 驪 黑色

⑤ 騂성

색은 살펴보니《시전》에서 말한다. "적황赤黃을 성騂이라 한다."

案 詩傳云 赤黃曰騂

묵돌은 한왕韓王 신信의 장수인 왕황王黃, 조리趙利와 만나기로 약속했는데 왕황과 조리의 군대가 오지 않았다. 그래서 그들이 한나라와 모의를 꾸미는 것으로 의심해 역시 연지의 말을 받아들여 포위했던 한 모퉁이를 풀었다. 이에 고제高帝는 군사들에게 모두 활을 힘껏 당겨 화살을 밖으로 겨누게[1] 하고, 풀린 모퉁이를 따라 탈출해서 마침내 대군大軍과 합류했다. 묵돌선우는 결국 군사를 인솔하여 떠나갔고, 한나라도 군사를 이끌고 물러나서 유경劉敬을 보내 화친 조약을 체결하게 했다.

이후 한왕 신은 흉노의 장수가 되었는데, 조리와 왕황 등이 자주 약속을 어기고 대代와 운중雲中을 침범해서 도둑질을 일삼았다. 얼마 지나지 않아서 진희陳豨가 반란을 일으키고 또 한왕 신과 함께 모의해 대代를 공격했다.

冒頓與韓王信之將王黃趙利期 而黃利兵又不來 疑其與漢有謀 亦取閼氏之言 乃解圍之一角 於是高帝令士皆持滿傅[1]矢外鄕 從解角直出 竟與大軍合 而冒頓遂引兵而去 漢亦引兵而罷 使劉敬結和親之約 是後韓王信爲匈奴將 及趙利王黃等數倍約 侵盜代雲中 居無幾何 陳豨反又與韓信合謀擊代

[1] 傅부

색은 傅의 발음은 '부附'이다.

音附

한나라는 번쾌에게 가서 진희를 공격하게 해 다시 대代, 안문, 운중의 군현을 빼앗았지만 요새 밖으로는 나가지 않았다.

이때 흉노는 한나라 장수로서 가서 투항하는 자가 많았던 까닭으로 묵돌이 항상 왕래하면서 대代 땅을 침략하여 도둑질을 일삼았다. 이에 한나라의 우환이 되어 고제는 유경에게 종실의 딸을 공주로 대우해서 선우의 연지로 삼고, 해마다 흉노에게 솜과 비단, 그리고 술, 쌀, 먹을 식량 등 각각 일정한 수량이 있었다. 형제가 되어 화친할 것을 맹약하니 묵돌이 이에 잠시 침탈을 중지했다. 그 뒤 연왕 노관盧綰이 그의 무리 수천 명을 인솔하여 흉노에게 투항하고는 왕래하면서 상곡군의 동쪽 지역을 괴롭혔다.

고조가 붕어하고 효혜제와 여태후 때 한나라가 비로소 안정되었는데, 일부러 흉노는 더 교만을 떨었다.

묵돌이 고후高后에게 글을 보내 망령된 말[1]을 하자 고후가 노여워하고 묵돌을 공격하려고 하였는데[2] 여러 장수가 말했다.

"고제高帝께서는 현명하고 무용이 있는데도, 오히려 평성平城에서 곤욕을 치렀습니다."

이에 고후가 침략할 것을 중지하고[3] 다시 흉노와 화친을 했다.

漢使樊噲往擊之 復拔代雁門雲中郡縣 不出塞 是時匈奴以漢將衆往降 故冒頓常往來侵盜代地 於是漢患之 高帝乃使劉敬奉宗室女公主爲單于閼氏 歲奉匈奴絮繒酒米食物各有數 約爲昆弟以和親 冒頓乃少止後燕王盧綰反 率其黨數千人降匈奴 往來苦上谷以東 高祖崩 孝惠呂太后時 漢初定 故匈奴以驕 冒頓乃爲書遺高后 妄言[1] 高后欲擊之[2] 諸將曰 以高帝賢武 然尙困於平城 於是高后乃止[3] 復與匈奴和親

① 妄言망언

신주 당나라 태종이 신라 선덕여왕에게 모란꽃 그림과 그 꽃씨를 보내 혼자 살고 있음을 희롱한 것처럼 여태후가 혼자된 것을 희롱한 것이다.

② 高后欲擊之고후욕격지

색은 살펴보니《한서》에서 말한다. "고후高后 때 묵돌이 점점 교만해 져 이에 사신을 시켜 고후에게 편지를 보내서 이르기를 '나(고분군孤僨君) 는 습지 안에서 태어나 평야의 소와 말이 풀 뜯는 지역에서 자라 자주 변 경에 이르면서 중국에서 유람하기를 바랐습니다. 폐하께서는 홀로 자리 하셨고 나도 홀로 살고 있으니, 두 군주가 즐기지 않는다면 스스로 즐길 것이 없습니다. 가지고 있는 것과 그 없는 것을 서로 바꾸기를 원합니다.' 라고 했다. 그래서 고후高后가 노여워하고 공격하고자 한 것이다."

案 漢書云 高后時 冒頓寖驕 乃使使遺高后書曰 孤僨之君 生於沮澤之中 長於 平野牛馬之域 數至邊境 願遊中國 陛下獨立 孤僨獨居 兩主不樂 無以自娛 願 以所有 易其所無 高后怒 欲擊之

신주 고분지군孤僨之君에 관해 여순은 "스스로 설 수 없음을 말한 것 과 같다.[猶言不能自立也]"라고 했다. 즉 외로워 아무 즐거움도 없는 군주를 이르는 말로 묵돌 자신을 일컬은 말이다.

③ 高后乃止고후내지

색은 《한서》를 살펴보니 계포季布가 간언하자 고후가 이에 중지하라고 했다.

案漢書 季布諫 高后乃止

효문제가 처음 즉위하자 다시 화친에 관한 일을 손질했다.[①] 그런데 효문제 3년 5월 흉노의 우현왕右賢王이 하남河南 땅에 들어와 살면서 상군上郡을 지키는 만이蠻夷들을 침략해 노략질하고 백성을 죽였다.

이에 효문제는 승상 관영灌嬰에게 조서를 내려서 전차와 기병 8만 5,000명을 징발해 고노高奴[②]로 나아가 우현왕을 공격하게 하니, 우현왕이 달아나 요새 밖으로 나갔다.

문제는 태원太原으로 거둥하였는데 이때 제북왕濟北王이 반란을 일으켜 문제는 장안으로 돌아오고 승상이 호胡의 군사를 공격하는 일도 중지했다.

至孝文帝初立 復修和親之事[①] 其三年五月 匈奴右賢王入居河南地 侵盜上郡葆塞蠻夷 殺略人民 於是孝文帝詔丞相灌嬰發車騎八萬五千 詣高奴[②] 擊右賢王 右賢王走出塞 文帝幸太原 是時濟北王反 文帝歸 罷丞相擊胡之兵

① 復修和親之事부수화친지사

신주 유방이 흉노와 굴욕의 화친을 맹약한 해인 서기전 198년부터 서기전 135년까지 64년 동안 황제가 바뀌거나 사안이 있을 때마다 9차례에 걸쳐 한나라가 흉노에게 조공액을 인상했다는 기록이 있다. 서기전 180년에 효문제가 즉위하고 기존의 화친 조약의 내용을 변경한 것이다.

② 高奴고노

정의 연주성延州城은 본래 한나라 고노현高奴縣의 옛 도시이다.

延州城 本漢高奴縣舊都

그다음 해에 선우는 한나라에 서신을 보내서 말했다.

"하늘에서 세우신 흉노의 대선우는 공경히 황제의 무탈하심을 문안드립니다. 지난날 황제께서 화친의 일에 대해 말씀하실 때 서신의 뜻이 맞아서 함께 기뻐했습니다. 그 이후 한나라 변방의 관리가 우현왕을 업신여기자 우현왕은 아뢰지도 않고 후의노후後義盧侯 난지難氏[①] 등의 계책만 듣고 한나라 관리와 서로 대치해서 두 군주의 약속을 단절시켜서 형제의 친함을 갈라놓았습니다. 황제의 꾸짖는 서신이 두 번이나 이르러서, 사신을 보내 글로 답변했는데 사신이 돌아오지 못했고 한나라 사신도 이르지 않았습니다. 한나라가 이러한 이유로 화친하지 않겠다면 이웃 나라인 우리도 따르지 않을 것입니다. 지금 낮은 관리가 약속을 어겼기 때문에 우현왕을 벌하고 서쪽으로 보내 월지月氏를 공격하게 했습니다. 다행히 하늘의 복으로 관리와 병사들이 뛰어나고 말들도 강력해 월지를 모두 멸망시켜 모두 목을 베고 항복시켰습니다. 또 누란樓蘭,[②] 오손烏孫, 호걸呼揭[③] 및 그 주변의 26개국을 평정해 모두 흉노의 땅으로 만들었습니다.[④] 이에 모든 활을 당기는 백성은 나란히 일가一家가 되었고, 북쪽의 주州들이 이미 안정되었습니다. 원컨대 이제는 전쟁을 그치고 군사들을 휴식시키며 말들을 기르면서 지난 일들을 잊고 옛 조약을 회복하려 합니다. 이로써 변방 백성들을 편안하게 하고 옛날로 되돌아가 어린이는 성장하게 하고 노인은 그 거처를 편안하게 해서 대대로 평화로이 즐기며 살 수 있게 하려고 하는데, 아직 황제의 뜻을 얻지 못했습니다. 그래서 낭중郎中 혜호천係雩淺⑤을 보내 글을 올리고, 낙타 한 마리와 기마騎馬 두 필과 수레를 끄는 말 여덟 필⑥을 바치고자 합니다. 황제께서 곧 흉노가 요새 가까이 있기를 바라지 않으신다면 또한 조서를 내려 관리와 백성들이 멀리 살게 하십시오. 사신이 이르면 즉시 서신을 보내주십시오."

其明年 單于遺漢書曰 天所立匈奴大單于敬問皇帝無恙 前時皇帝言和親事 稱書意 合歡 漢邊吏侵侮右賢王 右賢王不請 聽後義盧侯難氏①等 計 與漢吏相距 絶二主之約 離兄弟之親 皇帝讓書再至 發使以書報 不來 漢使不至 漢以其故不和 隣國不附 今以小吏之敗約故 罰右賢王 使之西求月氏擊之 以天之福 吏卒良 馬彊力 以夷滅月氏 盡斬殺降下之 定樓蘭②烏孫呼揭③及其旁二十六國 皆以爲匈奴④ 諸引弓之民 幷爲一家 北州已定 願寢兵休士卒養馬 除前事 復故約 以安邊民 以應始古 使少者得成其長 老者安其處 世世平樂 未得皇帝之志也 故使郎中係雩淺⑤奉書 請 獻橐他一匹 騎馬二匹 駕二駟⑥ 皇帝卽不欲匈奴近塞 則且詔吏民遠舍 使者至 卽遣之

① 難氏난지

집해 서광이 말했다. "氏의 발음은 '지支'이다."

徐廣曰 音支

색은 흉노의 장수 이름이다. 氏의 발음은 '지支'이다.

匈奴將名也 氏音支

② 樓蘭누란

집해 서광이 말했다. "일설에는 '누황樓湟'이라고 일렀다."

徐廣曰 一云 樓湟

정의 《한서》에서 말한다. "선선국鄯善國의 이름이 누란樓蘭인데, 장안長安과의 거리가 1,600리이다."

漢書云 鄯善國名樓蘭 去長安一千六百里也

③ 烏孫呼揭오손호걸

집해 揭의 발음은 '걸桀'이다.

音桀

색은 揭의 발음은 '걸傑' 또는 '결[丘列反]'이다.

音傑 又音丘列反

정의 揭의 발음은 '걸桀' 또는 '결[其例反]'이다. 오손烏孫과 호걸呼揭 두 나라는 모두 과주瓜州 서북쪽에 있다. 오손은 전국시대에 과주瓜州에 위치했다.

揭音桀 又其例反 二國皆在瓜州西北 烏孫 戰國時居瓜州

④ 以爲匈奴이위흉노

색은 살펴보니 모두 흉노로 편입되어 한 나라가 된 것을 이른다.

案 謂皆入匈奴一國

⑤ 係霫淺혜호천

집해 霫의 발음은 '호[火胡反]'이다.

霫音火胡反

係의 발음은 '혜[胡計反]'이다. 雩의 발음은 '호[火胡反]'이다.

係 胡計反 雩 火胡反

⑥ 駕二駟가이사

정의 안사고가 말했다. "가駕는 수레를 모는 것이다. 2사駟는 여덟 필의 말이다."

顏師古云 駕 可駕車也 二駟 八匹馬也

6월 중에 흉노의 사신이 와서 신망薪望 땅에① 이르렀다. 서신이 이르자 한나라에서는 공격하는 것과 화친하는 것 중에서 무엇이 유리한가 의논했다. 공경들이 모두 말했다.

"선우가 새롭게 월지月氏를 쳐부숴 승세를 탔으니 공격할 수 없습니다. 또 흉노의 땅을 얻어도 습지나 소금기가 있는 땅이어서② 거주할 수 없습니다. 화친하는 것이 훨씬 유리합니다."

한나라에서 화친을 허락했다.

以六月中來至薪望之地① 書至 漢議擊與和親孰便 公卿皆曰 單于新破 月氏 乘勝 不可擊 且得匈奴地 澤鹵② 非可居也 和親甚便 漢許之

---

① 薪望之地신망지지

집해 《한서음의》에서 말한다. "새하塞下는 지명이다."

漢書音義曰 塞下地名

색은 망신望薪의 땅이다. 복건이 말했다. "한나라 경계 주변 요새 아래에 있는 지명인데, 지금 흉노의 사신이 이곳까지 이른다."

望薪之地 服虔云 漢界上塞下地名 今匈奴使至於此也

② 澤鹵석로

정의 앞 글자 澤의 발음은 '석鴯'이다.

上音鴯

신주 석로鴯鹵는 간석지干鴯地이다.

> 효문제 전6년, 한나라에서 흉노에게 서신을 보내서 말했다.
> "황제는 공경히 흉노의 대선우께서 무탈한가를 묻소. 낭중郎中 혜호천係雩淺을 시켜서 짐에게 서신을 보내 말하기를 '우현왕이 선우에게 청하지 않고 후의노후後義盧侯 난지 등의 계책만 들어 두 군주의 약속을 끊었으며, 형제로의 화친도 갈라놓았다. 한나라가 이러한 이유로 화친하지 않겠다면 이웃 나라인 우리도 따르지 않을 것이다. 지금 하찮은 관리가 약속을 무너뜨렸기 때문에 그러므로 우현왕을 처벌하고 서쪽으로 월지를 공격케 해서 모두 평정하였다. 원컨대 전쟁을 그치고 군사들을 휴식시키고 말을 기르고 지난날의 일을 잃어버리고 옛날의 약속을 회복시켜 변방의 백성을 편안케 하고자 한다. 그리하여 어린이는 성장하게 하고 노인은 그 거처하는 것이 편안하게 해서 대대로 평화로이 즐기며 살게 하고 싶다.'라고 했소. 짐은 매우 아름답게 여기니 이것은 옛날 성주聖主들의 뜻이었소. 한나라와 흉노는 형제가 될 것을 약속해

한나라에서는 선우에게 매우 후한 선물을 보냈으나 약속을 배반하고 형제의 친함을 갈라놓은 것은 항상 흉노에게 있었소. 그러나 우현왕의 일은 이미 이번 대사면을 내리기 전의 일이니, 선우께서는 깊이 처벌하지 마시오. 선우께서 서신의 뜻에 맞추어 모든 선우의 관리들에게 명백하게 알리고 약속을 배신하는 일이 없도록 해서 신용이 있게 된다면 공경히 선우께서 보낸 편지의 뜻같이 하겠소.

사신이 말하기를 '선우께서 직접 장군이 되어 나라를 정벌해 공로가 있고 군사를 동원하느라 고생이 매우 많았다.'라고 했소. 짐이 입는 수겹기의繡袷綺衣[①]와 수겹장유繡袷長襦[②]와 금겹포錦袷袍 각 한 벌과 비여比余 1개,[③] 황금식구대黃金飾具帶[④] 1개, 황금서비黃金胥紕 1개[⑤], 수놓은 비단 10필, 비단 30필, 붉은 비단[⑥]과 푸른 비단 각각 40필을 중대부中大夫 의意와 알자령謁者令 견견肩에게 시켜 선우께 보내도록 하였소."

그 뒤 얼마 지나서 묵돌선우가 죽고 아들 계육稽粥[⑦]이 즉위했는데 노상선우老上單于라고 불렀다.

孝文皇帝前六年 漢遺匈奴書曰 皇帝敬問匈奴大單于無恙 使郎中係雩淺遺朕書曰 右賢王不請 聽後義盧侯難氏等計 絶二主之約 離兄弟之親 漢以故不和 隣國不附 今以小吏敗約 故罰右賢王使西擊月氏 盡定之 願寢兵休士卒養馬 除前事 復故約 以安邊民 使少者得成其長 老者安其處 世世平樂 朕甚嘉之 此古聖主之意也 漢與匈奴約爲兄弟 所以遺單于甚厚 倍約離兄弟之親者 常在匈奴 然右賢王事已在赦前 單于勿深誅 單于若稱書意 明告諸吏 使無負約 有信 敬如單于書 使者言單于自

將伐國有功 甚苦兵事 服繡袷綺衣[①]繡袷長襦[②]錦袷袍各一 比余一[③] 黃
金飾具帶[④]一 黃金胥紕[⑤]一 繡十匹 錦三十匹 赤綈[⑥]綠繒各四十匹 使
中大夫意謁者令肩遺單于 後頃之 冒頓死 子稽粥[⑦]立 號曰老上單于

① 繡袷綺衣수겹기의

[색은] 살펴보니 소안이 말했다. "복服은 천자가 입는 의복이다. 수繡로
써 겉[表]을 만들고, 비단으로써 속을 만든다." 묵돌에게 하사한 것이다.
《자림》에서 말한다. "겹옷은 솜이 없다. 袷의 발음은 '급[公洽反]'이다."
案 小顏云 服者 天子所服也 以繡爲表 綺爲裏 以賜冒頓 字林云 袷衣無絮也 音
公洽反

[신주] 수놓은 비단 겹옷이다.

② 繡袷長襦수겹장유

[집해] 서광이 말했다. "어떤 판본에는 '겹袷' 자가 없다."
徐廣曰 一本無袷字

[신주] 수놓은 비단 속옷이다.

③ 錦袷袍各一 比余一금겹포각일 비여일

[집해] 서광이 말했다. "비여比余는 어떤 곳에는 '소비疏比'로 되어 있다."
徐廣曰 或作疏比也

[색은] 살펴보니 《한서》에는 "비소일比疏一"로 되어 있다. 比의 발음은
'비鼻'이다. 소안이 말했다. "변발辮髮(뒤로 길게 늘여 땋은 머리)을 꾸미는 것인
데 금으로 만든다."《광아》에서 말한다. "비比는 즐櫛(빗)이다."〈창힐편〉

에서 말한다. "화려한 것은 비比라고 하고, 거친 것은 소梳라고 한다." 소림의 설명을 살펴보니 지금도 소비梳比라고 이르고, 혹은 또한 대식帶飾이라고 한다.

案 漢書作比疏一 比音鼻 小顔云 辮髮之飾也 以金爲之 廣雅云 比 櫛也 蒼頡篇云 靡者爲比 麤者爲梳 按蘇林說 今亦謂之梳比 或亦帶飾者也

신주 금겹포錦袷袍는 비단 도포이고, 비여比余는 머리빗이다.

④ 黃金飾具帶황금식구대

집해 《한서음의》에서 말한다. "허리 가운데 매는 큰 띠要中大帶이다."

漢書音義曰 要中大帶

색은 살펴보니 허리 가운데 매는 큰 띠를 이른다.

按 謂要中大帶

신주 황금으로 장식한 허리띠이다.

⑤ 黃金胥紕一황금서비일

집해 서광이 말했다. "어떤 곳에는 '서비犀毗'로 되어 있고, '일一' 자가 없다."

徐廣曰 或作犀毗 而無一字

색은 《한서》에 "서비犀毗"로 된 것이 보이며, 혹은 아래에 '일一' 자가 없는 곳도 있다. 이곳에서 '서胥'로 된 것은 서犀와 소리가 서로 비슷하기 때문이거나 혹은 잘못된 것이다. 장안이 말했다. "선비鮮卑의 곽락대郭落帶는 상서로운 짐승의 이름이다. 동호東胡에서는 좋아해서 착용한다." 살펴보니 《전국책》에서 말한다. "조무령왕趙武靈王이 주소周紹에게 구대황금사비具帶黃金師比를 하사했다." 연독이 말했다. "호胡의 혁대 갈고리이다." 곧 대구帶鉤는 또 이름이 '사비師比'인데, 곧 '서肎', '서犀'와 '사師'는 모두 발음이 비슷한데 설명이 각자 다를 뿐이다. 반고가 두헌竇憲에게 보낸 편지에는 "서비금두대犀比金頭帶를 하사한다."라고 한 것이 이것이다.

漢書見作犀毗 或無下一字 此作肎者 犀聲相近 或誤 張晏云鮮卑郭落帶 瑞獸名也 東胡好服之 按 戰國策云 趙武靈王賜周紹具帶黃金師比 延篤云 胡革帶鉤也 則此帶鉤亦名 師比 則肎犀與師 竝相近 而說各異耳 班固與竇憲牋云 賜犀比金頭帶是也

신주 황금으로 장식한 혁대고리이다.

⑥ 赤綈적제

정의 綈의 발음은 '제啼'이다.

音啼

색은 살펴보니《설문》에서 말한다. "제綈는 두터운 비단이다."

案 說文云 綈 厚繒也

⑦ 稽粥계육

색은 稽의 발음은 '계雞'이다. 粥의 발음은 '육育'이다.

稽音雞 粥音育

흉노와 한나라의 화평시대

노상계육老上稽粥선우가 처음 즉위하자[①] 효문황제는 다시 종실의
딸을 공주로 하여 선우의 연지로 삼아 주고 환관인 연나라 사람
중항열中行說[②]을 보내서 공주의 스승으로 삼았다. 중항열이 가고
자 하지 않았지만, 한나라에서 억지로 보냈다. 중항열이 말했다.

"기어이 나를 보낸다면 한나라의 걱정거리가 될 것이다."

중항열이 이르러 선우에게 항복했는데 선우는 아주 가깝게 총애
했다.

당초에 흉노는 한나라 비단이나 솜이나 음식물을 좋아하였는데
중항열이 말했다.

"흉노 중 인구가 많은 곳이라도 한나라 1개 군만도 못합니다. 그
런데도 강하게 된 것은 의복이나 음식이 달라서 한나라에 의지하
는 것이 없기 때문입니다. 지금 선우께서 풍속을 변화시켜 한나
라 물건을 좋아한다면 한나라 물건이 열에 둘이 넘지 않아도 흉
노는 모두 한나라에 귀화할 것입니다.[③] 한나라 비단옷이나 솜옷
을 얻어서 초원이나 가시나무 속을 달리면 윗도리나 바지는 모두
찢어져서 버리게 됩니다. 이것으로 털옷과 가죽옷이 더 완전하고

좋다는 것을 보여주십시오. 한나라 음식물을 얻으면 모두 버려서 우유④가 편하고 맛이 좋음을 보여주십시오.”

이에 중항열이 선우의 좌우 신하들에게 기록하는 것을 설명하고 가르쳐서 그의 백성과 가축⑤을 계산해 세금을 부과하게 했다.

老上稽粥單于初立① 孝文皇帝復遣宗室女公主爲單于閼氏 使宦者燕人中行說②傅公主 說不欲行 漢彊使之 說曰 必我行也 爲漢患者 中行說旣至 因降單于 單于甚親幸之 初 匈奴好漢繒絮食物 中行說曰 匈奴人衆不能當漢之一郡 然所以彊者 以衣食異 無仰於漢也 今單于變俗好漢物 漢物不過什二 則匈奴盡歸於漢矣③ 其得漢繒絮 以馳草棘中 衣袴皆裂敝 以示不如旃裘之完善也 得漢食物皆去之 以示不如湩酪④之便美也 於是說敎單于左右疏記 以計課其人衆畜物⑤

① 老上稽粥單于初立노상계육선우초립

[집해] 서광이 말했다. “일설에는 ‘계육은 제2선우第二單于이다.’라고 일렀다. 이 뒤부터 모두 아우들이 나라를 별도로 했다.”

徐廣曰 一云 稽粥第二單于 自後皆以弟別之

② 中行說중항열

[정의] 行의 발음은 ‘항[胡郎反]’이다. 중항中行은 성이고 열說은 이름이다.

行音胡郎反 中行 姓 說 名也

③ 匈奴盡歸於漢矣흉노진귀어한의

[집해] 위소이 말했다. “한나라 물건의 10분의 2가 흉노로 들어가면 흉

노는 곧 마음이 움직여 한나라로 귀순할 것이라고 말한 것이다."

韋昭曰 言漢物什中之二入匈奴 匈奴則動心歸漢矣

④ 湩酪동락

집해 동湩은 유즙乳汁(우유)이다. 湩의 발음은 '동[都奉反]'이다.

湩 乳汁也 音都奉反

색은 중락重酪이다. 湩酪의 발음은 '동락湩酪'인데, 두 발음이 있다. 살펴보니 《삼창》에서 말한다. "동湩은 유즙이다." 《자림》에서 湩의 발음은 '중[竹用反]'이라고 했다. 《목천자전》에서 말한다. "우마牛馬의 유즙인데 신토인臣菟人이 갖추는 것이다."

重駱 音湩酪二音 按 三蒼云 湩 乳汁也 字林云 竹用反 穆天子傳云 牛馬之湩
臣菟人所具

⑤ 畜物휵물

정의 앞 글자 畜의 발음은 '후[許又反]'이다.

上許又反

한나라에서 선우에게 서신을 보낼 때 한 자, 한 치의 나무쪽 편지에 "황제는 공경히 흉노대선우께서 무탈하신지 묻습니다."라고 쓰고 보내는 물건과 전할 말은 이러이러하다고 했다.

이에 중항열이 선우에게 한나라에 보내는 서신은 한 자 두 치의 나무쪽 편지를 쓰게 하고 인봉印封은 모두 넓고 크고 길게 하도록 하였으며 그의 언사도 거만하게 해 이르기를 "하늘과 땅이 낳으시고 해와 달이 세우신 자, 흉노대선우는 공경히 한나라 황제께서 무탈하신지 묻습니다."라고 하고 보내는 물품과 전할 말은 이러이러하다고 했다.

한나라 사신 중 어떤 이가 말하기를 "흉노는 노인을 천시하는 풍속이 있습니다."라고 했다. 그러자 중항열이 궁한 한나라 사신에게 말하기를 "한나라 풍속에도 군영을 지키러 종군해 길을 떠나는 자에게 그의 늙은 부모가 어찌 스스로 따뜻한 옷을 벗어 주고 살찌고 맛 좋은 음식을 싸서 수자리로 가는 아들에게 보내지 않겠는가."라고 했다.

한나라 사신이 "그렇습니다."라고 대답하자 중항열이 말하기를 "흉노는 싸우고 공격하는 것을 일로 삼는데 그 늙고 약한 자는 능히 싸우지 못하오. 그래서 그 살찌고 맛 좋은 음식으로 건장한 자를 먹이는 것은 대개 자기를 지키게 하기 위한 것이오. 이같이 부자가 각각 오래도록 서로 보호하려고 그러한 것인데, 어찌하여 흉노가 노인을 경시한다고 말하는 것이오?"라고 했다. 한나라 사신이 말했다.

"흉노는 아버지와 아들이 같은 천막^① 안에서 잠을 잡니다. 아버지가 죽으면 그의 계모를 아내로 삼고, 형제가 죽으면 그의 아내를 모두 데려다 자기의 아내로 삼습니다. 의식을 갖춘 관이나 띠의 꾸밈도 없고 조정에서의 예의도 없습니다."

중항열이 대답했다.

"흉노의 풍속에서 사람들은 집에서 기르는 가축을 먹고 그 젖을 먹으며 그 가죽을 옷으로 입소. 가축들은 풀을 먹고 물을 마시며 철에 따라 이동하기 때문에 급박할 때를 대비하여 곧 사람들은 말을 타고 활을 쏘는 것을 익히고, 한가한 때에는 일이 없는 것을 즐기오. 그들의 규약은 간편하여 실천하기 쉬우며, 군주와 신하의 관계도 간이해서 한 나라 정사가 한 집안의 일과 같소이다. 부모나 자식이나 형제가 죽으면 그들의 아내를 데려다 아내로 삼는 것은 종족의 성씨를 잃게 되는 것을 싫어해서인데 이 때문에 흉노가 비록 어지럽다고 하나 반드시 종족을 잇게 된 것이오. 지금 중국은 비록 겉②으로는 그의 아비나 형제의 아내를 취하지 않지만, 친척들은 더욱 소원해지고 서로를 죽이며 성을 바꾸는 것에 이르는 것들이 모두 이와 같은 종류들입니다. 또 예의는 무너져 위와 아래가 서로 원망하고 궁실과 가옥을 짓는데, 온 힘을 다 쏟으니 백성들이 살아갈 힘은 반드시 없어지게 되오.③ 대저 힘써 밭을 갈고 양잠養蠶해서 의식을 구하고 성곽을 쌓아 스스로 방비하기 때문에 그의 백성은 위급할 때는 싸우는 일을 익히지 못하고 한가할 때는 일을 하는 데 지쳐 있소. 아! 흙집에 살고있는 한나라 사람들이여. 돌아보니 많은 말이 필요 없소이다. 말은 수다스럽고 잘하지만④ 귓속말만 하고 있으니⑤ 관을 쓰고 있다고 한들 진실로 어디에 합당하리오.⑥"

漢遺單于書 牘以尺一寸 辭曰 皇帝敬問匈奴大單于無恙 所遺物及言語云云 中行說令單于遺漢書以尺二寸牘 及印封皆令廣大長 倨傲其辭曰 天地所生日月所置匈奴大單于敬問漢皇帝無恙 所以遺物言語亦云云 漢使或言曰 匈奴俗賤老 中行說窮漢使曰 而漢俗屯戍從軍當發者

其老親豈有不自脫溫厚肥美以齎送飲食行戍乎 漢使曰 然 中行說曰 匈奴明以戰攻爲事 其老弱不能鬪 故以其肥美飲食壯健者 蓋以自爲守衛 如此父子各得久相保 何以言匈奴輕老也 漢使曰 匈奴父子乃同穹廬①而臥 父死 妻其後母 兄弟死 盡取其妻妻之 無冠帶之飾 闕庭之禮 中行說曰 匈奴之俗 人食畜肉 飲其汁 衣其皮 畜食草飲水 隨時轉移 故其急則人習騎射 寬則人樂無事 其約束輕 易行也 君臣簡易 一國之政 猶一身也 父子兄弟死 取其妻妻之 惡種姓之失也 故匈奴雖亂 必立宗種 今中國雖詳②不取其父兄之妻 親屬益疏則相殺 至乃易姓 皆從此類 且禮義之敝 上下交怨望 而室屋之極 生力必屈③ 夫力耕桑以求衣食 築城郭以自備 故其民急則不習戰功 緩則罷於作業 嗟土室之人 顧無多辭 令喋喋④而佔佔⑤ 冠固何當⑥

① 穹廬궁려

집해 《한서음의》에서 말한다. "궁려穹廬는 전장旃帳이다."

漢書音義曰 穹廬 旃帳

신주 유목민들의 천막을 모전毛氈으로 만들기 때문에 전장旃帳이라고 불리기도 한다.

② 詳양

색은 《한서》에 '양陽'으로 되어 있다. 여기서도 또한 詳의 발음은 '양羊'이다.

漢書作陽 此亦音羊

③ 室屋之極生力必屈실옥지극생력필굴

[색은] 용마루와 처마가 있는 실옥室屋을 짓고, 사람이 지극히 자기의 삶을 영위하려 힘을 다하여 기력이 고갈됨에 이르는 것을 말한다. 屈의 발음은 '굴[其勿反]'이다.

以言棟宇室屋之作 人盡極以營其生 至於氣力屈竭也 屈音其勿反

④ 喋喋첩첩

[집해] 喋의 발음은 '첩諜'이다. 말을 교묘하게 잘하는 것이다.

音諜 利口也

⑤ 佔佔점점

[집해] 佔의 발음은 '첨[昌占反]'이다. 의상이 살랑살랑 움직이는 모양이다.

音昌占反 衣裳貌

[신주] 옷자락이 살랑거리듯 소곤소곤 이야기하는 모습을 표현한 것이다.

⑥ 冠固何當관고하당

[집해] 비록 다시 관冠을 썼으나 진실로 어디에 마땅히 이로운 바가 있는가를 말한 것이다.

言雖復著冠 固何當所益

[색은] 등전이 말했다. "喋의 발음은 '첩牒'이다. 점佔은 귀에 대고 소곤거리는 말이다." 복건이 말했다. "말솜씨가 거침없이 잘하는 것이다.[구설 첩첩口舌喋喋]" 여순이 말했다. "너희 한인漢人들은 대부분 집 안에서 살면서 진실로 자신이 관을 쓰는 것이 마땅하다고 하지만 또한 귀한 것이 되

지 못한다는 것을 말한다." 소안이 말했다. "첩첩喋喋은 말을 잘하는 것이다. 점점佔佔은 의상衣裳이 살랑살랑하는 모양이다. 喋의 발음은 '첩[昌涉反]'이고 佔의 발음은 '점占'이다. 마땅히 생각을 말해야 하나 수다스럽고 귓속말만 할 뿐이니, 비록 스스로 관을 썼다고 이르지만, 무엇에 마땅한 도움이 되겠는가?"

鄧展曰 喋音牒 佔 囁耳語 服虔曰 口舌喋喋 如淳曰 言汝漢人多居室中 固自宜著冠 且不足貴也 小顔云 喋喋 利口也 佔佔 衣裳貌 喋音昌涉反 佔音占 言當思念 無爲喋喋佔佔耳 雖自謂著冠 何所當盆也

이후에 한나라 사신이 변론하려고 하면 중항열이 번번이 말했다. "한나라 사신은 말을 많이 하지 마시오. 한나라에서 흉노에게 보내온 비단이나 솜, 쌀이나 누룩을 살펴보고 그 양이 적당하고 반드시 품질이 좋으면 될 뿐이오. 무슨 말이 필요하겠소. 또 보낸 것들이 갖추어 좋은 것이면 그만이지만 갖추지 못해 거칠고[1] 나쁜 것이면 가을의 곡식이 익는 것을 기다렸다가 말을 타고 달려 심은 곡식들을 짓밟을[2] 뿐이오."

그리고서 밤낮으로 선우에게 한나라 침입에 유리하고 해로운 곳을 살펴야 한다고 했다.

自是之後 漢使欲辯論者 中行說輒曰 漢使無多言 顧漢所輸匈奴繒絮米糵 令其量中 必善美而已矣 何以爲言乎 且所給備善則已 不備 苦[1] 惡 則候秋孰 以騎馳蹂[2]而稼穡耳 日夜敎單于候利害處

① 苦고

집해 위소가 말했다. "고苦는 '추麤'(거칠다)이다. 苦의 발음은 '미고麋鹽'의 '고鹽'와 같다."

韋昭曰 苦 麤也 音若麋鹽之鹽

② 蹂유

집해 서광이 말했다. "蹂의 발음은 '우[而九反]'이다."

徐廣曰 蹂音而九反

신주 '유蹂'는 짓밟는다는 뜻이다.

한나라 효문황제 14년, 흉노의 선우가 14만 명의 기병으로 조나朝那와 소관蕭關으로 쳐들어와 북지北地 도위都尉 손앙孫卬[①]을 살해했다. 그리고 백성을 포로로 잡고 가축을 매우 많이 약탈하고서 마침내 팽양彭陽[②]에 이르렀다.

또 기습부대에게 쳐들어가 회중궁回中宮[③]을 불태우게 하고 척후[④]와 기병은 옹雍 땅의 감천궁甘泉宮[⑤]까지 이르게 했다.

이에 문제가 중위中尉 주사周舍, 낭중령郎中令 장무張武를 장군으로 삼아 전차 1,000대와 기병 10만 명을 징발해 장안 부근에 주둔시키고 호胡의 도적들을 대비하게 했다.

漢孝文皇帝十四年 匈奴單于十四萬騎入朝那蕭關 殺北地都尉卬[①] 虜人民畜産甚多 遂至彭陽[②] 使奇兵入燒回中宮[③] 候[④]騎至雍甘泉[⑤] 於是文帝以中尉周舍郎中令張武爲將軍 發車千乘 騎十萬 軍長安旁以備胡寇

① 卬앙

집해 서광이 말했다. "성姓은 손孫이다. 그의 아들 손단孫單이 봉해져 병후鉼侯가 되었다. 鉼의 발음은 '벙[白丁反]'이다."

徐廣曰 姓孫 其子單 封爲鉼侯 白丁反

색은 卬의 발음은 '앙[五郎反]'이다. 서광이 말했다. "성은 손이고 그의 아들 단單이 봉해져 병후瓶侯가 되었다. 鉼의 발음은 '벙[白丁反]'이다."

卬音五郎反 徐廣曰 姓孫 其後子單封爲瓶侯 音白丁反

② 彭陽팽양

집해 서광이 말했다. "안정安定에 있다."

徐廣曰 在安定

색은 팽양에서 나왔다. 위소가 말했다. "안정현安定縣이다."

出彭陽 韋昭云 安定縣

정의 '성城' 자는 잘못된 것이다. 《괄지지》에서 말한다. "팽성彭城의 고성은 경주涇州 임성현臨城縣 동쪽 20리에 있다." 살펴보니 팽성彭城은 규주嫣州에 있고 북지군北地郡과는 매우 멀어 팽성이 아닌 것이 분명하다.

城字誤也 括地志云 彭城故城在涇州臨城縣東二十里 案 彭城在嫣州 與北地郡甚遠 明非彭城也

③ 回中宮회중궁

색은 복건이 말했다. "북지北地에 있으며 무제武帝가 궁宮을 지었다." 〈진시황본기〉 27년에 "계두산雞頭山에 올라 회중回中을 지나"라고 했다. 무제 원봉元封 4년 회중의 길을 통했다.

服虔云 在北地 武帝作宮 始皇本紀二十七年 登雞頭山 過回中 武帝元封四年

通回中道

정의 《괄지지》에서 말한다. "진秦나라 회중궁回中宮은 기주岐州 옹현雍
縣 서쪽 40리에 있으며 곧 흉노가 불태웠다."

括地志云 秦回中宮 在岐州雍縣西四十里 卽匈奴所燒者也

④ 候후

색은 최호가 말했다. "후候는 순라를 도는 기병이다."

崔浩云 候 邏騎

⑤ 甘泉감천

정의 《괄지지》에서 말한다. "운양雲陽이다. 진秦나라 임광궁林光宮은
한漢나라 감천궁甘泉宮이며 옹주雍州 운양雲陽 서북쪽 80리에 있다. 진시
황이 감천궁을 지었는데 장안과의 거리는 300리로 장안이 보인다. 진황
제秦皇帝 이래로 천자가 동짓날 제사 지내는 곳이다."

括地志云 雲陽也 秦之林光宮 漢之甘泉 在雍州雲陽西北八十里 秦始皇作甘泉
宮 去長安三百里 望見長安 秦皇帝以來祭天圜丘處

또 창후昌侯 노경盧卿[①]을 제수해 상군장군上郡將軍으로 삼고, 영
후審侯 위속魏遫을 북지장군北地將軍으로 삼고, 융려후隆慮侯 주
조周竈를 농서장군隴西將軍으로 삼고, 동양후東陽侯 장상여張相如
를 대장군大將軍으로 삼고, 성후成侯 동혁董赤[②]을 전장군으로 삼
아 대대적으로 전차와 기병들을 징발해서 출동해 호胡를 공격

하게 했다.③ 선우는 요새 안에서 한 달여 동안 머물다가 이에 떠나갔다. 한나라에서 추격해 요새까지 나갔다가 곧 적들을 살해하지 못하고 되돌아 왔다.

흉노는 날로 교만해졌고 해마다 변방으로 쳐들어와 백성을 살해하고 가축을 약탈하는 것이 심히 많아졌다. 운중이나 요동이 가장 심했는데 대군代郡까지 피해자가 1만여 명이나 되었다.

한나라는 이를 우환으로 여기고 이에 사신을 통해 흉노에게 서신을 보내니, 선우도 당호當戶에게 보답하여 사과하고 다시 화친하는 일을 논하게 했다.

而拜昌侯盧①卿爲上郡將軍 甯侯魏遫爲北地將軍 隆慮侯周竈爲隴西將軍 東陽侯張相如爲大將軍 成侯董赤②爲前將軍 大發車騎往擊胡③ 單于留塞內月餘乃去 漢逐出塞卽還 不能有所殺 匈奴日已驕 歲入邊 殺略人民畜産甚多 雲中遼東最甚 至代郡萬餘人 漢患之 乃使使遺匈奴書 單于亦使當戶報謝 復言和親事

① 盧로

색은 살펴보니 표表에는 노盧는 '노旅'로 되어 있는데, 옛날과 지금의 글자가 형태가 달라졌을 뿐이다.

案 表盧作旅 古今字耳

② 赤혁

정의 赤의 발음은 '혁赫'이다.

音赫

③ 大發車騎往擊胡대발거기왕격호

집해 서광이 말했다. "내사內史 난포欒布도 장군이 되었다."
徐廣曰 內史欒布亦爲將軍

문제 후원後元 2년, 사신을 보내 흉노에게 서신을 보내서 말했다.
"황제는 공경히 흉노대선우께서 아무 탈이 없는지를 문안드립니
다. 당호當戶 겸 저거且居① 조거난雕渠難②과 낭중郎中 한요韓遼를
시켜서 보낸 말 두 필은 이미 도착하여 공경히 받았소. 우리 선제
先帝의 조서에는 '장성長城 이북에 활을 쏘는 나라는 선우에게 명
을 받고, 장성長城 이내에서 관대를 하고 집에 거주하는 곳은 짐
이 또한 제재한다.'라고 했소. 만백성에게 밭을 갈고 길쌈을 하게
하고 활쏘기와 사냥을 하게 하여 입고 먹게 하고 부자父子가 이별
함이 없게 하며, 신하와 군주가 서로 편안하게 해서 함께 포악하
고 거역함이 없게 하는 것이었소. 지금 들자니 사악한 백성들이
탐욕에 빠져서 그 이익을 좇아 나아가 취하는 것만 중히 여겨 의
를 배신하고 약속을 단절해 만백성의 명命을 잊고 두 군주의 우
호 관계를 갈라놓았다고 하오. 그러나 그 일들은 이미 지나간 일
이오. 보내신 편지에 '두 나라가 이미 화친해 두 군주가 기뻐하고
병기를 거두어 군사를 휴식케 하고 말을 기르며 대대로 번창과 영
락을 누리고자 안정되게③ 다시 시작하자.'라고 했는데, 짐도 매우
아름답게 여기오. 성인聖人이란 날마다 새롭게 하고 고치어 다시
만들거나 고치어 시작하며, 노인이 쉬고 어린이가 잘 자라게 하며

각각 백성들의 목숨을 보전해 그들이 천명을 마치게 하는 것이오. 짐이 선우와 함께 이러한 길로 말미암아 천명에 따라 백성을 구휼하고 대대로 서로 전해서 베푸는 것이 끝이 없다면 천하는 모두 편안하지 않은 것이 없을 것이오.

孝文帝後二年 使使遺匈奴書曰 皇帝敬問匈奴大單于無恙 使當戶且居^①雕渠難^②郎中韓遼遺朕馬二匹 已至 敬受 先帝制 長城以北 引弓之國 受命單于 長城以內 冠帶之室 朕亦制之 使萬民耕織射獵衣食 父子無離 臣主相安 俱無暴逆 今聞渫惡民貪降其進取之利 倍義絶約 忘萬民之命 離兩主之驩 然其事已在前矣 書曰 二國已和親 兩主驩說 寢兵休卒養馬 世世昌樂 闠然^③更始 朕甚嘉之 聖人者日新 改作更始 使老者得息 幼者得長 各保其首領而終其天年 朕與單于俱由此道 順天恤民 世世相傳 施之無窮 天下莫不咸便

① 且居저거

색은 《한서》에는 '저거且渠'로 되어 있다. 흉노의 관직 호칭이다.

漢書作且渠 匈奴官號

② 雕渠難조거난

색은 살펴보니 악언이 말했다. "당호當戶, 저거且渠는 각각 하나의 관직이다. 조거난雕渠難이 이러한 관직을 맡은 것이다."

按 樂彥云 當戶且渠各自一官 雕渠難爲此官也

정의 조거난은 그의 성명이다. 且의 발음은 '져[子余反]'이다.

雕渠難者 其姓名也 且 子余反

③ 闒然흡연

서광이 말했다. "闒의 발음은 '흡擖'이고 안정된다는 뜻이다."

徐廣曰 闒音擖 安定意也

한나라와 흉노는 이웃의 대등한 국가로, 흉노는 북쪽 땅에 위치하여 날씨가 춥고 차가운 기운이 일찍 내리오. 그래서 관리에게 조서를 내려 선우에게 차조, 누룩, 금, 비단, 무명솜과 기타의 물건들을 해마다 일정한 수량을 보내겠소. 지금 천하는 매우 편안하고 만백성이 즐거워하고 있소. 짐은 선우와 함께 백성을 위한 부모가 되어야 하오. 짐이 지나간 일들을 생각해 보면 매우 자잘하고 하찮은 사고事故였고① 도모한 신하들의 계획이 잘못된 탓이니, 형제간의 기쁨을 갈라놓을 만한 일이 아닙니다. 짐이 듣자니 하늘은 한쪽만을 덮어 주지 않고 땅은 한쪽만을 실어 주지 않는다고 했소. 짐과 선우가 모두 지난날의 사소한 일은 잊어버리고 함께 대도大道를 밟으며, 지난날의 잘못은 떨쳐버리고 장구한 것들을 도모한다면 두 나라 백성이 한집안의 자식과 같아질 것이오. 국가의 근본인 만백성을 바탕 삼아 아래로는 물고기와 자라에까지 이르고 위로는 나는 새에까지 이르게 해 기어 다니고 부리로 숨 쉬고② 꿈틀거리며 다니는 종류③도 편안하고 이로운 곳으로 나아가게 하여 위태로운 것을 피하지 못하는 것이 없어야 하오. 그래서 오는 자는 막지 않는 것이 하늘의 도리입니다. 함께 지나간 일은 잊어버려야 합니다. 짐은 또한 도망해 왔거나 포로로 잡힌 백성을 석방할 것이니, 선우께서도 장니章尼[4] 등을 거론하지 마시오. 짐이 듣자니 옛날의 제왕은 분명하게 약속하되 식언食言하는 일이 없었소. 선우께서도 이 뜻을 유념하면 천하가 크게 안정될 것이오. 화친한 뒤, 한나라는 화친을 어기는 과실을 먼저 하지는 않겠소. 선우께서는 이를 살펴 주시오."

漢與匈奴隣國之敵 匈奴處北地 寒 殺氣早降 故詔吏遺單于秔糵金帛絲絮佗物歲有數 今天下大安 萬民熙熙 朕與單于爲之父母 朕追念前事 薄物細故[1] 謀臣計失 皆不足以離兄弟之驩 朕聞天不頗覆 地不偏載 朕與單于皆捐往細故 俱蹈大道 墮壞前惡 以圖長久 使兩國之民若一家子 元元萬民 下及魚鼈 上及飛鳥 跂行喙息[2]蠕動之類[3] 莫不就安利而辟危殆 故來者不止 天之道也 俱去前事 朕釋逃虜民 單于無言章尼[4]等 朕聞古之帝王 約分明而無食言 單于留志 天下大安 和親之後 漢過不先 單于其察之

① 薄物細故박물세고

신주 박한 물건과 작은 일, 즉 자잘하고 하찮은 사고事故 따위를 이르는 말이다.

② 跂行喙息기행훼식

색은 살펴보니 跂의 발음은 '기企'이다. 충치蟲豸(벌레)의 종류로, 어떤 것은 꿈틀거리며 기어가고 어떤 것은 부리로써 숨을 쉬는데, 모두 그 편안함을 얻어야 한다는 말이다.

案 跂音岐 又音企 言蟲豸之類 或企踵而行 或以喙而息 皆得其安也

③ 蠕動之類연동지류

색은 살펴보니 《삼창》에서 말한다. "연연蠕蠕은 움직이는 모양이다. 蠕의 발음은 '연軟'이다." 《회남자》에서 말한다. "곤충昆蟲이 꿈틀꿈틀 움직이는 것이다."

案 三蒼云 蠕蠕 動貌 音軟 淮南子云 昆蟲蠕動

④ 俱去前事~單于無言章尼等구거전사~단우무언장니등

색은 살펴보니 문제文帝가 이르기를, 나는 금일에 함께 저 나라 도망한 자와 포로들을 석방하고 그들을 보내 본국으로 돌아가게 할 것이니, 너희 선우單于는 다시는 말로써 장니章尼 등에게 참소하여 그들이 도망친 것을 꾸짖는 일이 없어야 한다고 한 것이다.

案 文帝云 我今日竝釋放彼國逃亡虜 遣之歸本國 汝單于無得更以言詞訴於章尼等 責其逃也

신주 장니章尼는 흉노에서 도망친 사람이다.

선우와 이미 화친을 약속했으므로 이에 효문제가 어사에게 조서를 내려서 말했다.

"흉노의 대선우께서 짐에게 서신을 보내서 제안해 화친이 이미 정해졌다. 도망해 온 사람들만으로 족히 인구를 늘리고 토지를 개척할 수 없다.① 흉노도 요새로 쳐들어오는 일이 없을 것이며 한나라도 요새 밖으로 나가지 말라. 지금의 약속을 범하는 자는 죽일 것이다. 오래도록 화친할 수 있어야 뒤에도 허물이 없고 함께 편리할 것이다. 짐이 이미 허락했노라. 그것을 천하에 반포해 명확하게 알리도록 하라."

單于旣約和親 於是制詔御史曰 匈奴大單于遺朕書 言和親已定 亡人不足以益衆廣地① 匈奴無入塞 漢無出塞 犯(令)〔今〕約者殺之 可以久親 後無咎 俱便 朕已許之 其布告天下 使明知之

① 亡人不足以益衆廣地망인부족이익중광지

신주 앞에서 효문제는 노상계육老上稽粥에게 보낸 서신에서 '짐은 또한 도망해 왔거나 포로로 잡힌 백성을 석방할 것이니, 선우께서도 장니章尼 등을 거론하지 마시오.〔朕釋逃虜民 單于無言章尼〕'라고 했다. 따라서 망명한 자나 포로로 있는 자를 돌려보내지 않는다 해도 나라에 크게 보탬이 되지 않아 보낼 것임을 어사에게 말한 것이다.

4년 뒤에 노상계육老上稽粥선우가 죽고 아들인 군신軍臣이 즉위하여 선우가 되었다. 즉위한 뒤에① 효문황제는 다시 흉노와 함께 화친을 했다. 중항열이 다시 섬겼다.

군신선우가 즉위한 지 4년② 흉노는 다시 화친을 끊고 대대적으로 상군上郡과 운중雲中에 각각 3만여 명의 기병으로 쳐들어와 매우 많은 백성을 죽이고 노략질하고 떠나갔다. 이에 한나라는 3명의 장군을 보내 군사를 북지北地에 주둔시켰다. 대代에는 구주산句注山에 주둔시키고, 조趙에는 비호구飛虎口에 주둔시키고, 변두리도 또한 각각 굳게 지켜 호胡의 침입을 방비케 했다. 또 3명의 장군을 배치해 장안의 서쪽 세류細柳와 위수의 북쪽 극문棘門과 패상霸上에 주둔시켜 호胡의 침입을 방비케 했다. 호胡의 기병들이 대代의 구주산의 변방으로 쳐들어오자 봉화의 신호가 감천궁과 장안으로 전달되었다.

後四歲 老上稽粥單于死 子軍臣立爲單于 旣立^① 孝文皇帝復與匈奴和親 而中行說復事之 軍臣單于立四歲^② 匈奴復絶和親 大入上郡雲中各三萬騎 所殺略甚衆而去 於是漢使三將軍軍屯北地 代屯句注 趙屯飛狐口 緣邊亦各堅守以備胡寇 又置三將軍 軍長安西細柳渭北棘門霸上以備胡 胡騎入代句注邊 烽火通於甘泉長安

① 旣立기립

집해 서광이 말했다. "후원後元 3년에 즉위했다."

徐廣曰 後元三年立

② 軍臣單于立四歲군신선우입사세

집해 서광이 말했다. "효문제 후원後元 7년에 붕어하고 2년에 선우에게 편지로 답했으니, 그사이가 5년이다. 이곳에서 '후사년後四年'이라고 이르고 또 '입사세立四歲'라고 한 것은 햇수가 맞지 않는다. 효문제 후원 6년 겨울에 흉노가 상군上郡과 운중으로 쳐들어왔다."

徐廣曰 孝文後元七年崩 而二年答單于書 其間五年 而此云 後四年 又立四歲 數不容爾也 孝文後六年冬 匈奴入上郡雲中也

수개월이 지나 한나라 군사가 변방에 이르자 흉노도 또한 요새에서 멀리 떠나가 한나라 군사도 또한 물러났다.

한 해 남짓 뒤에 효문제가 붕어하고 효경제가 즉위하자 조왕趙王 수遂가 이에 몰래 흉노에게 사람을 보냈다.

오와 초 등 7개국이 반란을 일으켰으니 조趙나라와 함께 계책을 합해 변방을 침입하자고 했다. 한나라는 조나라를 포위하여 무너뜨리니 흉노도 또한 중지했다.

이런 일이 있은 뒤부터 효경제는 다시 흉노와 더불어 화친하고 관시關市①를 개통하게 하여 흉노에게 물자를 보내고 공주도 보내서 옛날의 약속처럼 했다. 효경제가 죽을 때까지는 때때로 소규모로 변방을 침입해 도둑질한 일은 있었으나 대대적으로 침략한 일은 없었다.

數月 漢兵至邊 匈奴亦去遠塞 漢兵亦罷 後歲餘 孝文帝崩 孝景帝立 而趙王遂乃陰使人於匈奴 吳楚反 欲與趙合謀入邊 漢圍破趙 匈奴亦止自是之後 孝景帝復與匈奴和親 通關市① 給遺匈奴 遣公主 如故約 終孝景時 時小入盜邊 無大寇

① 關市관시

신주 교통의 요로에 위치한 시장이다.

흉노와 한나라 대전쟁기

지금의 황제(무제)가 즉위하자 화친의 약속을 명확히 하고 후하게 대
우하였으며 관시關市를 개방하고 물자를 넉넉하게 공급하게 했다.
흉노들은 선우 이하로부터 모두가 한나라를 친근히 여겨 장성의
아래로 왕래했다.

이때 한나라에서는 마읍성馬邑城 아래 사람, 섭옹일聶翁壹[1]을 시
켜 금지령을 어기고[2] 사사로이 물품을 반출해서[3] 흉노와 교역하
게 했다.[4] 그리고 섭옹일에게 거짓으로 마읍성을 파는 것처럼 하
여 선우를 유인하도록 했다. 선우는 섭옹일을 믿고 마읍의 재물
을 탐내어 10만여 명의 기병으로 무주의 요새[5]로 쳐들어왔다.

한나라는 30여만 명의 군사를 마읍의 근방에 매복시켜 놓고 어사
대부 한안국韓安國을 호군장군護軍將軍으로 삼아 4명의 장군으로
써 호위하게 해서 매복하고 선우를 기다렸다.

今帝卽位 明和親約束 厚遇 通關市 饒給之 匈奴自單于以下皆親漢 往
來長城下 漢使馬邑下人聶翁壹[1]奸蘭[2]出物[3]與匈奴交[4] 詳爲賣馬邑
城以誘單于 單于信之 而貪馬邑財物 乃以十萬騎入武州塞[5] 漢伏兵
三十餘萬馬邑旁 御史大夫韓安國爲護軍 護四將軍以伏單于

① 聶翁壹섭옹일

색은 살펴보니 〈위청전〉에서 말한다. "오직 '섭일聶壹'이라고 일컬었다." 고씨는 "일壹은 이름이다. 늙었기 때문에 옹翁이라고 칭한 것이다."라고 했으니 뜻이 혹 그러할 것이다.

按 衞青傳唯稱聶壹 顧氏云 壹 名也 老 故稱翁 義或然也

② 奸蘭간란

집해 奸의 발음은 '간干'이다. 간란干蘭은 금지법을 범하고 사사로이 물건을 내보낸 것이다.

奸音干 干蘭 犯禁私出物也

③ 奸蘭出物간란출물

색은 앞 글자 奸의 발음은 '간干'이다. 간란干蘭은 금지법을 범하고 사사로이 물건을 내보낸 것을 이른다.

上音干 干蘭謂犯禁私出物也

④ 匈奴交흉노교

집해 《한서음의》에서 말한다. "사사로이 요새로 나가 흉노와 함께 시장에서 교역하는 것이다."

漢書音義曰 私出塞與匈奴交市

⑤ 武州塞무주새

색은 소림이 말했다. "안문雁門에 있다."

蘇林云 在雁門也

선우가 한나라 요새로 쳐들어와 보니, 마음에 이르기 100여 리 전에 들판에 흩어져 있는 가축은 보이나 기르는 사람들이 보이지 않았다. 이에 괴이하게 여기고 역마을의 정亭을 공격했다.

이때 안문雁門의 위사尉史[①]는 순찰하다가 흉노의 도적들을 발견하고 역마을의 정亭으로 숨었는데, 한나라 군사가 매복을 도모했다는 것을 알고 있었다. 선우는 정亭을 공격해 위사를 체포하고 죽이려고 하자 위사는 한나라 군사가 숨어 있는 곳을 선우에게 알려 주었다.[②] 선우가 몹시 놀라며 말했다.

"나는 진실로 의심스러웠다."

이에 군사를 이끌고 돌아갔다. 선우는 요새를 나가면서 말했다.

"내가 위사를 얻은 것은 천운이다. 하늘이 너를 시켜서 말하게 한 것이다."

이에 위사를 '천왕天王'이라고 하였다.

單于既入漢塞 未至馬邑百餘里 見畜布野而無人牧者 怪之 乃攻亭 是時雁門尉史[①]行徼 見寇 葆此亭 知漢兵謀 單于得 欲殺之 尉史乃告單于[②]漢兵所居 單于大驚曰 吾固疑之 乃引兵還 出曰 吾得尉史 天也 天使若言 以尉史爲天王

① 尉史위사

색은 여순이 말했다. "율律에 의하면 요새가 가까이 있는 군은 모두 위尉를 설치하는데 100리에 위尉를 1인씩 두고, 사사士史와 위사尉史를 각각 2인씩 두었다."

如淳云 律 近塞郡皆置尉 百里一人 士史尉史各二人也

② 乃告單于내고선우

집해 서광이 말했다. "일설에는 '내하乃下 구고선우具告單于'라고 되어 있다."

徐廣曰 一云 乃下 具告單于

한나라 군사들은 선우가 마읍으로 들어오면 매복해 있던 군사를 풀어 선우를 공격하자고 약속했는데 선우는 이르지 않았다. 이 때문에 한나라 군사들은 얻은 전공이 없었다.

한나라 장군 왕회王恢의 부대는 대代를 나가서 오랑캐의 보급품을 실은 부대를 공격하기로 했지만, 선우가 돌아가는데도 군사가 많다는 소문을 듣고 감히 출동하지 못했다.

한나라에서는 왕회가 본래 군사를 일으키자고 도모했으면서 진격하지 않았다고 왕회를 참수했다.① 이러한 일이 있고 난 뒤, 흉노는 화친을 단절하고 닥치는 대로 한나라 요새를 공격하고② 왕왕 한나라 변방을 쳐들어와 도둑질하는 것이 이루 헤아릴 수가 없었다. 그리하면서도 흉노는 탐욕스러워 오히려 관문의 시장에서 거래를 즐기며 한나라 재물을 좋아했다. 한나라도 여전히 관문의 시장을 철폐하지 않고 그들의 뜻에 맞춰주었다.③

漢兵約單于入馬邑而縱 單于不至 以故漢兵無所得 漢將軍王恢部出代 擊胡輜重 聞單于還 兵多 不敢出 漢以恢本造兵謀而不進 斬恢① 自是 之後 匈奴絶和親 攻當路塞② 往往入盜於漢邊 不可勝數 然匈奴貪 尙 樂關市 嗜漢財物 漢亦尙關市不絶以中之③

① 斬恢참회

[집해] 〈한장유열전〉에, 왕회는 자살했다고 했다.

韓長孺傳曰 恢自殺

② 當路塞당로새

[색은] 소림이 말했다. "곧 당도當道의 새塞이다."

蘇林云 直當道之塞

③ 不絶以中之부절이중지

[정의] 여순이 말했다. "함께 이익을 적당히 얻게 했는데, 그들을 가엾게 여겼기 때문이다."

如淳云 得具以利中傷之

마읍馬邑의 군사에 관한 일이 있은 지 5년 뒤 가을, 한나라는 4명의 장군을 보내 각각 1만 명의 기병을 거느리고 호관胡關의 시장 아래를 공격하게 했다.

위청 장군은 상곡上谷에서 출동해 농성龍城에 이르러 호胡의 수급과 포로 700명을 얻었다.

공손하公孫賀는 운중雲中에서 출동했으나 소득이 없었다.

공손오公孫敖는 대군代郡에서 출동해서 호胡에게 패배해 군사 7,000여 명을 잃었다.

이광李廣은 안문에서 출동해서 호胡에게 패배하였다. 흉노는 이광을 사로잡았는데, 이광은 뒤에 탈출해서 도망쳐 돌아왔다.

한나라에서는 공손오와 이광을 감옥에 가두고 처벌했는데 공손오와 이광은 속죄금을 내고서 서인이 되었다.

그해 겨울, 흉노가 자주 쳐들어와 변방에서 도둑질했는데, 어양漁陽이 특히 심하였다.

한나라에서는 장군 한안국을 어양에 주둔시키고 흉노의 침략에 대비케 했다. 그다음 해 가을, 흉노의 2만 기병이 한나라에 쳐들어와 요서 태수를 살해하고 2,000여 명을 약탈해 갔다.

흉노가 또 쳐들어와 어양 태수의 군사 1,000여 명을 격파하고 한나라 장군 한안국을 포위했다. 한안국은 당시에 1,000여 명의 기병이었고, 또한 전멸 위기에 있었다. 때마침 연燕나라에서 구원병이 이르러 흉노는 이에 물러갔다.

흉노는 또 안문으로 쳐들어와 1,000여 명을 죽이거나 약탈해 갔다. 이에 한나라에서는 위청 장군을 시켜 3만여 명의 기병을 거느리고 안문으로 출동케 하고 이식 장군을 대군으로 출동시켜서 호胡를 공격하게 했다. 이에 수급과 포로로 수천 명을 얻는 전과를 올렸다.

그다음 해 위청이 다시 운중으로 출동해서 서쪽으로 농서에 이르러 호胡의 누번과 백양왕白羊王을 하남河南에서 공격하고 호胡의 수급과 포로 수천 명을 얻고 소와 양 100여만 두頭를 얻었다.

이에 한나라는 드디어 하남 지방을 빼앗고 삭방朔方에 성을 쌓고 다시 옛날 진秦나라 때 몽염蒙恬이 요새로 삼았던 곳을 정비하였으며, 하수河水를 활용하여 견고하게 방비하였다.

한나라는 또한 상곡上谷의 두벽현의 조양造陽 땅을 버려 호胡에게
주었다.① 이 해는 한나라 무제 원삭元朔 2년이었다.

自馬邑軍後五年之秋 漢使四將軍各萬騎擊胡關市下 將軍衛靑出上谷
至蘢城 得胡首虜七百人 公孫賀出雲中 無所得 公孫敖出代郡 爲胡所
敗七千餘人 李廣出雁門 爲胡所敗 而匈奴生得廣 廣後得亡歸 漢囚敖
廣 敖廣贖爲庶人 其冬 匈奴數入盜邊 漁陽尤甚 漢使將軍韓安國屯漁
陽備胡 其明年秋 匈奴二萬騎入漢 殺遼西太守 略二千餘人 胡又入敗
漁陽太守軍千餘人 圍漢將軍安國 安國時千餘騎亦且盡 會燕救至 匈
奴乃去 匈奴又入雁門 殺略千餘人 於是漢使將軍衛靑將三萬騎出雁門
李息出代郡 擊胡 得首虜數千人 其明年 衛靑復出雲中以西至隴西 擊
胡之樓煩白羊王於河南 得胡首虜數千 牛羊百餘萬 於是漢遂取河南地
築朔方 復繕故秦時蒙恬所爲塞 因河爲固 漢亦棄上谷之什辟縣造陽①
地以予胡 是歲 漢之元朔二年也

① 上谷之什辟縣造陽상곡지두벽현조양

집해 什의 발음은 '두斗'이다. 《한서음의》에서 말한다. "현이 궁벽하고
만곡彎曲한 곳으로 호胡에 가깝다."

什音斗 漢書音義曰 言縣斗辟(西)〔曲〕近胡

색은 살펴보니 맹강이 말했다. "현이 궁벽하고 만곡한 곳으로 호胡에
가깝다. 什의 발음은 '두斗'이다. 辟의 발음은 '벽僻'이다. 조양造陽은 곧
두벽현의 안에 있는 땅이다."

按 孟康云 縣斗辟(西)〔曲〕近胡也 什音斗 辟音僻 造陽卽斗辟縣中地

정의 살펴보니 곡유벽현曲幽辟縣이 흉노의 국경으로 편입된 것은 조양

造陽 땅을 버려서 호胡에게 준 것이다.

按 曲幽辟縣入匈奴界者造陽地棄與胡也

무제 원삭 3년 겨울, 흉노의 군신선우가 죽었다. 군신선우의 아우 좌록리왕左谷蠡王 이치사伊稚斜[1]가 스스로 즉위해 선우가 되고 군신선우의 태자 어단於單[2]을 공격해 무너뜨렸다.

어단이 한나라로 망명하자 한나라에서 어단을 봉해 섭안후涉安侯로 삼았는데 수개월 만에 죽었다.

이치사선우가 즉위한 뒤 그해 여름에 흉노의 수만 기병이 쳐들어와 대군의 태수인 공우恭友를 죽이고 1,000여 명을 약탈해 갔다. 그해 가을 흉노는 또 안문으로 쳐들어와 1,000여 명을 죽이고 노략질했다. 그다음 해 흉노는 또다시 대군代郡, 정양定襄,[3] 상군上郡으로 쳐들어와 각각 3만여 명의 기병으로 수천여 명을 죽이고 약탈해 갔다.

흉노의 우현왕이 한나라에서 하남의 지역을 빼앗고 삭방에 성을 쌓은 것을 원망하고 자주 침략하여 변방에서 도둑질했다. 그리고 하남으로 쳐들어와 삭방을 침략하고 소란을 피워 관리와 백성을 매우 많이 죽이고 잡아갔다.

其後冬 匈奴軍臣單于死 軍臣單于弟左谷蠡王伊稚斜[1]自立爲單于 攻破軍臣單于太子於單[2] 於單亡降漢 漢封於單爲涉安侯 數月而死 伊稚斜單于旣立 其夏 匈奴數萬騎入殺代郡太守恭友 略千餘人 其秋 匈奴又入雁門 殺略千餘人 其明年 匈奴又復入代郡定襄[3]上郡 各三萬騎 殺

> 略數千人 匈奴右賢王怨漢奪之河南地而築朔方 數爲寇 盜邊 及入河
> 南 侵擾朔方 殺略吏民甚衆

① 伊穉斜이치사

색은 이치사伊穉斜이다. 穉의 발음은 '지[持利反]'이다. 斜의 발음은 '사[士嗟反]'이다. 추탄생이 말했다. "斜의 발음은 '자[直牙反]'이다." 아마도 치사穉斜는 호胡 사람들의 말로 그 진실을 얻는 것에 가깝다는 뜻인 듯하다.

伊穉斜 穉音持利反 斜音士嗟反 鄒誕生音直牙反 蓋穉斜 胡人語 近得其實

② 單단

색은 單의 발음은 '단丹'이다.

音丹

③ 定襄정양

정의 《괄지지》에서 말한다. "정양定襄의 고성은 삭주朔州 선양현善陽縣 북쪽 380리에 있다." 〈지리지〉에서 말한다. "정양군定襄郡은 고제高帝가 설치했다."

括地志云 定襄故城 在朔州善陽縣北三百八十里 地理志 定襄郡 高帝置也

그다음 해 봄 한나라는 위청을 대장군으로 삼아 6명의 장군과 10여만 명의 군사를 거느리게 하고 삭방과 고궐高闕로 출동해 호胡를 공격하게 했다.

우현왕은 한나라 군사들이 능히 이르지 못할 것으로 여기고 술을 마시고 취했는데, 한나라 군사가 요새에서 나와 600~700리를 출격해서 밤에 우현왕을 포위했다. 우현왕이 대경실색하고 자신만이 탈출해서 도망치자 여러 정예 기병도 곳곳에서 뒤를 따랐다.

한나라는 우현왕 휘하의 남녀 1만 5,000여 명과 비소왕裨小王 10여 명을 포로로 잡았다. 그해 가을 흉노 1만여 기병이 쳐들어와 대군의 도위都尉 주영朱英을 살해하고 1,000여 명을 약탈해 갔다.

其明年春 漢以衛靑爲大將軍 將六將軍 十餘萬人 出朔方高闕擊胡 右賢王以爲漢兵不能至 飮酒醉 漢兵出塞六七百里 夜圍右賢王 右賢王大驚 脫身逃走 諸精騎往往隨後去 漢得右賢王衆男女萬五千人神小王十餘人 其秋 匈奴萬騎入殺代郡都尉朱英 略千餘人

그다음 해 봄 한나라가 대장군 위청에게 6명의 장군과 군사 10여만의 기병을 거느리고 다시 정양의 수백여 리에 출동해 흉노를 공격하게 하여 수급과 포로를 모두 합쳐 전후로 총 1만 9,000여 명을 얻었다. 한나라도 또한 2명의 장군과 군사 3,000여 명의 기병[①]을 잃었다. 우장군 소건蘇建[②]은 단신으로 탈출했고 전장군 흡후翕侯 조신趙信은 전세가 불리하게 되자 흉노에게 항복했다.

조신은 원래 호胡의 소왕小王이었는데, 한나라에 항복해서 한나라가 흡후에 봉했다. 이때 조신이 전장군이 되어 우장군인 소건과 군사를 합하여 대군과 별도로 행군하다가③ 단독으로 선우의 군사를 만났다. 그래서 모두 전멸하게 된 것이다.

선우는 흡후를 사로잡은 뒤에 자차왕自次王④으로 삼고 그의 누이를 아내로 주어서 함께 한나라를 칠 것을 계획했다.

조신이 선우를 교화해서 더욱 북쪽으로 사막을 건너서⑤ 한나라 군사를 유인해 피곤하게 하고 몹시 피곤할 때를 기다렸다가 공격해 취하고⑥ 요새에 가까이하지 않아야 한다고 했다. 선우가 그의 계책을 따랐다.

그다음 해 호胡의 기병 1만 명이 상곡上谷으로 쳐들어가 수백여 명을 죽였다.

其明年春 漢復遣大將軍衛青將六將軍兵十餘萬騎 乃再出定襄數百里 擊匈奴 得首虜前後凡萬九千餘級 而漢亦亡兩將軍 軍三千餘騎① 右將軍建②得以身脫 而前將軍翕侯趙信兵不利 降匈奴 趙信者 故胡小王 降漢 漢封爲翕侯 以前將軍與右將軍幷軍分行③ 獨遇單于兵 故盡沒 單于既得翕侯 以爲自次王④ 用其姊妻之 與謀漢 信敎單于益北絶幕⑤ 以誘罷漢兵 徼極而取之⑥ 無近塞 單于從其計 其明年 胡騎萬人入上谷 殺數百人

① 三千餘騎삼천여기

집해 서광이 말했다. "합해서 3,000기騎가 있을 뿐이다."

徐廣曰 合有三千耳

② 建건

[정의] 건建은 소무蘇武의 아버지이다.

建 蘇武父也

③ 軍分行군분행

[정의] 대군大軍과 더불어 별도로 행군했다.

與大軍別行也

④ 自次王자차왕

[정의] 자차自次는 선우 다음으로 존중한다는 뜻이다.

自次者 尊重次於單于

⑤ 絶幕절막

[집해] 응소가 말했다. "막幕은 사막이며 흉노의 남쪽 경계이다." 신찬이 말했다. "모래흙을 '막幕'이라 한다. 직도直度를 절絶이라 한다."

應劭曰 幕 沙幕 匈奴之南界 瓚曰 沙土曰幕 直度曰絶

⑥ 徼極而取之요극이취지

[색은] 살펴보니 요徼는 '요要'이다. 그 피로가 지극해지기를 기다렸다가 빼앗는 것을 이르는 것이다.

按 徼 要也 謂要其疲極而取之

[정의] 徼의 발음은 '교[古堯反]'이다. 요徼는 '요要'이다. 한나라 병사들이 피로해질 때를 기다렸다가 지극해지면 취하고, 요새에 가까이해서 머물러 살지 말라는 것이다.

徵音古堯反 徵 要也 要漢兵疲極則取之 無近塞居止

그다음 해 봄 한나라는 표기장군 곽거병霍去病을 보내 1만 명의 기병을 거느리고 롱서隴西로 출동해 언지산焉支山^①을 1,000여 리 지나서 흉노를 공격하게 했다. 호胡의 수급과 포로로 1만 8,000여 급級을 얻고 휴저왕休屠王을 무너뜨리고 하늘에 제사 지내는 금인상金人象을^② 얻었다.

그해 여름에 표기장군이 다시 합기후合騎侯 공손오와 함께 수만 명의 기병을 거느리고 농서와 북지 2,000리에 출동해서 흉노를 공격했다. 거연居延^③을 거쳐서 기련산祁連山^④을 공격해 호胡의 수급과 포로 3만여 명과 비소왕裨小王 이하 70여 명을 얻었다.

이때에 흉노 또한 대군과 안문으로 쳐들어와서 수백여 명을 죽이고 약탈했다.

其明年春 漢使驃騎將軍去病將萬騎出隴西 過焉支山^①千餘里 擊匈奴 得胡首虜(騎)萬八千餘級 破得休屠王祭天金人^② 其夏 驃騎將軍復與合騎侯數萬騎出隴西北地二千里 擊匈奴 過居延^③ 攻祁連山^④ 得胡首虜三萬餘人 裨小王以下七十餘人 是時匈奴亦來入代郡雁門 殺略數百人

---

① 焉支山언지산

정의 焉의 발음은 '연烟'이다. 《괄지지》에서 말한다. "언지산焉支山은 일명 산단산刪丹山이며 감주甘州 산단현刪丹縣 동남쪽 50리에 있다. 《서하고사》에 '흉노는 기련산과 언지산의 두 산을 잃고 이에 노래해서 이르기를 「우리는 기련산에서 망해 우리의 여섯 가지 가축을 번식시키지 못했네. 우리는 언지산을 잃어 우리의 부녀들은 안색이 없게 되었네.」라고 해서 그들의 애석함이 곧 이와 같았다.'라고 했다."

焉音烟 括地志云 焉支山一名刪丹山 在甘州刪丹縣東南五十里 西河故事云 匈奴失祁連焉支二山 乃歌曰 亡我祁連山 使我六畜不蕃息 失我焉支山 使我婦女無顏色 其慜惜乃如此

② 休屠王祭天金人 휴저왕제천금인

[집해] 《한서음의》에서 말한다. "흉노가 하늘에 제사하는 곳이 본래 운양雲陽 감천산甘泉山 아래에 있는데, 진秦나라에서 그 땅을 빼앗아 뒤에 휴저왕休屠王의 우지右地로 옮겼다. 그러므로 휴저休屠에 제천금인祭天金人(하늘에 제사를 지내는 금인)이 있어 천인天人이 제사하는 것을 본뜬 것이다."

漢書音義曰 匈奴祭天處本在雲陽甘泉山下 秦奪其地 後徙之休屠王右地 故休屠有祭天金人 象祭天人也

[색은] 위소가 말했다. "금인金人을 만들어서 천주天主에 제사하다." 최호가 말했다. "호胡의 제사는 금인金人으로써 신주를 만들었으며 지금의 부도금인浮圖金人(금불상)이 이것이다." 또 《한서음의》에 "금인金人으로 하늘에 제사하는 곳은 본래 운양雲陽의 감천산甘泉山의 아래에 있는데, 진秦나라에서 그 땅을 빼앗아 휴저왕의 우지右地로 옮겼다. 그러므로 휴저국休屠國에는 제천금인祭天金人이 있는데 천인天人의 제사를 본떴다."라고 일컬은 것이다. 일은 아마도 그렇지 않았을 것이다. 살펴보니 휴저금인休屠金人을 얻어서 뒤에 감천에 두었었다.

韋昭云 作金人以爲祭天主 崔浩云 胡祭以金人爲主 今浮圖金人是也 又漢書音義稱 金人祭天 本在雲陽甘泉山下 秦奪其地 徙之於休屠王右地 故休屠有祭天

金人 象祭天人也 事恐不然 案 得休屠金人 後置之於甘泉也

정의 《괄지지》에서 말한다. "경로신사徑路神祠는 옹주雍州 운양현雲陽縣 서북쪽 90리 감천산 아래에 있으며 본래 흉노가 하늘에 제사하는 곳인데 진나라에서 그 땅을 빼앗자 뒤에 휴저休屠의 우지右地로 옮겼다." 살펴보니 금인金人은 곧 지금의 불상佛像이며 이것이 그의 남겨진 법으로 세워 천주天主에게 지내는 제사법으로 삼았다.

括地志云 徑路神祠 在雍州雲陽縣西北九十里甘泉山下 本匈奴祭天處 秦奪其地 後徙休屠右地 按 金人卽今佛像 是其遺法 立以爲祭天主也

③ 居延거연

색은 위소가 말했다. "장액현張掖縣이다."

韋昭曰 張掖縣

④ 祁連山기련산

색은 살펴보니 《서하구사》에서 말한다. "산은 장액張掖과 주천酒泉의 두 경계 위에 있고 동서로 200여 리이며 남북으로 100리이며 소나무와 잣나무 다섯 그루가 있고 수초水草가 아름답다. 겨울에는 따뜻하고 여름에는 서늘하여 목축하기에 적당하다. 흉노는 이 두 산을 잃고 이에 노래를 불러 이르기를 '우리는 기련산에서 망해 우리의 여섯 가지 가축을 번식시키지 못하네. 우리는 연지산燕支山을 잃어 우리의 시집간 여인들이 낯을 못 들게 되었네.'라고 한다." 기련산은 일명 천산天山이고 또한 백산白山이라고도 한다.

按 西河舊事云 山在張掖酒泉二界上 東西二百餘里 南北百里 有松柏五木 美水草 冬溫夏涼 宜畜牧 匈奴失二山 乃歌云 亡我祁連山 使我六畜不蕃息 失我

燕支山 使我嫁婦無顏色 祁連一名天山 亦曰白山也

한나라는 박망후博望侯 장건張騫과 이광 장군에게 우북평으로 출동해 흉노의 좌현왕을 공격하게 했으나, 좌현왕이 이광 장군의 군사를 포위했다. 이광 장군의 군사는 대략 4,000명 정도였는데 모두가 힘을 내서 오랑캐를 죽인 것이 또한 한나라 군사의 수보다 많았다.[①] 때마침 박망후의 구원병이 이르러 이 장군은 포위에서 탈출할 수 있었다. 한나라도 군사를 잃어버린 수가 수천 명이었다. 이로 인해 합기후가 표기장군과 기약한 날짜보다 뒤늦어 박망후와 함께 모두 사형에 해당하였으나, 두 사람은 모두 속죄금을 내고 서인이 되었다.

그해 가을, 선우는 혼야왕渾邪王과 휴저왕休屠王이 서쪽에 기거하면서 한나라 군사에게 수만 명이 죽거나 포로가 된 것을 노여워하고 소환하여 처형하고자 했다.

혼야왕과 휴저왕은 모두 두려워하여 한나라에 항복하기를 도모하였다.[②] 한나라는 표기장군을 보내서 가서 맞이하도록 했다. 이에 혼야왕은 휴저왕을 살해하고 그의 군사를 합쳐 거느리고 한나라에 투항했다. 총 4만여 명이었으나 10만 명이라고 통칭했다. 이에 한나라는 혼야왕을 얻게 되자 농서隴西, 북지北地, 하서河西는 호胡의 침략이 더욱 줄어들었다. 이에 관동關東의 가난한 백성의 처소를 옮겨 흉노에게 빼앗은 하남과 신진중新秦中[③]의 인구를 채웠고, 북지의 서쪽에 있는 수비병을 절반으로 줄였다.

漢使博望侯及李將軍廣出右北平 擊匈奴左賢王 左賢王圍李將軍 卒可
四千人 且盡 殺虜亦過當^① 會博望侯軍救至 李將軍得脫 漢失亡數千人
合騎侯後驃騎將軍期 及與博望侯皆當死 贖爲庶人 其秋 單于怒渾邪
王休屠王居西方爲漢所殺虜數萬人 欲召誅之 渾邪王與休屠王恐 謀降
漢^② 漢使驃騎將軍往迎之 渾邪王殺休屠王 幷將其衆降漢 凡四萬餘人
號十萬 於是漢已得渾邪王 則隴西北地河西益少胡寇 徙關東貧民處所
奪匈奴河南新秦中^③以實之 而減北地以西戍卒半

① 過當과당

신주 정도가 보통을 넘었다는 뜻이다. 즉 이광 장군이 이끈 군사의 수
보다 오랑캐의 희생된 군사가 더 많았음을 이른다.

② 謀降漢모강한

집해 서광이 말했다. "원수元狩 2년이다."

徐廣曰 元狩二年也

③ 新秦中신진중

색은 여순이 말했다. "장안長安 이북, 삭방朔方 이남에 있다.《한서》
〈식화지〉에 '가난한 사람을 옮겨 삭방 이남의 신진중新秦中을 채웠다.'라
고 한 것이 이것이다."

如淳云 在長安以北 朔方以南 漢書食貨志云 徙貧人充朔方以南新秦中是也

정의 복건이 말했다. "지명地名으로 북지北地에 있으며 너비는 6~700
리이고 장안의 북쪽, 삭방의 남쪽이다.《사기》에 '진시황이 몽염을 파견

해 북쪽의 호胡를 물리쳐 쫓아내고 비옥하고 풍요로운 땅 700리를 차지하여 내군內郡의 인민을 옮겨 모두 가서 채우게 하고 '신진중新秦中'이라고 불렀다."

服虔云 地名 在北地 廣六七百里 長安北 朔方南 史記以爲秦始皇遣蒙恬斥逐北胡 得肥饒之地七百里 徙內郡人民皆往充實之 號曰新秦中也

그다음 해 흉노는 우북평과 정양에 각각 수만의 기병으로 쳐들어와 1,000여 명을 죽이고 약탈해서 떠나갔다.

그다음 해 봄 한나라는 도모하여 말했다.

"흡후翕侯 조신이 선우를 위한 계책으로 사막의 북쪽에 살게 했는데, 한나라 군사가 능히 이르지 못할 것으로 여긴다."

이에 말에게 먹이를 먹여 10만 명의 기병을 출격시키고 사사로이 개인의 보급품을 싣는① 말, 총 14만 필을 따르게 했는데, 이는 양식과 군수품을 싣고 가는 말은 제외한 숫자였다.

이에 대장군 위청과 표기장군 곽거병에게 군사를 반씩 나누어 주고, 대장군 위청은 정양으로 출동하고 표기장군 곽거병의 군대는 대代로 출동하면서 모두 사막을 넘어서 흉노를 공격하기로 약속했다. 선우는 그 소식을 듣고 그의 군수물자를 멀리 옮기고 정예병으로 사막의 북쪽에서 기다렸다. 한나라 대장군의 부대와 하루 동안 접전을 했다. 저녁 무렵에 큰바람이 일자 한나라 군사들은 좌우의 날개(군대)를 벌려서 선우를 포위했다. 선우는 스스로 싸움에서 한나라 군대에 대적할 수 없다고 생각했다. 그래서

선우는 드디어 홀몸으로 건장한 기병 수백 명과 함께 한나라 포
위망을 뚫고 서북쪽으로 달아났다. 한나라 군사들이 밤새 추격했
으나 사로잡지 못했다. 그러나 뒤쫓아가는 흉노의 수급과 포로, 1
만 9,000여 급을 베고 포획했다. 북쪽으로 전안산闐顏山 조신성趙
信城②에 이르렀다가 되돌아왔다.

其明年 匈奴入右北平定襄各數萬騎 殺略千餘人而去 其明年春 漢謀
曰 翕侯信爲單于計 居幕北 以爲漢兵不能至 乃粟馬發十萬騎 (負)私
〔負〕從①馬凡十四萬匹 糧重不與焉 令大將軍靑驃騎將軍去病中分軍
大將軍出定襄 驃騎將軍出代 咸約絶幕擊匈奴 單于聞之 遠其輜重 以
精兵待於幕北 與漢大將軍接戰一日 會暮 大風起 漢兵縱左右翼圍單
于 單于自度戰不能如漢兵 單于遂獨身與壯騎數百潰漢圍西北遁走 漢
兵夜追不得 行斬捕匈奴首虜萬九千級 北至闐顏山趙信城②而還

① 負從부종

[정의] 의복과 식량을 부담하도록 사사로이 따르는 자를 모집한 것이 모
두 14만 필임을 이른다.

謂負擔衣糧 私募從者 凡十四萬匹

② 趙信城조신성

[집해] 여순이 말했다. "신信이 지난날 흉노에 투항했는데, 흉노는 성을
쌓아서 거처하게 했다."

如淳曰 信前降匈奴 匈奴築城居之

선우는 달아났으나 그의 군사들은 왕왕 한나라 군사들과 서로 뒤섞여 싸우다가 선우의 뒤를 따랐다. 이에 선우는 오랫동안 그의 군사들과 서로 만나지 못했는데, 그의 우록리왕右谷蠡王은 선우가 죽었다고 여기고 이에 스스로 즉위해 선우가 되었다. 그런데 본래의 선우가 다시 그의 군사들을 만나게 되자, 우녹리왕은 곧 그 선우라는 호칭을 버리고 다시 우녹리왕이 되었다.

한나라 표기장군이 대代에서 2,000여 리나 출동해 좌현왕左賢王과 접전해 한나라 병사들이 호胡의 수급과 포로를 총 7만여 급이나 차지하니 좌현왕과 장수들은 모두 달아났다.

표기 장군은 낭거서산狼居胥山에서 봉제封祭를 지내고 고연산姑衍山에서 선제禪祭를 지내고 한해翰海①에 이르렀다가 돌아왔다.

그 뒤 흉노는 멀리 달아나 사막의 남쪽에는 흉노왕의 조정이 없었다.

單于之遁走 其兵往往與漢兵相亂而隨單于 單于久不與其大衆相得 其右谷蠡王以爲單于死 乃自立爲單于 眞單于復得其衆 而右谷蠡王乃去其單于號 復爲右谷蠡王 漢驃騎將軍之出代二千餘里 與左賢王接戰 漢兵得胡首虜凡七萬餘級 左賢王將皆遁走 驃騎封於狼居胥山 禪姑衍 臨翰海①而還 是後匈奴遠遁 而幕南無王庭

① 翰海한해

집해 여순이 말했다. "한해翰海는 북해의 이름이다."

如淳曰 翰海 北海名

정의 살펴보니 한해는 자체가 하나의 큰 바다라는 이름인데, 모든 새들이 깃을 풀고 이곳에서 알을 품고 있어 이에 따라 이름한 것이다.

按 翰海自一大海名 群鳥解羽伏乳於此 因名也

한나라는 하수를 건너 삭방朔方부터 서쪽으로 영거令居①에 이르기까지 곳곳에 도랑을 연결하고 전답을 만들어 관리와 병졸 5~6만여 명을 두고 점점 잠식해서 땅이 흉노의 북쪽과 접하게 되었다.②

처음 한나라 두 장군이 대대적으로 출동해서 선우를 포위하고 흉노를 죽이거나 사로잡은 수가 8~9만 명이나 되었으나 한나라도 군사 중 죽은 자③ 또한 수만 명이나 되었고, 한나라 말도 죽은 수가 10여만 필이나 되었다. 흉노는 비록 고통스러워 멀리 떠났으나 한나라도 말이 적어서 다시 출동할 수 없었다.

흉노는 조신의 계책을 채용해서 한나라에 사신을 보내 아름다운 말로써 화친을 청했다. 천자(무제)는 그것을 조정에서 의논하도록 내려 보냈다. 어떤 이는 화친을 해야 한다고 했고 어떤 이는 신하로 삼아야 한다고 했다. 승상의 장사長史인 임창任敞이 말했다.

"흉노는 새로이 격파되어 곤궁하게 되었으니 마땅히 외신外臣이 되도록 하여 변방에서 봄가을로 조회에 들도록 하게 해야 합니다."

漢度河自朔方以西至令居① 往往通渠置田 官吏卒五六萬人 稍蠶食 地接匈奴以北② 初 漢兩將軍大出圍單于 所殺虜八九萬 而漢士卒物故③ 亦數萬 漢馬死者十餘萬 匈奴雖病 遠去 而漢亦馬少 無以復往 匈奴用趙信之計 遣使於漢 好辭請和親 天子下其議 或言和親 或言遂臣之 丞相長史任敞曰 匈奴新破 困 宜可使爲外臣 朝請於邊

① 令居영거

집해 서광이 말했다. "금성金城에 있다."

徐廣曰 在金城

색은 서광이 말했다. "금성에 있다."〈지리지〉에서 말한다. "장액張掖의 영거현令居縣이다." 요씨가 말했다. "令의 발음은 '연連'이다." 소안이 말했다. "令의 발음은 '령零'이다."

徐廣云在金城 地理志云 張掖令居縣 姚氏令音連 小顏云音零

② 稍蠶食地接匈奴以北초잠식지접흉노이북

정의 흉노는 옛날에 막幕으로써 왕정王庭을 삼았다. 지금은 멀리 막북幕北으로 옮겨 다시 잠식해서 한나라 국경이 흉노의 옛 땅의 북쪽과 서로 접하게 된 것이다.

匈奴舊以幕爲王庭 今遠徙幕北 更蠶食之 漢境連接匈奴舊地以北也

③ 物故물고

색은 한漢나라 사士의 물고物故(죽음)이다. 살펴보니《이아》〈석명〉에서 말한다. "한나라 이래로 죽음을 일러 '물고物故'라고 했으니 물物이 썩은 것으로 나아갔기 때문이다." 또 위대가 고당숭을 찾아 의논하자 고당숭이 대답하기를 "듣자니 선사先師께서는 '물物은 무無이고, 고故는 사事이니 다시 일에 능한 바가 없어지는 것이다.'라고 하였다."

漢士物故 案 釋名云 漢以來謂死爲物故 物就朽故也 又魏臺訪議高堂崇對曰 聞之先師 物 無也 故 事也 言無復所能於事者也

한나라는 임창을 선우에게 사신으로 보냈다. 선우는 임창의 계책을 듣고 크게 노여워하여 억류시키고 보내지 않았다.

이보다 먼저 한나라에 또한 투항한 흉노의 사신이 있었는데, 선우는 또한 번번이 한나라 사신들을 억류시키며 서로 대응했다.

한나라에서 바야흐로 다시 군사와 말들을 징집하려고 하였는데 마침 거기장군 곽거병이 죽자 이에 한나라는 오래도록 북쪽으로 호胡를 공격하지 못했다.

여러 해가 지나서 이치사선우가 즉위한 지 13년 만에 죽고 아들 오유烏維가 즉위하여 선우가 되었다. 이 해는 무제 원정元鼎 3년이다. 오유가 선우로 즉위하게 되자 한나라 천자는 처음으로 군郡과 현을 순수했다. 그 뒤 한나라는 바야흐로 남쪽으로 양월兩越[①]을 처단했으나 흉노는 공격하지 않았다. 흉노도 또한 변방으로 침입해 오지 않았다.

漢使任敞於單于 單于聞敞計 大怒 留之不遣 先是漢亦有所降匈奴使者 單于亦輒留漢使相當 漢方復收士馬 會驃騎將軍去病死 於是漢久不北擊胡 數歲 伊稚斜單于立十三年死 子烏維立爲單于 是歲 漢元鼎三年也 烏維單于立 而漢天子始出巡郡縣 其後漢方南誅兩越[①] 不擊匈奴 匈奴亦不侵入邊

① 兩越양월

정의 남월南越과 동월東越이다.

南越東越

오유선우가 즉위한 지 3년, 한나라는 이미 남월南越을 멸망시키고 옛날의 태복이었던 공손하를 보내서 1만 5,000명의 기병을 거느리고 가게 하였는데, 구원九原에서 2,000여 리를 출동해 부저정浮苴井[①]에 이르렀다가 돌아왔는데 흉노는 한 사람도 발견하지 못했다. 한나라는 또 예전에 종표후從驃侯였던 조파노趙破奴를 보내서 1만여 명의 기병을 거느리고 가게 하였는데, 영거令居의 수천 리 밖으로 출동해 흉하수匈河水[②]에 이르렀다 돌아왔는데 또한 1명의 흉노도 발견하지 못했다.

이때 무제는 변방을 순시해 삭방朔方에 이르러 18만여 명의 기병을 병사의 대오를 정돈하고 점검하며 전술 행사를 참관하고 곽길郭吉을 시켜서 선우에게 넌지시 알리게 했다.

烏維單于立三年 漢已滅南越 遣故太僕賀將萬五千騎 出九原二千餘里 至浮苴井[①]而還 不見匈奴一人 漢又遣故從驃侯趙破奴萬餘騎出令居數千里 至匈河水[②]而還 亦不見匈奴一人 是時天子巡邊 至朔方 勒兵十八萬騎以見武節 而使郭吉風告單于

① 浮苴井부저정
[색은] 苴의 발음은 '져[子餘反]'이다. 신찬이 말했다. "구원九原에서 2,000리 떨어져 있다. 《한여지도》에 보인다."
苴音子餘反 臣瓚云 去九原二千里 見漢輿地圖

② 匈河水흉하수
[색은] 신찬이 말했다. "물 이름이고 영거令居에서 1,000리 떨어져 있다."

臣瓚云 水名 去令居千里

곽길이 흉노에 이르자 흉노의 주객主客[1]이 사신으로 온 뜻을 물었다. 곽길이 겸손한 예와 좋은 말로써 말했다.

"나는 선우를 만나 뵙고 직접 말씀을 드리겠소."

선우가 곽길을 만나보자 곽길이 말했다.

"남월왕은 머리가 이미 한나라 북쪽 궐문에 걸려 있습니다. 지금 선우께서 곧바로 전진해 한나라와 싸울 수 있다면, 천자께서는 직접 군사를 거느리고 변방에서 기다릴 것입니다. 선우께서 곧 능히 하지 못하신다면 나아가 남면하고 한나라 신하가 되십시오. 무엇 때문에 그저 멀리 도망 와 사막의 북쪽에 숨어 살면서 물과 풀이 없는 땅에서 추위에 떨고 고통받습니까? 그렇게는 하지 마십시오."

말을 마치자 선우는 크게 노여워하고 곧바로 곽길을 만나게 한 주객을 처단하고, 곽길을 억류시켜 돌아가지 못하게 하여 북해상[2]으로 거처를 옮겼다.

郭吉既至匈奴 匈奴主客[1]問所使 郭吉禮卑言好 曰 吾見單于而口言 單于見吉 吉曰 南越王頭已懸於漢北闕 今單于(能)卽〔能〕前與漢戰 天子自將兵待邊 單于卽不能 卽南面而臣於漢 何徒遠走 亡匿於幕北寒苦無水草之地 毋爲也 語卒而單于大怒 立斬主客見者 而留郭吉不歸 遷之北海上[2]

① 主客주객

집해 위소가 말했다. "사신으로 온 손님을 담당하는 관직이다."

韋昭曰 主使來客官也

정의 관명官名이고 홍려경鴻臚卿과 같다.

官名 若鴻臚卿

② 北海上북해상

정의 북해는 곧 위의 바다이다. 소무蘇武가 또한 옮겨 살았다.

北海卽上海也 蘇武亦遷也

선우는 끝까지 한나라 변경을 침략하려 하지 않고 휴식하면서 군사와 말들을 휴식시키고 활쏘기와 사냥을 연습시키며 자주 한나라에 사신을 보내 좋은 말과 비위에 맞는 말로 화친을 요청했다. 한나라는 왕오王烏 등에게 흉노의 동정을 살피게 했다. 흉노의 법에는 한나라 사신이 한나라 부절을 버리고 얼굴에 먹물을 뜬 자가 아니면 흉노의 천막 안으로 들어갈 수 없게 되었다.

왕오는 북지北地 사람이라 호胡의 풍속에 익숙해 그가 가진 부절을 버리고 얼굴에 먹물을 뜨고 흉노의 천막 안으로 들어갈 수 있었다. 선우가 그를 총애하니 왕오는 거짓의 비위에 맞는 말로 그의 태자를 보내 한나라에 들어가 인질①이 되게 하고 화친을 요구하게 했다.

而單于終不肯爲寇於漢邊 休養息士馬 習射獵 數使使於漢 好辭甘言

求請和親 漢使王烏等窺匈奴 匈奴法 漢使非去節而以墨黥其面者不得
入穹廬 王烏 北地人 習胡俗 去其節 黥面 得入穹廬 單于愛之 詳許甘言
爲遣其太子入漢爲質^① 以求和親

① 質치

정의 質의 발음은 '치致'이다.

音致

한나라는 양신楊信을 흉노에 사신으로 보냈다.

이때 한나라는 동쪽으로 예맥穢貊과 조선朝鮮을 함락시켜 군郡으
로 만들고^① 서쪽으로 주천군酒泉郡^②을 두어 호胡와 강羌의 통로
를 막아 끊었다.

한나라는 또 서쪽으로 월지月氏, 대하大夏^③와 국교를 통하고 또
공주를 오손왕烏孫王의 아내로 삼아 주어 흉노 서쪽의 원조하는
나라와 분리했다. 또 북쪽으로 전답을 더욱 늘려 현뢰胘雷^④까지
이르러 확장하고 요새로 삼았지만, 흉노는 끝내 감히 한마디도 하
지 못했다.

漢使楊信於匈奴 是時漢東拔穢貊朝鮮以爲郡^① 而西置酒泉郡^②以鬲絕
胡與羌通之路 漢又西通月氏大夏^③ 又以公主妻烏孫王 以分匈奴西方
之援國 又北益廣田至胘雷^④爲塞 而匈奴終不敢以爲言

① 穢貉朝鮮以爲郡예맥조선이위군

[정의] 곧 현도玄菟와 낙랑樂浪, 두 군郡이다.

卽玄菟樂浪二郡

[신주] 여기에서 낙랑군의 위치가 지금의 난하灤河 중심의 요동과 요서 지역이었음을 분명하게 말하고 있다. 〈조선열전〉에서도 낙랑군의 위치가 난하灤河 중심의 요동과 요서 지역임을 기록하였다. 그러나 현재 사료적 근거도 없이 한반도 내 평양 일대에 낙랑군이 있었다고 왜곡한 일본 식민사학자들의 주장이 그대로 통용되고있다.

② 酒泉郡주천군

[정의] 지금의 숙주肅州이다.

今肅州

③ 月氏大夏월지대하

[정의] 《한서》〈서역전〉에서 말한다. "대월지국은 장안성에서 1만 1,600리의 거리이고, 본래 돈황燉煌과 기련산祁連山의 사이에 있다. 묵돌선우가 월지를 무너뜨리고 노상선우가 월지왕을 죽여서 그의 머리를 음기飮器로 삼았다. 월지국은 이에 멀리 떠나 대원大宛의 서쪽을 지나서 대하大夏를 공격해 신하로 삼고 규수嬀水의 북쪽에 도읍하고 왕정王庭을 세웠다."

漢書西域傳云 大月氏國去長安城萬一千六百里 本居燉煌祁連間 冒頓單于破月氏 而老上單于殺月氏王 以頭爲飲器 月氏乃遠去 過大宛西 擊大夏而臣之 都嬀水北 爲王庭也

④ 肱聾현뢰

집해 《한서음의》에서 말한다. "현뢰肱聾는 지명이고 오손烏孫의 북쪽에 있다."

漢書音義曰 肱聾 地名 在烏孫北

이해에 흡후翕侯 조신趙信이 죽자 한나라에서 정사를 담당한 자들은 흉노가 이미 쇠약해졌으니 신하로서 따르게 하는 것이 가능하다고 여겼다.

양신楊信은 사람됨이 본래 강직하고 남에게 굴하지 않는 성품이고, 본디 귀척貴戚의 신하가 아니어서 선우와 친하게 지내지 않았다. 그런데 선우는 양신을 천막 안으로 불러들이려고 했으나, 양신이 한나라 부절을 버리려 하지 않았다. 선우는 이에 천막 밖에서 양신을 만나 보았다. 양신이 이윽고 선우를 만나자 선우를 설득했다.

"곧 화친을 하고자 한다면 선우의 태자를 한나라에 인질로 보내십시오."

선우가 말했다.

"본래의 약속이 아니오. 본래의 약속은 한나라에서 항상 옹주翕主(공주)를 보내고 품질 좋은 솜과 비단과 음식물을 공급하여 화친을 맺는 것이었소. 이 때문에 흉노는 또한 변방을 요란스럽게 하지 않았소. 지금 이전과 반대로 하고자 하여 나의 태자를 인질이 되게 하려고 하는데, 이는 바라지 말아야 할 것이오.①"

흉노의 관습으로는 한나라 사신을 접견하는데 궁중의 귀한 신분이 아니고 그가 유학자나 선생[2]이었다면 설득하려는 것으로 여겨 그의 변설을 꺾었으며, 그가 젊은이였다면 자객으로 여겨서 그의 기개를 꺾었을 것이다. 매양 한나라에서 사신을 보내 흉노로 들어오면 흉노에서도 그때마다 그의 신분에 맞는 사람을 보내서 맞이했다.[3] 또 한나라에서 흉노의 사신을 억류시키면 흉노에서도 한나라 사신을 억류시켜 반드시 그 수가 같아지고 나서야 기꺼이 그만두었다.

是歲 翕侯信死 漢用事者以匈奴爲已弱 可臣從也 楊信爲人剛直屈彊 素非貴臣 單于不親 單于欲召入 不肯去節 單于乃坐穹廬外見楊信 楊信旣見單于 說曰 卽欲和親 以單于太子爲質於漢 單于曰 非故約 故約漢常遣翁主 給繒絮食物有品以和親 而匈奴亦不擾邊 今乃欲反古 令吾太子爲質 無幾[1]矣 匈奴俗 見漢使非中貴人 其儒先[2] 以爲欲說 折其辯 其少年 以爲欲刺 折其氣 每漢使入匈奴 匈奴輒報償[3] 漢留匈奴使 匈奴亦留漢使 必得當乃肯止

① 無幾무기

정의 幾의 발음은 '기記'이다. 옛날로 되돌아간다면 바라는 것이 없다고 말한 것이다.

幾音記 言反古無所冀望也

② 儒先유선

집해 선先은 '선생先生'이다. 《한서》에는 '유생儒生'으로 되어 있다.

先 先生也 漢書 作儒生也

③ 報償보상

신주 여기서는 남에게 진 빚이나 물건을 되갚는다는 의미가 아니라 상대에게 상응하는 예를 갖추는 것이다.

양신이 이윽고 돌아오자 한나라는 왕오를 사신으로 보냈다. 선우는 다시 듣기 좋은 말로 달래어 한나라 재물을 많이 얻고자 해서 거짓으로 왕오에게 말했다.

"내가 한나라로 들어가서 천자를 배알하고 서로 약속해서 형제가 되고자 한다."

왕오가 돌아와서 한나라에 보고하자 한나라는 선우를 위해 관저를 장안에 건축하게 했다. 흉노가 말했다.

"한나라에서 귀한 신분을 사신으로 보내지 않는다면 나는 함께 진실한 말을 나눌 수가 없다."

그리고서 흉노는 그가 총애하는 귀인을 사신으로 한나라에 보냈는데 병이 들어 한나라에서 약을 써서 치료하고자 했으나 불행하게도 죽어버렸다. 한나라에서도 노충국路充國에게 2,000석이 차는 인수를 주어 사신으로 가게 하고 그에 따라 사신의 상여喪輿를 보내면서 수천 금의 값어치로 후하게 장사지내게 하고 이르기를 "이 사람은 한나라 신분이 높은 사람이다."라고 했다.

楊信既歸 漢使王烏 而單于復諂以甘言 欲多得漢財物 紿謂王烏曰 吾

欲入漢見天子 面相約爲兄弟 王烏歸報漢 漢爲單于築邸于長安 匈奴
曰 非得漢貴人使 吾不與誠語 匈奴使其貴人至漢 病 漢予藥 欲愈之 不
幸而死 而漢使路充國佩二千石印綬往使 因送其喪 厚葬直數千金 曰
此漢貴人也

선우는 한나라에서 자신의 귀한 사신을 죽였다고 여기고 이에 노
충국을 억류하여 돌려보내지 않았다.

선우가 여러 말을 한 것은 단지 헛된 것으로 왕오를 속였을 뿐이
고, 선우가 한나라에 들어가거나 태자를 보내 인질로 삼으려는
뜻은 없었다.

이에 선우는 여러 차례 기습군에게 변경을 침입하게 했다. 한나
라에서는 곽창郭昌을 발호장군拔胡將軍에 제수하고 촉야후浞野
侯[1] 조파노趙破奴를 삭방朔方의 동쪽에 주둔시켜 호胡를 방비케
했다.

노충국이 흉노에 억류된 지 3년, 선우가 죽었다.

오유선유가 선우의 자리에 오른 지 10년 만에 죽고 아들 오사려烏
師廬[2]가 즉위하여 선우가 되었다. 나이가 어려서 아선우兒單于라
고 불려졌다. 이해는 무제 원봉元封 6년이다. 이 뒤로부터 선우는
더욱 서북쪽으로 이동해 좌쪽의 군사들은 운중군에 배치했고 우
쪽의 군사들은 주천군酒泉郡과 돈황군燉煌郡에 배치했다.[3]

單于以爲漢殺吾貴使者 乃留路充國不歸 諸所言者 單于特空紿王烏
殊無意入漢及遣太子來質 於是匈奴數使奇兵侵犯邊 漢乃拜郭昌爲拔

胡將軍 及浞野侯①屯朔方以東 備胡 路充國留匈奴三歲 單于死 烏維單
于立十歲而死 子烏②師廬立爲單于 年少 號爲兒單于 是歲元封六年也
自此之後 單于益西北 左方兵直雲中 右方直酒泉燉煌郡③

① 浞野侯촉야후

집해 서광이 말했다. "조파노趙破奴이다."

徐廣曰 趙破奴

② 烏오

집해 서광이 말했다. "오烏는 다른 판본에는 '첨詹'으로 되어 있다."

徐廣曰 烏 一作詹

③ 左方兵直雲中~燉煌郡좌방병치운중~돈황군

정의 《괄지지》에서 말한다. "철륵국鐵勒國은 흉노 묵돌의 후예이고 돌
궐국突厥國의 북쪽에 있다. 악승주樂勝州는 진秦나라 장성長城과 태갱장
로太羹長路의 정북正北을 경유하는데 사적沙磧(모래밭)을 거쳐 13일을 가다
보면 그 나라에 이른다."

括地志云 鐵勒國 匈奴冒頓之後 在突厥國北 樂勝州經秦長城太羹長路正北 經
沙磧 十三日行至其國

아선우가 즉위하자 한나라에서 두 패의 사신을 보내서 하나는 선우를 조문하고 하나는 우현왕을 조문해서 그 나라를 이간시키고자 했다. 사신들이 흉노로 들어가자 흉노는 두 패의 사신을 모두 선우에게로 인솔했다. 선우는 노여워하며 한나라 사신을 모두 억류시켰다. 한나라 사신으로 흉노에게 억류된 자들이 전후로 10여 명에 이르렀는데, 흉노의 사신이 오면 한나라도 또한 번번이 억류시켜 서로가 같게 되었다.

이해에 한나라에서 이사장군貳師將軍 이광리李廣利에게 서쪽으로 대원大宛을 정벌케 하고 인우장군因杅將軍[1] 공손오에게 수항성受降城[2]을 쌓게 했다.

그해 겨울, 흉노에 큰 눈이 내려서 많은 가축이 얼어 죽었다. 아선우가 나이는 어리지만 죽이고 정벌하는 것을 좋아해 나라 사람들이 많이 불안해했다. 좌대도위左大都尉가 선우를 죽이고자 해서 사람을 보내 몰래 한나라에 알려서 말했다.

"내가 선우를 죽이고 한나라에 항복하고자 하는데 한나라가 멀리 있으니 곧 군사를 보내 나를 맞이하여 준다면 나는 곧 군사를 일으킬 것입니다."

처음에 한나라에서 이 말을 전해 듣고 수항성을 쌓게 한 것인데, 여전히 멀다고 여겼다.[3]

兒單于立 漢使兩使者 一弔單于 一弔右賢王 欲以乖其國 使者入匈奴 匈奴悉將致單于 單于怒而盡留漢使 漢使留匈奴者前後十餘輩 而匈奴 使來 漢亦輒留相當 是歲 漢使貳師將軍廣利西伐大宛 而令因杅將軍[1] 敖築受降城[2] 其冬 匈奴大雨雪 畜多飢寒死 兒單于年少 好殺伐 國人

> 多不安 左大都尉欲殺單于 使人間告漢曰 我欲殺單于降漢 漢遠 卽兵
> 來迎我 我卽發 初 漢聞此言 故築受降城 猶以爲遠^③

① 因杅將軍인우장군

　정의　杅의 발음은 '우于'이다.

音于

② 受降城수항성

　신주　당시 운중군은 한나라와 흉노의 경계이다. 한나라는 이곳을 흉
노의 침입을 막을 수 있는 요새로 삼고 수항성을 쌓게 했다. 현재의 황하
이북 내몽고 자치구에 있다.

③ 猶以爲遠유이위원

　신주　당시 아선우가 즉위하고 좌방은 운중, 우방은 주천군과 돈황군을
한나라와 경계하고 있었다. 그리고 선우 자신은 이곳에서 물러나 서북쪽
에 정庭을 삼고 있었기 때문에 수항성과의 거리가 있었다.

> 그다음 해 봄, 한나라는 촉야후 조파노에게 2만여 명의 기병을 거
> 느리고 삭방의 서북쪽 2,000여 리까지 나가 준계산浚稽山^①까지
> 가는 것을 기약하고 갔다가 되돌아오게 했다.
> 촉야후는 이윽고 기약한 곳까지 갔다가 돌아왔다. 좌대도위도

군사를 일으키려고 했는데 발각되어서 선우가 처단하고 좌방의 군사를 출격시켜 촉야후를 공격하게 했다. 촉야후는 그들과 싸워 수급과 포로 수천여 명을 베고 생포했다. 돌아오다 수항성에 이르기 400여 리 전에서 흉노의 기병 8만여 명에게 포위되었다.

촉야후는 밤에 스스로 물을 구하러 나갔는데, 흉노의 간첩이 체포하자 촉야후는 생포되었다. 이를 계기로 급하게 그의 군대를 공격했다. 군중軍中에는 곽종郭縱이 호군護軍이 되고 유왕維王이 거수渠帥(우두머리)^②가 되어 서로 상의해서 말했다.

"여러 교위까지도 장군을 잃고 두려워해 서로 돌아가자고 권하는 자가 없다."

其明年春 漢使浞野侯破奴將二萬餘騎出朔方西北二千餘里 期至浚稽山^①而還 浞野侯旣至期而還 左大都尉欲發而覺 單于誅之 發左方兵擊浞野 浞野侯行捕首虜得數千人 還 未至受降城四百里 匈奴兵八萬騎圍之 浞野侯夜自出求水 匈奴間捕 生得浞野侯 因急擊其軍 軍中郭縱爲護 維王爲渠^② 相與謀曰 及諸校尉畏亡將軍而誅之 莫相勸歸

① 浚稽山준계산

[색은] 응소이 말했다. "무위현武威縣의 북쪽에 있다."

應劭云 在武威縣北

② 渠거

[정의] 거수渠帥가 되었다.

爲渠帥也

군대는 마침내 흉노에게 투항했다. 흉노의 아선우는 크게 기뻐하고 드디어 기습군을 보내 수항성을 공격했지만 함락시킬 수는 없었다. 이에 변경으로 쳐들어갔다가 떠나갔다.

그다음 해에 선우는 스스로 수항성을 공격하고자 했으나 도착하지 못하고 병이 들어서 죽었다.

아선우는 선우가 된 지 3년 만에 죽었는데 아들이 나이가 어리자 흉노에서는 그의 계부季父 오유선우烏維單于의 아우 우현왕 구리호呴犁湖^①를 세워 선우로 삼았다. 이해가 무제 태초太初 3년이다.

軍遂沒於匈奴 匈奴兒單于大喜 遂遣奇兵攻受降城 不能下 乃寇入邊
而去 其明年 單于欲自攻受降城 未至 病死 兒單于立三歲而死 子年少
匈奴乃立其季父烏維單于弟右賢王呴^①犁湖爲單于 是歲太初三年也

① 呴구

［집해］ 呴의 발음은 '구鉤' 또는 '우吁'이다.

音鉤 又音吁

［색은］ 呴의 발음은 '구鉤' 또는 '우吁'이다.

音鉤 又音吁

제
五
장

저무는 흉노

구리호선우呴犂湖單于가 즉위하자 한나라는 광록대부光祿大夫 서
자위徐自爲에게 오원五原[①]의 요새로 수백 리에서 멀게는 1,000여
리를 나가 성곽과 장벽과 역참[②]을 쌓게 하고, 여구산廬朐山[③]에
이르게 했다. 또 유격장군游擊將軍 한열韓說과 장평후長平侯 위항
衛伉을 그 곁에 주둔케 하고, 강노도위彊弩都尉 노박덕路博德은 거
연택居延澤[④] 근처에 성을 쌓게 했다.

呴犂湖單于立 漢使光祿徐自爲出五原[①]塞數百里 遠者千餘里 築城郭
列亭[②]至廬朐[③] 而使游擊將軍韓說長平侯衛伉屯其旁 使彊弩都尉路博
德築居延澤[④]上

① 五原오원

[정의] 곧 오원군五原郡 유림새楡林塞이다. 승주勝州 유림현 40리에 있다.
卽五原郡楡林塞也 在勝州楡林縣四十里也

② 鄣列亭장렬정

[정의] 고윤이 말했다. "장鄣은 산속의 작은 성이고, 정亭은 망보는 사람
이 거처하는 곳이다."

顧胤云 郭 山中小城 亭 候望所居也

③ 廬朐여구

집해 朐의 발음은 '구衢'이고 흉노의 지명이며 또 산 이름이기도 하다.
音衢 匈奴地名 又山名

색은 복건이 말했다. "흉노의 지명이다." 장안이 말했다. "산 이름이다."
服虔云 匈奴地名 張晏云 山名

정의 〈지리지〉에서 말한다. "오원군 고양현稒陽縣 북쪽 석문장石門鄣에서 나와 광록성光祿城을 차지하였고 또 서북쪽으로 가서 지취성支就城을 차지하였고, 또 서북쪽으로 가서 두만성頭曼城을 차지하였고 또 서북쪽으로 가서 호하성虖河城을 차지하였고 또 서북쪽으로 가서 숙로성宿虜城을 차지하였다. 살펴보니 곧 성곽과 장벽과 역참을 쌓게 해서 여구까지 이른 것이다." 복건이 말했다. "여구는 흉노의 지명이다." 장안이 말했다. "산 이름이다."
地理志云 五原郡稒陽縣北出石門鄣 得光祿城 又西北得支就城 又西北得頭曼城 又西北得虖河城 又西北得宿虜城 按 卽築城鄣列亭至廬朐也 服虔云 廬朐 匈奴地名也 張晏云 山名也

④ 居延澤거연택

정의 《괄지지》에서 말한다. "한나라 거연현居延縣의 고성은 감주甘州 장액현張掖縣 동북쪽 1,530리에 있으며, 한나라 차로장遮虜鄣이 있는데 강노도위彊弩都尉 노박덕路博德이 건축한 것이다. 이릉李陵이 패배하고 사졸과 함께 기약해서 차로장에 이르렀다고 한 것이 곧 이곳이다." 〈장로전〉에 이르기를 "장鄣의 북쪽 180리는 곧 거연의 서북쪽이고 이곳이 이릉이 싸운 땅이다."

括地志云 漢居延縣故城 在甘州張掖縣東北一千五百三十里 有漢遮虜鄣 彊弩
都尉路博德之所築 李陵敗 與士衆期至遮虜鄣 卽此也 長老傳云鄣北百八十里
直居延之西北 是李陵戰地也

그해 가을 흉노가 대대적으로 정양定襄과 운중雲中으로 침입해
수천여 명을 죽이거나 약탈했으며, 여러 차례 2,000석의 관리들
을 격파하고 떠나가면서 광록대부가 쌓아놓은 성곽과 장벽과 역
참들을 파괴했다.

또 우현왕을 시켜 주천과 장액으로 쳐들어가게 해 수천 명을 약
탈하였으나 때마침 임문任文[1]이 공격하여 구원해서 모두 다시 잃
었던 것을 찾았고, 흉노는 얻었던 것을 놓아두고 도망쳤다.

이해에 이사장군 이광리가 대원大宛[2]을 무너뜨려 그의 왕을 처
단하고 돌아왔다. 흉노는 이광리가 돌아오는 길을 차단하려고 했
으나 능히 이르지 못했다. 그해 겨울, 수항성을 공격하고자 했는
데 마침 선우가 병이 들어 죽었다.

구리호선우는 선우가 된 지 1년여 만에 죽었다. 흉노는 이에 그의
아우인 좌대도위左大都尉 저저후且鞮侯[3]를 선우로 삼았다.

其秋 匈奴大入定襄雲中 殺略數千人 敗數二千石而去 行破壞光祿所
築城列亭鄣 又使右賢王入酒泉張掖 略數千人 會任文[1]擊救 盡復失所
得而去 是歲 貳師將軍破大宛[2] 斬其王而還 匈奴欲遮之 不能至 其冬
欲攻受降城 會單于病死 呴犁湖單于立一歲死 匈奴乃立其弟左大都尉
且鞮[3]侯爲單于

① 任文임문

집해 《한서음의》에서 말한다. "한나라 장수이다.".

漢書音義曰 漢將也

② 大宛대완

신주 《한서》〈장건전〉에 따르면 당시 서역西域의 36국國 중 하나로, 한漢 나라 장건張騫이 그곳의 한혈마汗血馬에 반한 나머지 천마天馬라고 이름을 붙였다고 했다.

③ 且鞮저저

색은 앞 글자 且의 발음은 '져[子餘反]'이고, 뒷 글자 鞮의 발음은 '저低'이다.

上音子餘反 下音低

한나라가 대원大宛을 처단하자 그 위엄이 외국을 떨게 했다. 천자는 호胡를 곤욕스럽게 하려는 의중을 가지고 이에 조서를 내렸다. "고황제高黃帝께서는 짐朕에게 평성平城에서 당하신 원한을 전하셨으며, 고후 때에 선우의 서신은 패역의 절정이었다. 옛날 제나라 양공襄公은 9대의 원수①를 갚았다고 해서 《춘추》에서 크게 찬미했다."

이해는 무제 태초太初 4년이다.

저저후선우且鞮侯單于는 즉위하자 한나라 사신 중 항복하지 않는 자들을 모두 돌려보냈다. 이에 노충국 등이 돌아왔다.

선우는 처음 즉위해서 한나라가 습격할까 두려워했다. 이에 스스로 이렇게 말했다.

"나는 어린아이다. 어찌 감히 한나라 천자와 대등한 것을 바라겠는가? 한나라 천자는 우리의 어른들과 같은 항렬[2]이다."

한나라는 중랑장中郞將 소무蘇武를 보내 후한 폐백과 재물을 선우에게 주었다. 이에 선우는 더욱 교만해지고 예가 매우 거만했는데, 한나라에서 바라는 바가 아니었다.

漢旣誅大宛 威震外國 天子意欲遂困胡 乃下詔曰 高皇帝遺朕平城之憂 高后時單于書絶悖逆 昔齊襄公復九世之讎[1] 春秋大之 是歲太初四年也 且鞮侯單于旣立 盡歸漢使之不降者 路充國等得歸 單于初立 恐漢襲之 乃自謂 我兒子 安敢望漢天子 漢天子 我丈人行[2]也 漢遣中郞將蘇武厚幣賂遺單于 單于益驕 禮甚倨 非漢所望也

① 九世之讎구세지수

집해 《공양전》에서 말한다. "구세九世가 여전히 복수하는 것이 옳은 것인가? 비록 백세일지라도 옳은 것이다."

公羊傳曰 九世猶可以復讎乎 曰雖百世可也

② 行항

정의 行의 발음은 '항[胡朗反]'이다

胡朗反

그다음 해에 촉야후 조파노가 도망칠 기회를 얻어 한나라로 돌아왔다. 그다음 해에 한나라는 이사장군 이광리에게 3만여 명의 기병들을 이끌고 주천으로 출동하여 우현왕을 천산天山[①]에서 공격하게 했다. 이에 오랑캐의 수급과 포로 1만여 명을 얻어서 돌아오는데, 흉노가 이사장군 이광리를 대대적으로 포위해서 거의 탈출이 불가했다. 한나라 군사 중에 죽은 자들이 10명중 6~7명이었다. 한나라에서 다시 인우장군 공손오에게 서하로 출동하게 하고 강도도위와 함께 탁야산涿涂山[②]에서 합류하게 했으나 소득이 없었다.

또 기도위騎都尉 이릉李陵에게 보병과 기병 5,000명을 거느리고 거연의 북쪽 1,000여 리를 나아가 선우와 맞서 싸우게 했다. 이에 이릉이 1만여 명을 죽이고 부상을 입혔지만, 병력과 식량이 다하자 싸우는 것을 풀고 돌아오려고 했다. 그러나 흉노가 이릉을 포위하자 이릉이 흉노에게 항복하고 그의 병사들도 드디어 전멸되다시피해 돌아올 수 있었던 자들이 400여 명이었다. 선우는 투항한 이릉을 귀하게 여기고 그의 딸을 아내로 삼아주었다.

其明年 涩野侯破奴得亡歸漢 其明年 漢使貳師將軍廣利以三萬騎出酒泉 擊右賢王於天山[①] 得胡首虜萬餘級而還 匈奴大圍貳師將軍 幾不脫 漢兵物故什六七 漢復使因杅將軍敖出西河 與彊弩都尉會涿涂山[②] 毋所得 又使騎都尉李陵將步騎五千人 出居延北千餘里 與單于會 合戰 陵所殺傷萬餘人 兵及食盡 欲解歸 匈奴圍陵 陵降匈奴 其兵遂沒 得還者四百人 單于乃貴陵 以其女妻之

① 天山천산

　　정의　이주伊州에 있다.

在伊州

② 涿涂山탁야산

　　집해　서광이 말했다. "涂의 발음은 '야邪'이다."

徐廣曰 涂音邪

　　색은　涿의 발음은 '탁卓'이다. 涂의 발음은 '아[以奢反]'이다.

涿音卓 涂音以奢反

　　정의　흉노의 안에 있는 산이다.

匈奴中山也

그 2년 뒤 다시 이사장군에게 6만여 명의 기병과 보병 10만여 명을 인솔하고 삭방으로 출동케 하고, 강노도위 노박덕은 1만여 명을 거느리고 이사장군과 합류케 했다. 유격장군 한열은 보병과 기병 3만 명을 거느리고 오원五原으로 출동케 하고, 인우장군 공손오는 1만여 명의 기병과 보병 3만여 명을 거느리고 안문으로 출동케 했다.

흉노는 이 소문을 듣고 처자식과 중요한 짐을 여오수余吾水①의 북쪽에 멀리 대피시키고, 선우는 10여만 명의 기병으로 여오수의 남쪽에서 기다리고 있다가 이사장군의 군대와 접전했다. 이사장군이 이에 싸움을 끝내고 군사를 이끌어 돌아가려다가 선우와

10여 일을 이어서 싸웠다. 그러나 이사장군은 그의 가족들이 무고巫蠱[2]로 멸족했다는 소식을 듣고 이로 인해 군사들과 아울러 흉노에게 투항했다. 한나라로 살아 돌아온 자는 1,000명에 한두 사람 정도였다. 유격장군 한열도 전공이 없었다. 인우장군 공손오도 흉노의 좌현왕과 싸우다가 불리해지자 군사를 이끌고 귀환했다. 그래서 이해[3]에 한나라 군사로 출동해 흉노를 공격한 자 중 공로가 많고 적음을 말할 수 없었던 것은 공로에 해당하는 자[4]를 얻지 못해서였다. 이에 조서를 내려 태의령太醫令 수단隨但을 체포하게 했다. 이 사람이 이사장군의 가족이 몰살당한 것을 누설시켜서 이광리가 흉노에게 항복하도록 했기 때문이다.[5]

後二歲 復使貳師將軍將六萬騎步兵十萬 出朔方 彊弩都尉路博德將萬餘人 與貳師會 游擊將軍說將步騎三萬人 出五原 因杅將軍敖將萬騎步兵三萬人 出雁門 匈奴聞 悉遠其累重於余吾水北[1] 而單于以十萬騎待水南 與貳師將軍接戰 貳師乃解而引歸 與單于連戰十餘日 貳師聞其家以巫蠱[2]族滅 因幷衆降匈奴 得來還千人一兩人耳 游擊說無所得 因杅敖與左賢王戰 不利 引歸 是歲[3]漢兵之出擊匈奴者不得言功多少 功不得御[4]有詔捕太醫令隨但 言貳師將軍家室族滅 使廣利得降匈奴[5]

① 悉遠其累重於余吾水北실원기루중어오수북

[집해] 서광이 말했다. "여余는 다른 판본에는 '사斜'로 되어 있으며 斜의 발음은 '사邪'이다."

徐廣曰 余 一作斜 音邪

[색은] 서광이 말했다. "다른 판본에는 '사斜'로 되어 있다. 斜의 발음은

'사邪'이다."《산해경》에서 말한다. "북선지산北鮮之山에서 선수鮮水가 나와 북쪽으로 흘러 여오수涂吾水로 쏟아진다."

徐廣云 一作斜 音邪 山海經云 北鮮之山 鮮水出焉 北流注余吾

정의 累의 발음은 '뤼[力爲反]'이고, 重의 발음은 '쭝[丈用反]'이다.

累 力爲反 重 丈用反

② 巫蠱무고

집해 서광이 말했다. "《사기》〈장상명신연표〉와 《한서》를 살펴보니 정화征和 2년에 무고巫蠱가 처음으로 일어났다. 3년에 이광리李廣利와 상구성商丘成이 함께 나가 호군胡軍을 공격해 패하자 이에 항복했다."

徐廣曰 案史記將相年表及漢書 征和二年 巫蠱始起 三年 廣利與商丘成出擊胡軍 敗 乃降

③ 是歲시세

집해 서광이 말했다. "천한 4년이다."

徐廣曰 天漢四年

정의 이로부터 이하에서 위의 '이사문기기貳師聞其家'에 이르기까지는 천한 4년의 일이 아닌데 착오인 듯하다. 사람들이 알고 있는 바이다.

自此以下 上至貳師聞其家 非天漢四年事 似錯誤 人所知

④ 御어

정의 御의 발음은 '어語'이다. 그 공로에 서로 해당하는 것을 얻지 못한 것이다.

御音語 其功不得相御當也

⑤ 廣利得降匈奴광리득항흉노

색은 《한서》에서 말한다. "다음 해, 저저선우가 죽고 장자인 호록고선우가 즉위하였다." 장안이 말했다. "호록고선우부터 이하는 모두 유향과 저선생이 기록한 것이고, 반표가 또 지어서 다음을 이었다. 이 때문에 《한서》〈흉노전〉은 상, 하 두 권이 있다."

漢書云 明年 且鞮死 長子狐鹿姑單于立 張晏云 自狐鹿姑單于已下 皆劉向褚先生所錄 班彪又撰而次之 所以漢書匈奴傳有上下兩卷

태사공은 말한다.

공자孔子께서 《춘추》를 저술하실 때, 노魯나라 은공隱公부터 환공桓公까지의 일은 밝게 드러내고 정공定公부터 애공哀公까지의 일은 개략적으로만 서술했다.① 그것은 당세에 가까운 글이었기 때문에 칭찬하지 못하고② 꺼려서 피하는 말뿐이었다. 세상에서 흉노를 말하는 자가 그가 한 때의 권세를 구하는③ 것에만 염려하여 자신의 주장④을 관철하려고 힘써 아첨하며, 편리하게 편향적으로 가리킨 것은 정황을 살피지 않았기 때문이다.⑤ 또 장수들은⑥ 중국의 광대한 것만을 믿고 호기를 부려 인주가 이를 따라 계책을 결정하게 해서 이 때문에 공로를 세우는 것이 깊지 못했다. 요堯임금이 비록 현명했으나 사업을 일으켜 성공하지 못했고, 우禹임금을 얻어서 구주九州(중국대륙)를 편안케 했다.⑦ 장차 성인聖人의 다스림을 일으키고자 하는 자는 오직 장군과 재상을 가려 임명하는데 달려 있을 것이리라. 오직 장군과 재상을 가려 임명하는데 달려 있을 것이리라.

太史公曰 孔氏著春秋 隱桓之間則章 至定哀之際則微① 爲其切當世之
文而罔褒② 忌諱之辭也 世俗之言匈奴者 患其徼③一時之權 而務諂納
其說④ 以便偏指 不參⑤ 彼己將率⑥席中國廣大 氣奮 人主因以決策 是
以建功不深 堯雖賢 興事業不成 得禹而九州寧⑦ 且欲興聖統 唯在擇任
將相哉 唯在擇任將相哉 唯在擇任將相哉

① 微미

[색은] 살펴보니 자국의 나쁜 것은 드러내지 않는 것이 예이다. 중니仲尼
는 정공定公과 애공哀公에게서 벼슬을 했다. 그러므로 중니는 《춘추》를
저작하는데 당세에 관한 의논을 자세하게 서술하지 않고 그 글을 개략적
으로만 서술했다.

案 諱國惡 禮也 仲尼仕於定哀 故其著春秋 不切論當世而微其詞也

② 罔褒망포

[색은] 살펴보니 망罔은 무無이다. 칭찬하여 옳다고 할 실제가 없다고 여
긴 것이니, 당대의 일을 기피한 것이다.

案 罔者 無也 謂其無實而褒之是也 忌諱當代故也

③ 徼요

[집해] 서광이 말했다. "徼의 발음은 '교皎'이다."

徐廣曰 徼音皎

[색은] 살펴보니 徼의 발음을 서광은 '교皎'라고 하고 유백장은 '규叫'라고

한다고 했는데 모두 그른 것이다. 그 글자를 살펴보니 마땅히 徼의 발음은 '요僥'이다. 요徼는 구求이며 한 시대의 권세와 총애를 구하는 것을 말한다.

按 徐音皎 劉伯莊音叫 皆非也 按其字宜音僥 徼者 求也 言求一時權寵

④ 說설

색은 說의 발음은 '세稅'이다.

音稅

⑤ 參참

색은 살펴보니 설득한 자는 흉노와 모의해서 모두 그 곧바로 한 시대의 권행權幸만을 요구하는 것을 걱정했다. 다만 아첨에만 힘쓰고 그의 설명을 나아가게 해서 그 스스로 편리하게 한쪽만을 가리켰다. 이에 종시終始의 이해를 자세하게 참고하지 않았다는 것을 이른 것이다.

案 謂說者謀匈奴 皆患其直徼求一時權幸 但務諂進其說 以自便其偏指 不參詳終始利害也

⑥ 彼己將率피기장솔

집해 《시경》에서 말한다. "저 사람이여![피기지자彼己之子]"

詩云 彼己之子

색은 피기彼己는 시인詩人이 비난하는 말로 "피기지자彼己之子"라고 이른 것과 같은 것이 이것이다. 장솔將率은 곧 번쾌와 위청과 곽거병 등을 가리킨다.

彼己者 猶詩人譏詞云 彼己之子是也 將率則指樊噲衛霍等也

⑦ 堯雖賢~九州寧 요수현~구주녕

[정의] 요임금은 비록 어질고 성스러웠으나 홀로 다스리지는 못하였고 우禹임금을 얻어서 구주九州가 편안해졌다. 무제는 어진 장수와 재상을 선택하지 못하고 아첨에 빠지고 소인小人들의 뜬소문만을 받아들여서 흉노를 정벌할 때가 많았다. 이 때문에 백성들을 도탄에 빠뜨렸음을 풍자한 것이다. 그러므로 태사공이 우임금이 성인으로서 그의 태평성대를 성취한 것을 인용해서 당대의 죄를 비판한 것이다.

言堯雖賢聖 不能獨理 得禹而九州安寧 以刺武帝不能擇賢將相 而務諂納小人浮說 多伐匈奴 故壞齊民 故太史公引禹聖成其太平 以攻當代之罪

[색은술찬] 사마정이 펼쳐서 밝히다.

험윤과 훈육은 북쪽 변방에 거주했다. 이미 하나라 후예로 칭하고 《주편》을 깨닫고 본받았다. 자못 기르는 가축을 따라 누차 연기 속의 티끌처럼 세상을 어지럽혔다. 이에 스스로 묵돌은 더욱 활쏘는 병사들을 모이게 했다. 비록 국고를 비게 하였으면서도 권세만을 주관하며 진력하지는 않았다.

獫狁薰粥 居于北邊 旣稱夏裔 式憬周篇 頗隨畜牧 屢擾塵煙 爰自冒頓 尤聚控弦 雖空帑藏 未盡中權

[지도1] 흉노열전

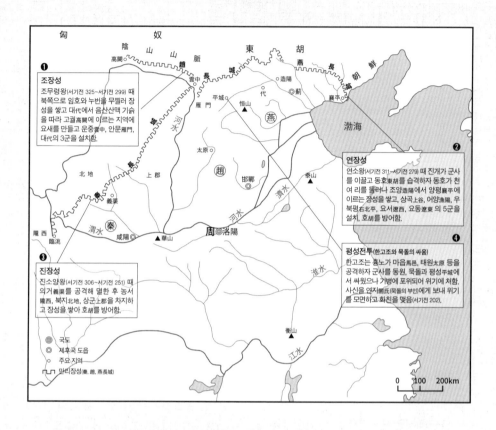

❶ 조장성
조무령왕(서기전 325~서기전 299) 때 북쪽으로 임호와 누번을 무찔러 장성을 쌓고 代대에서 음산산맥 기슭을 따라 고궐高闕에 이르는 지역에 요새를 만들고 운중雲中, 안문雁門, 대代의 3군을 설치함.

❷ 연장성
연소왕(서기전 311~서기전 279) 때 진개가 군사를 이끌고 동호東胡를 습격하자 동호가 천여 리를 물러나 조양造陽에서 양평襄平에 이르는 장성을 쌓고, 상곡上谷, 어양漁陽, 우북평右北平, 요서遼西, 요동遼東 의 5군을 설치, 호胡를 방어함.

❸ 진장성
진소양왕(서기전 306~서기전 251) 때 의거義渠를 공격해 멸한 후 농서隴西, 북지北地, 상군上郡을 차지하고 장성을 쌓아 호胡를 방어함.

❹ 평성전투(한고조와 묵돌의 싸움)
한고조는 흉노가 마읍馬邑, 태원太原 등을 공격하자 군사를 동원, 묵돌과 평성平城에서 싸웠으나 기병에 포위되어 위기에 처함. 사신을 연지閼氏(묵돌의 부인)에게 보내 위기를 모면하고 화친을 맺음(서기전 202).

◎ 국도
◎ 제후국 도읍
○ 주요 지역
ᒉᒧ 만리장성(秦, 趙, 燕長城)

0   100   200km

사기 제111권 史記卷一百一十一

위장군표기열전 衞將軍驃騎列傳

┌───┐
│ 사기 111권 위장군표기열전 제51   │
│ 史記卷一百一十一 衛將軍驃騎列傳第五十一   │
└───┘

신주 본 열전은 대장군 위청과 표기장군 곽거병의 일대기를 기록한 합
전合傳이다. 이들은 외삼촌과 생질甥姪 간으로 여러 전쟁의 선두에서 전
공을 크게 세워 무제가 총애한 인물들이다.

대장군大將軍 위청衛靑(?~서기전 106)은 평양平陽(지금의 산서성 임분시臨汾市)
사람이다. 동복형제로 형인 위장자衛長子와 누나인 위자부衛子夫가 있
다. 이 위자부가 평양공주平陽公主(무제의 동복누이)를 모시다가 무제의 총애
를 얻어 후궁이 되면서 위청은 관직에 진출하게 된다. 원광 5년(서기전 129)
에 위청은 거기장군車騎將軍으로 흉노를 정벌하기 시작해서 서기전 127
년에 운중雲中에서 출병해서 서쪽의 고궐高闕과 하남河南과 농서隴西지역
을, 원삭 5년(서기전 124)에는 흉노의 우현왕을, 원수 4년(서기전 119)에 정양에
서 출격하여 서북쪽으로 흉노선우를 공격하는 등 외척外戚으로서 흉노
를 물리치는 데 많은 전공을 세웠으며 서기전 106년에 사망하였다.

표기장군驃騎將軍 곽거병霍去病(서기전 140년~서기전 117년)은 위청의 누이
위소아衛少兒의 아들이다. 무제의 총애를 얻어 18세에 시중侍中이 되었는
데, 말타기와 활쏘기가 뛰어났다. 서기전 123년에 표요교위剽姚校尉로 흉
노를 공격했고, 원수 2년(서기전 121)에 표기장군으로 농서에서 출격했으며

원수 4년(서기전 119)에 대代에서 출병해서 북쪽으로 1,000여 리나 진격하는 등 여러 전쟁에 참여해서 많은 전과를 올렸다. 특히 표기장군으로 출전하여 혼야왕渾邪王의 아들 등 8,000여 명을 참수하거나 사로잡고 휴저왕休屠王의 제천금인祭天金人을 얻는 전과가 있었다. 또 북지에서 출병하여 기련산祁連山에서 추도왕酋涂王을 사로잡고 3만 이상을 참수하거나 포로로 잡았고 그해 가을 혼야왕 등 흉노족 10여 만명의 항복을 받아 귀순시키는 대전공大戰功을 세웠다.

현 몽골지역인 낭거서산狼居胥山과 고연산姑衍山에서 봉선封禪을 시행하고 포로 7만여 명을 사로잡고돌아와 대사마가 되었다가 3년 후(서기전 117), 젊은 나이로 생을 마감하였다. 사마천은 그가 죽은 원인에 관해서 기록하지 않았다. 다만 그의 동생 곽광霍光이 올린 주장奏章에서 병사病死했음을 밝히고 있다.

이처럼 위청과 곽거병이 흉노와 전쟁에서 이룬 전공은 고제 때의 조참曹參이나 한신韓信에 비견할 수 있을 만큼 지대했다. 그러나 사마천은 위청에 대하여 "대장군 위청은 지극히 높은 자리에 이르렀으나 천하의 어진 대부들이 칭송함이 없었다."라고 비판했고 곽거병에 대하여도 "천자의 총애를 받았으나 천하에 그를 칭송하는 사람이 없었다."라고 비판했다.

대장군 위청

대장군 위청衛靑은 평양平陽 사람이다.[1] 그의 아버지 정계鄭季는
현의 관리가 되어 평양후平陽侯[2] 집안에 일을 돌보아 주다가 평
양후의 첩妾 위온衛媼과 간통해[3] 청靑을 낳았다.

위청衛靑의 동복형은 위장자衛長子이며 동복누이는 위자부衛子夫
로 평양공주平陽公主 집안에서 평양공주를 모시다가 천자의 총애
를 얻었다.[4] 그러므로 성姓을 바꿔서 위씨衛氏가 되었다.

大將軍衛靑者 平陽人也[1] 其父鄭季 爲吏 給事平陽侯[2]家 與侯妾衛媼
通[3]生靑 靑同母兄衛長子而姊衛子夫 自平陽公主家得幸天子[4] 故冒
姓爲衛氏

[1] 衛靑者平陽人也위청자평양인야

　정의　《한서》에서 말한다. "그의 아버지 정계鄭季는 하동 평양平陽 사람
이며 현縣의 관리로서 평양후 집안에 일을 도와주었다."

漢書云 其父鄭季 河東平陽人 以縣吏給事平陽侯之家也

[2] 平陽侯평양후

신주 조수曹壽를 말한다. 조참曹參의 증손으로, 무제武帝의 누이 평양공주平陽公主와 결혼했다. 평양후는 본래 조참이 받은 후작으로 그의 후손들이 계승한 것이다.

③ 與侯妾衛媼通여후첩위온통

[색은] 위衛는 성姓이다. 온媼은 늙은 부인과 젊은 부인을 통칭하는 말이다. 《한서》에서 말한다. "주인집의 하녀인 위온衛媼과 간통했다." 살펴보니 가동家僮이라고 일컬은 것을 보면 늙은이는 아니다. 어떤 이는 온媼은 노인을 일컫는다고 했지만, 후에 미루어 칭해서 온媼이라고 한 것일 뿐이다. 또 〈외척전〉에서 말한다. "박희薄姬의 아버지는 위왕魏王의 종실 딸인 위온魏媼과 간통했다." 곧 또한 위魏는 온媼의 성씨가 옳다. 소안이 말했다. "위衛는 그의 지아비의 성을 든 것이다." 그러나 이것을 살펴보니 "후첩위온侯妾衛媼"이라고 일컬은 것을 보면 다시 별도의 지아비가 없는 듯하다. 아래에서 "동모형위장자급자자부개모위성同母兄衛長子及姊子夫皆冒衛姓"이라고 일렀으니 또 지아비가 있는 듯하다. 그 성姓을 바꿨다고 했는데, 아버지의 성姓이 되는지 어머니의 성姓이 되는지 모두 분명하지 않다.

衛 姓也 媼 婦人老少通稱 漢書曰與主家僮衛媼通 案 旣云家僮 故非老 或者媼是老稱 後追稱媼耳 又外戚傳云 薄姬父與魏王宗女魏媼通 則亦魏是媼姓 而小顏云 衛者 擧其夫姓也 然案此云 侯妾衛媼 似更無別夫也 下云 同母兄衛長子及姊子夫皆冒衛姓 又似有夫 其所冒之姓爲父與母 皆未明也

④ 平陽公主家得幸天子평양공주가득행천자

[집해] 서광이 말했다. "조참曹參의 증손인 평양이후平陽夷侯는 당시 무제 누이인 평양공주과 혼인해서 아들 양襄을 낳았다."

徐廣曰 曹參曾孫平陽夷侯 時尚武帝姊平陽公主 生子襄

색은 살펴보니 여순이 말했다. "본래는 양신장공주陽信長公主인데, 평양후와 혼인했기 때문에 평양공주라고 칭한 것이다." 살펴보니 서광이 말했다. "이후夷侯는 조참의 증손이고 이름은 양襄이다." 또 〈세가〉와 〈공신표功臣表〉를 살펴보니 '시時'가 어떤 경우 '주疇'로 되어 있고, 《한서》에는 '수壽'로 되어 있는데 모두 글자가 훼손되어 같지 않은 것이다.

案 如淳云 本陽信長公主 爲平陽侯所尚 故稱平陽公主 按徐廣云 夷侯 曹參曾孫 名襄 又按系家及功臣表 時或作疇 漢書作壽 竝文字殘缺 故不同也

청青의 자字는 중경仲卿이다. 장자長子는 자字를 고쳐서 장군長君이라고 했다. 장군長君의 어머니는 위온衛媼이라고 불렀다. 위온의 장녀는 위유衛孺[1]이고 차녀는 소아小兒이며 그다음 딸이 곧 자부子夫였다. 자부 밑의 남동생이 보步[2]와 광廣인데, 모두 바꿔서 위씨衛氏를 성姓으로 했다.

위청衛青은 평양후平陽侯가 가복家僕으로 삼았으나 어려서 그의 아버지에게 돌아가게 했는데 그의 아버지는 양羊 키우는 일을 하게 했다. 그래서 본처[3]의 자식들은 모두 그를 양치는 종으로 취급하고 형제의 일원으로 여기지 않았다.[4]

字仲卿 長子更字長君 長君母號爲衛媼 媼長女衛孺[1] 次女少兒 次女卽子夫 後子夫男弟步[2]廣皆冒衛氏 青爲侯家人 少時歸其父 其父使牧羊 先母[3]之子皆奴畜之 不以爲兄弟數[4]

① 衛孺위유

[색은] 《한서》에는 "군유君孺"라고 했다.

漢書云 君孺

② 步보

[집해] 서광이 말했다. "보步는 다른 판본에는 '소少'로 되어 있다."

徐廣曰 步 一作少

③ 先母선모

[집해] 복건이 말했다. "선모先母는 적처適妻(본처)이다. 위청의 적모適母이다."

服虔曰 先母 適妻也 青之適母

[색은] 《한서》에 '민모民母'로 되어 있다. 복건이 말했다. "모母는 적처適妻이다. 위청의 적모適母이다." 고씨顧氏가 말했다. "정계鄭季의 본처는 백성의 호적에 편재되어 있었다. 그러므로 민모民母라고 한 것이다." 지금의 본本에도 '민모民母'로 되어 있기도 하다.

漢書 作民母 服虔云 母 適妻也 青之適母 顧氏云 鄭季本妻編於民戶之間 故曰 民母 今本亦或作民母也

④ 數수

[색은] 거성으로 발음한다.

音去聲

위청은 일찍이 누군가를 따라서 감천궁甘泉宮의 옥사獄舍^①에 간 적이 있었다. 한 감방^②의 죄수가 위청의 관상을 보고 말했다.

"귀한 사람이 될 것이다. 관직은 후작에 봉해지는데 이를 것이다."

위청이 이 소리를 듣고 비웃으면서 말했다.

"남의 종으로 태어났는데 매를 맞고 꾸중이나 듣지 않으면 족할 뿐이오. 어떻게 후작에 봉해질 수 있겠습니까."

위청은 장성해서 평양후 집안의 기병이 되어서 평양공주를 따랐다.

靑嘗從入至甘泉居室^① 有一鉗徒^②相靑曰 貴人也 官至封侯 靑笑曰 人奴之生 得毋笞罵卽足矣 安得封侯事乎 靑壯 爲侯家騎 從平陽主

① 居室거실

정의 살펴보니 거실居室은 관청의 이름이다. 무제가 고쳐서 보궁保宮이 라고 했다. 관부灌夫가 거실居室에 얽매였다고 한 것이 이것이다.

按 居室 署名 武帝改曰保宮 灌夫繫居室是也

② 徒도

집해 장안이 말했다. "감천궁 안에 죄수가 거처하는 곳이다."

張晏曰 甘泉中徒所居也

무제 건원建元 2년 봄, 위청의 누이 자부子夫는 궁 안으로 들어가 무제 의 총애를 받았다. 당시에 무제 황후는 당읍堂邑 대장공주大長公主의 딸이었는데[1] 아들을 낳지 못했고 질투도 심했다. 대장공주는 위자부가 총애를 받고 임신을 했다는 소문을 듣고 질투가 나서 사람을 시켜 위청을 체포하게 했다.

위청은 당시 건장궁建章宮[2]에서 일을 돌보았고, 세상에 이름도 알려지지 않았었다. 대장공주는 위청을 감옥에 가두고 죽이고자 했다. 이에 위청의 친구인 기랑騎郞 공손오公孫敖가 장사들과 함께 가서 옥관을 겁박해서[3] 빼냈는데 이 때문에 죽음에서 벗어날 수 있었다.

建元二年春 靑姊子夫得入宮幸上 皇后 堂邑大長公主女也[1] 無子 妒 大長公主聞衛子夫幸 有身 妒之 乃使人捕靑 靑時給事建章[2] 未知名 大長公主執囚靑 欲殺之 其友騎郞公孫敖與壯士往簒[3]取之 以故得不死

① 堂邑大長公主女也당읍대장공주여야

集解 서광이 말했다. "당읍안후堂邑安侯 진영陳嬰의 손자 이후夷侯 오午는 경제의 누이 장공주와 혼인했고 아들은 계수季須이다. 무제 원정元鼎 원년에 계수季須는 간통죄에 연좌되어 자살했다."

徐廣曰 堂邑安侯陳嬰之孫夷侯午 尙景帝姊長公主 子季須 元鼎元年 季須坐姦自殺

正義 문영이 말했다. "진황후陳皇后는 무제 고모의 딸이다."

文穎云 陳皇后 武帝姑女也

② 建章건장

索隱 살펴보니 진작이 말했다. "상림上林 안, 궁宮의 이름이다."

案 晉灼云 上林中宮名也

③ 簒찬

찬簒은 겁劫이나 탈奪과 같다.

簒 猶劫也 奪也

이 소식이 무제에게 알려지자 이에 위청을 불러서 건장감建章監, 시중侍中으로 삼아 동모同母의 형제까지 귀해졌다. 또 무제가 며칠 사이에 내린 상금이 수천 금에 이르렀다.

큰 누이 위유衛孺는 태복太僕 공손하公孫賀의 아내가 되었고, 둘째 누이 소아小兒는 이전부터 진장陳掌①과 사통하는 사이였는데, 무제가 불러서 진장을 귀하게 해주었다. 공손오도 이 때문에 더욱 귀해졌다.

자부子夫는 부인夫人이 되었고 위청은 대중대부大中大夫②가 되었다.

上聞 乃召靑爲建章監 侍中 及同母昆弟貴 賞賜數日間累千金 孺爲太僕公孫賀妻 少兒故與陳掌①通 上召貴掌 公孫敖由此益貴 子夫爲夫人 靑爲大中大夫②

① 陳掌진장

서광이 말했다. "진평의 증손이고 이름은 장掌이다."

徐廣曰 陳平曾孫 名掌也

② 大中大夫^{대중대부}

 신주 태중대부太中大夫이다. 진나라 때 관직명으로 전한前漢도 이 관직
을 이어서 두었는데, 황제의 하문下問에 응대하는 일을 담당했다.

무제 원광元光 5년, 위청은 거기장군車騎將軍이 되어 흉노를 공격
하러 상곡上谷으로 출동했다. 태복 공손하는 경거장군輕車將軍이
되어 운중雲中으로 출동했다. 대중대부大中大夫인 공손오는 기장
군騎將軍이 되어 대군代郡으로 출동했다. 위위衛尉 이광李廣은 효
기장군驍騎將軍이 되어 안문으로 출동했다. 군대는 각각 1만 기병
이었다.

위청이 롱성龍城에 이르러 수급과 포로 수백 명을 얻었다. 기장군
공손오는 7,000여 기병을 잃었고, 위위 이광은 적에게 포로가 되
었으나 탈출해서 돌아왔다. 모두가 참수형에 해당되었으나 속죄
금을 내고 서인이 되었다. 공손하도 공로가 없었다.

元光五年 靑爲車騎將軍 擊匈奴 出上谷 太僕公孫賀爲輕車將軍 出雲
中 大中大夫公孫敖爲騎將軍 出代郡 衛尉李廣爲驍騎將軍 出雁門 軍
各萬騎 靑至龍城 斬首虜數百 騎將軍敖亡七千騎 衛尉李廣爲虜所得
得脫歸 皆當斬 贖爲庶人 賀亦無功

무제 원삭元朔 원년 봄, 위부인衛夫人이 사내아이를 낳자^① 부인
을 황후로 세웠다. 그해 가을 위청이 거기장군이 되어 안문으로

출동했으며 3만여 기병을 이끌고 흉노를 공격해 적의 수급과 포로 수천 명을 얻었다.

다음 해 흉노가 쳐들어와 요서 태수를 살해하고 어양漁陽에서 노략질해 2,000여 명을 포로로 잡아가고 한안국 장군의 군대를 무너뜨렸다.

한나라는 장군 이식李息에게 공격하게 하고 대군代郡으로 출동시켰다. 또 거기장군 위청에게 운중의 서쪽으로 출동하게 해서 고궐高闕②에 이르도록 했다. 마침내 하남 땅을 공략하고 농서에 이르러서 수급 및 포로 수천 명과 가축 수십만 마리를 포획하여 백양왕白羊王과 누번왕樓煩王을 패주시켰다. 그리고 마침내 하남 땅에 삭방군③을 설치했다. 이에 위청을 3,800호에 봉하고 장평후長平侯로 삼았다. 위청의 교위校尉 소건蘇建도 공로가 있어서 소건을 1,100호에 봉하고 평릉후平陵侯로 삼았다. 그리고 소건에게 삭방성④을 쌓게 했다. 위청의 교위 장차공張次公도 공로가 있어 봉해 안두⑤후岸頭侯로 삼았다.

元朔元年春 衛夫人有男① 立爲皇后 其秋 靑爲車騎將軍 出雁門 三萬騎擊匈奴 斬首虜數千人 明年 匈奴入殺遼西太守 虜略漁陽二千餘人 敗韓將軍軍 漢令將軍李息擊之 出代 令車騎將軍靑出雲中以西至高闕② 遂略河南地 至于隴西 捕首虜數千 畜數十萬 走白羊樓煩王 遂以河南地爲朔方郡③ 以三千八百戶封靑爲長平侯 靑校尉蘇建有功 以千一百戶封建爲平陵侯 使建築朔方城④ 靑校尉張次公有功 封爲岸頭⑤侯

① 衛夫人有男 위부인유남

[색은] 곧 위태자衛太子 거據이다.

卽衞太子據也

② 高闕 고궐

[색은] 살펴보니 산 이름이다. 소안이 말했다. "일명 새塞 이름이고 삭방
朔方의 북쪽에 있다."

按 山名也 小顏云 一曰塞名 在朔方之北

③ 朔方郡 삭방군

[색은] 살펴보니 북지군北地郡의 북쪽과 황하의 남쪽을 이른다.

按 謂北地郡之北 黃河之南

[정의] 지금의 하주夏州이다.

今夏州也

④ 朔方城 삭방성

[정의] 《괄지지》에서 말한다. "하주夏州 삭방현 북쪽에 십분什賁 고성이
이곳이다." 살펴보니 소건이 쌓았는데 십분什賁이라고 이름한 것은 아마
도 번어蕃語에서 나왔을 것이다.

括地志云 夏州朔方縣北什賁故城是 按 蘇建築 什賁之號蓋出蕃語也

⑤ 岸頭 안두

[색은] 살펴보니 진작이 말했다. "하동河東 피씨현皮氏縣의 정 이름이다."

案 晉灼云 河東皮氏縣之亭名也

복건이 말했다. "향鄕 이름이다."

服虔云 鄕名也

천자가 말했다.

"흉노는 하늘의 이치를 거역하고 인륜을 어지럽혀 어른에게 포
악하고 늙은이를 학대하며 도적질을 일삼고 행동은 여러 만이蠻
夷를 속이고 꾀를 만들어 군사를 빌려 자주 변방에 피해를 입혔
다.^① 그러므로 군사들을 보내고 장수들을 파견해 그들의 죄를 정
벌케 했다. 《시경》에 '험윤獫狁을 공격해^② 태원太原까지 이르렀
네.'라고 하고, '떠나는 수레 소리 요란하고 저 삭방에 성을 쌓게
했네.^③'라고 이르지 않았는가? 지금 거기장군 위청이 서하^④를 건
너서 고궐高闕에 이르러 수급과 포로 2,300여 급級과 군량을 보급
하는 수레, 가축을 남김없이 노획했다.

天子曰 匈奴逆天理 亂人倫 暴長虐老 以盜竊爲務 行詐諸蠻夷 造謀藉
兵 數爲邊害^① 故興師遣將 以征厥罪 詩不云乎 薄伐獫狁^② 至于太原 出
車彭彭 城彼朔方^③ 今車騎將軍靑度西河^④至高闕 獲首虜二千三百級
車輜畜産畢收爲鹵

① 邊害변해

장안이 말했다. "만이蠻夷로부터 군사를 빌려 변방에서 노략질을
한 것이다."

張晏曰 從蠻夷借兵鈔邊也

② 薄伐玁狁박벌험윤

[색은] 박벌험윤薄伐玁狁이다. 이는 《시경》〈소아 유월六月〉의 시구로, 선왕宣王의 북벌北伐을 찬미한 것이다. 박벌薄伐은 축출한 것을 말한다.
薄伐玁狁 此小雅六月詩 美宣王北伐也 薄伐者 言逐出之也

③ 出車彭彭 城彼朔方출거방방 성피삭방

[색은] 《시경》〈소아 출거出車〉의 시구이다.
小雅出車之詩也

④ 西河서하

[정의] 곧 운중군雲中郡의 서하西河이다. 지금의 승주勝州가 동하東河이다.
卽雲中郡之西河 今勝州東河也

위청은 이미 열후에 봉해지고도 마침내 서쪽으로 하남의 땅을 평정하고 유계楡谿의 옛 요새를 진압했다.① 재령梓領을 넘어 북하北河에 다리를 놓아② 포니蒲泥를 토벌하고 부리符離를 격파하였으며③ 정예부대를 처단하고 적의 매복한 군사④ 3,071급을 포획했으며 그들을 신문하고 추악한 무리를 사로잡았다.⑤ 또 적의 말과 소와 양 100여만 두를 몰아오고 갑옷 입은 군사들을 온전하게 하고 돌아왔으니 위청에게 3,000호를 더 봉하노라."

그다음 해에 흉노가 쳐들어와 대군태수 공우共友⑥를 살해하고 또 쳐들어와 안문에서 1,000여 명을 잡아갔다. 그다음 해에 흉노는 대대적으로 대군代郡, 정양군定襄郡, 상군上郡으로 쳐들어와 한나라 백성 수천 명을 죽이고 약탈해 갔다.

已封爲列侯 遂西定河南地 按楡谿舊塞^① 絕梓領 梁北河^② 討蒲泥 破符離^③ 斬輕銳之卒 捕伏聽^④者三千七十一級 執訊獲醜^⑤ 驅馬牛羊百有餘萬 全甲兵而還 益封靑三千戶 其明年 匈奴入殺代郡太守友^⑥ 入略雁門千餘人 其明年 匈奴大入代定襄上郡 殺略漢數千人

① 按楡谿舊塞안유계구새

집해 여순이 말했다. "안案은 행行이다. 유계楡谿는 옛 요새 이름이다." 어떤 이가 말했다. "안按은 심尋이다."

如淳曰 案 行也 楡谿 舊塞名 或曰按 尋也

색은 안유곡구새按楡谷舊塞이다. 여순이 말했다. "안按은 행行이며 심尋이다. 유곡楡谷은 옛 요새 이름이다." 살펴보니《수경》에는 "상군의 북쪽에 제차수諸次水가 있고, 동쪽으로 유림새楡林塞를 거쳐 유계가 된다."라고 했는데 이것이 유곡楡谷의 옛 요새이다.

按楡谷舊塞 如淳云 按 行也 尋也 楡谷 舊塞名也 案 水經云 上郡之北有諸次水 東經楡林塞爲楡谿 是楡谷舊塞也

② 絕梓領梁北河절재령양북하

집해 여순이 말했다. "절絕은 도度이다. 북하北河를 건너기 위해 다리를 만든 것이다."

如淳曰 絕 度也 爲北河作橋梁

정의 《괄지지》에서 말한다. "양북하梁北河는 영주靈州의 경계에 있다."

括地志云 梁北河 在靈州界也

③ 討蒲泥破符離토포니파부리

[집해] 진작이 말했다. "포니蒲泥와 부리符離는 두 왕의 호칭이다."

晉灼曰 二王號

[색은] 진작이 말했다. "두 왕의 호칭이다." 최호가 말했다. "막북漠北의 요새 이름이다."

晉灼云 二王號 崔浩云 漠北塞名

④ 伏聽복청

[집해] 장안이 말했다. "은밀한 곳에 숨어 군사의 허와 실을 듣는 것이다."

張晏曰 伏於隱處 聽軍虛實

⑤ 執訊獲醜집신획추

[정의] 신訊은 문問이다. 추醜는 중衆(무리)이다. 그 산채로 잡은 사람을 신문하고 노략질한 곳을 알아 무리를 사로잡는 것을 말한다.

訊 問也 醜 衆 言執其生口問之 知虜處 獲得衆類也

[신주] 《시경》〈소아 출거出車〉에 나오는 시구이다.

⑥ 友우

[집해] 서광이 말했다. "우友는 태수의 이름이다. 성은 공共이다."

徐廣曰 友者 太守名也 姓共也

그다음 해인 무제 원삭 5년 봄, 한나라는 거기장군 위청에게 기병 3만을 인솔하고 고궐高闕로 출동하게 했다. 위위衛尉 소건을 유격장군으로 삼고, 좌내사左內史 이저李沮①를 강노장군으로 삼고, 태복太僕인 공손하를 기장군騎將軍으로 삼고, 대代의 재상인 이채李蔡를 경거장군으로 삼아 모두 거기장군인 위청의 휘하에 소속시켜 함께 삭방으로 출동케 했다.

대행大行 이식李息과 안두후岸頭侯 장차공張次公을 장군으로 삼아 우북평으로 출동해서 함께 흉노를 공격하게 했다. 흉노의 우현왕이 위청 등의 군사와 대적하게 되었는데, 그들은 한나라 군사가 능히 자신들이 있는 곳까지 이르지 못하리라고 생각하고 술을 마시고 취해 있었다. 한나라 병사들이 밤에 이르러 우현왕을 포위하자 우현왕이 깜짝 놀라 밤에 도주했다. 그는 그가 사랑하는 애첩 1명과 수백여 명의 정예병으로 포위망을 뚫고 북쪽으로 달아났다.

其明年 元朔之五年春 漢令車騎將軍靑將三萬騎 出高闕 衛尉蘇建爲游擊將軍 左內史李沮①爲彊弩將軍 太僕公孫賀爲騎將軍 代相李蔡爲輕車將軍 皆領屬車騎將軍 俱出朔方 大行李息岸頭侯張次公爲將軍 出右北平 咸擊匈奴 匈奴右賢王當衛靑等兵 以爲漢兵不能至此 飮醉 漢兵夜至 圍右賢王 右賢王驚 夜逃 獨與其愛妾一人壯騎數百馳 潰圍北去

① 沮저

집해 문영이 말했다. "沮의 발음은 '조俎'이다."

文穎曰 音俎

한나라의 경기교위輕騎校尉 곽성郭成 등이 수백 리를 추격했으나,
우현왕을 따라 잡지 못했다. 우현왕의 비왕裨王 10여 명[1]과 남녀
1만 5,000여 명에, 가축 수천백만[2] 마리를 얻었다. 이에 군사를
이끌고 돌아왔다.

요새에 이르자 천자(무제)가 사신에게 대장군의 인수를 가지고 군
중으로 나아가게 해서 거기장군 위청을 제수해 대장군으로 삼고,
여러 장수는 모두 군사들을 대장군에게 소속하게 해서 대장군의
호령기를 세우고 돌아오게 했다.[3]

漢輕騎校尉郭成等逐數百里 不及 得右賢裨王十餘人[1] 衆男女萬五千
餘人 畜數千百萬[2] 於是引兵而還 至塞 天子使使者持大將軍印 卽軍中
拜車騎將軍靑爲大將軍 諸將皆以兵屬大將軍 大將軍立號而歸[3]

---

① 裨王十餘人비왕십여인

[색은] 비왕십인裨王十人이다. 가규가 말했다. "비裨는 익益이다." 소안이
말했다. "비왕裨王은 소왕小王으로, 비장裨將과 같은 그런 것이다. 裨의
발음은 '비[頻移反]'이다."

裨王十人 賈逵云 裨 益也 小顔云 裨王 小王也 若裨將然 音頻移反

② 數千百萬수천백만

[신주] 셀 수 없을 정도로 많음을 이른다.

③ 立號而歸입호이귀

색은 살펴보니 대장군의 호령기을 세워서 돌아오는 것이다.

案 謂立大將軍之號令而歸

천자가 말했다.

"대장군 위청은 몸소 군사들을 이끌고 적의 군사들을 크게 물리쳐 흉노의 비왕 10여 명을 포로로 잡았으니 위청에게 6,000호를 더 봉하라."

이에 위청의 아들 항伉①을 의춘후宜春侯에, 불의不疑를 음안후陰安侯에, 등登을 발간후發干侯에 봉하였다. 위청이 굳이 사양하면서 말했다.

"신은 요행히도 장군이 되어 행군 중 대오 사이에서② 폐하의 신령스러운 덕에 힘입어 흉노를 크게 무찔렀습니다. 이는 모두 여러 교위가 힘써 싸운 공로가 있었기 때문입니다. 폐하의 총애로 이미 신臣 위청을 봉해주셨고 신 위청의 아들도 강보③ 속에 있어서 애쓴 노력이 없는데도 주상의 총애로 땅을 갈라 봉해 세 자식을 제후로 삼아주셨습니다. 이는 신이 폐하의 명을 받아 군중軍中의 장군으로 있으면서 군사들을 격려하고 힘써 싸우게 하는 뜻이 아닙니다. 그러니 위항衛伉 등의 세 자식이 어찌 감히 봉함을 받겠습니까."

天子曰 大將軍靑躬率戎士 師大捷 獲匈奴王十有餘人 益封靑六千戶 而封靑子伉①爲宜春侯 靑子不疑爲陰安侯 靑子登爲發干侯 靑固謝曰

臣幸得待罪行間② 賴陛下神靈 軍大捷 皆諸校尉力戰之功也 陛下幸已
益封臣靑 臣靑子在繦緥③中 未有勤勞 上幸列地封爲三侯 非臣待罪行
間所以勸士力戰之意也 伉等三人何敢受封

① 伉항

정의 伉의 발음은 '강[口浪反]'이다.

伉音口浪反

② 得待罪行間득대죄행간

신주 대죄待罪는 죄인이 처벌을 기다리는 뜻이다. 그러나 여기에서는
흉노로부터 대첩을 거두고 하는 말이기 때문에 자신의 군공軍功을 겸손
하게 표현한 것이다. 행간行間은 군사들이 대오하여 행진하는 것이다. 즉
군진軍陣 속의 일원임을 말한다.

③ 繦緥강보

정의 강緥의 길이는 한 자 두 치이고 너비는 여덟 치이며 소아小兒를
등에 업고 묶는 것이다. 보緥는 어린아이의 이불이다.

緥長尺二寸 闊八寸 以約小兒於背 緥 小兒被也

무제가 말했다.

"내가 여러 교위의 공로를 잊은 것은 아니오. 지금 진실로 또 적절하게 헤아릴 것이오."

이에 어사에게 조서를 내려서 말했다.

"호군도위 공손오는 세 번 대장군을 따라 흉노를 공격했는데 항상 군대를 보호하고 장교들을 영도하고[1] 흉노의 왕을 포획했으니 1,500호를 공손오에게 봉해 합기후[2]로 삼는다. 도위 한열韓說은 대장군을 따라 유혼窳渾[3]으로 출동해 흉노의 우현왕의 조정에 이르러 대장군의 휘하에서 싸워[4] 흉노의 왕을 사로잡았으니 1,300호를 한열에게 봉해 용액후龍額侯로 삼는다.

天子曰 我非忘諸校尉功也 今固且圖之 乃詔御史曰 護軍都尉公孫敖 三從大將軍擊匈奴 常護軍 傳校[1]獲王 以千五百戶封敖爲合騎侯[2] 都尉韓說從大將軍出窳渾[3] 至匈奴右賢王庭 爲麾下搏[4]戰獲王 以 千三百戶封說爲龍額侯

① 傳校부교

색은 고비감顧祕監이 말했다. "부傳는 영령이다. 500명을 교校라고 이른다." 소안이 말했다. "傳의 발음은 '부附'이다. 공손오가 모든 군대를 통솔하고 보호하며 매양 부교部校(군부대 중 하나)를 붙여서 싸움에서 이기고 왕을 체포하는데 다다른 것이다."

顧祕監云 傳 領也 五百人謂之校 小顏云 傳音附 言敖總護諸軍 每附部校 以致 克捷而獲王也

② 合騎侯합기후

[색은] 살펴보니 읍지邑地가 아니고 전공戰功을 호칭으로 삼은 것이다. 군대를 표기장군에게 합한 것을 말한다. 그러므로 "합기合騎"라고 일렀으니 "관군冠軍"이나 "종표從驃"라고 하는 것과 같다.

案 非邑地 而以戰功爲號 謂以軍合驃騎 故云 合騎 若冠軍從驃然也

③ 窴渾유혼

[집해] 서광이 말했다. "유혼窴渾은 삭방朔方에 있다. 窴의 발음은 '유庾'이다."

徐廣曰 窴渾 在朔方 音庾

[색은] 窴의 발음은 '유庾'이다. 복건이 말했다. "요새 이름이다." 서광이 말했다. "삭방에 있다."《한서》에는 '전혼窴渾'으로 되어 있다. 窴의 발음은 '전田'이다.

音庾 服虔云 塞名 徐廣云 在朔方 漢書作窴渾 窴音田也

④ 搏박

[색은] 搏의 발음은 '박博'이다. 박搏은 격격擊이다. 소안도 동일하게 보았다. 지금《사기》나《한서》의 본본本 중에 다수가 '전傳'으로 되어 있다. 전傳은 전轉과 같다.

搏音博 搏 擊也 小顔同 今史漢本 多作傳 傳猶轉也

기장군 공손하公孫賀는 대장군을 따라 흉노의 왕을 포획했으니 1,300호를 공손하에게 봉해 남묘①후南窌侯로 삼는다. 경거장군 이채李蔡는 두 번이나 대장군을 따라 흉노의 왕을 포획했으니 1,600호로 이채를 봉해 낙안후樂安侯로 삼는다. 교위校尉 이삭李朔, 교위 조불우趙不虞, 교위 공손융노公孫戎奴는 각각 세 번이나 대장군을 따라 흉노의 왕을 포획했으니 1,300호를 이삭에게 봉해 섭지후涉軹侯로 삼고, 1,300호를 조불우에게 봉해 수성후隨成侯로 삼고, 1,300호를 공손융노에게 봉해 종평후從平侯로 삼는다. 장군 이저李沮와 이식, 교위 두여의豆如意는 공로가 있어 관내후의 작위를 하사하고 각각 300호의 식읍으로 한다."

騎將軍公孫賀從大將軍獲王 以千三百戶封賀爲南窌①侯 輕車將軍李蔡再從大將軍獲王 以千六百戶封蔡爲樂安侯 校尉李朔 校尉趙不虞 校尉公孫戎奴 各三從大將軍獲王 以千三百戶封朔爲涉軹侯 以千三百戶封不虞爲隨成侯 以千三百戶封戎奴爲從平侯 將軍李沮李息及校尉豆如意有功 賜爵關內侯 食邑各三百戶

① 南窌남묘

집해 서광이 말했다. "묘窌는 마땅히 '포窌'가 되어야 한다. 窌의 발음은 '표[匹孝反]'이다."

徐廣曰 窌宜作窌 音匹孝反

색은 서광은 窌의 발음이 '표[匹教反]'라고 했고, 위소는 "현의 이름이다."라고 했다. 어떤 이는 '교窌'가 되어야 하고 窌의 발음은 '교[干校反]'라고 했다. 《자림》에서 말한다. "대大자 아래에 '묘卯'와 혈穴 아래에 '묘卯'

는 함께 발음이 '표[匹孝反]'이다."

徐音匹教反 韋昭云縣名 或作窉 音干校反 字林云 大下卯與宀下卯 竝音匹孝反

그해 가을에 흉노가 대군代郡으로 쳐들어와 도위 주영朱英을 살해했다.

그다음 해 봄 대장군 위청은 정양으로 출동했다. 합기후 공손오는 중장군이 되고, 태복太僕 공손하는 좌장군이 되고, 흡후翕侯 조신趙信[1]은 전장군이 되고, 위위衛尉 소건은 우장군이 되고, 낭중령 이광은 후장군이 되고, 우내사 이저李沮는 강노장군이 되어 모두 대장군에게 소속되어 수천 명의 수급을 베어서 돌아왔다. 한 달 남짓 되어 다시 정양으로 출동해서 흉노를 공격하고 1만여 명의 수급을 베고 포로를 잡아 돌아왔다.

우장군 소건과 전장군 조신이 군대를 합쳐 3,000여 기병을 이끌고, 단독으로 선우의 군사를 만나 싸웠는데 하루 남짓 되어 한나라 군사가 거의[2] 진멸되다시피 되고 말았다. 전장군 조신은 원래 오랑캐 사람으로 투항해서 흡후가 되었는데, 위급하게 되자 흉노가 투항할 것을 그에게 권유하니 마침내 그의 나머지 기병인 800여 명을 인솔하고 선우에게 달려가 투항했다.

우장군 소건은 그의 군사들을 모두 잃고 단신으로 도망쳐 스스로 대장군에게로 돌아갔다.

其秋 匈奴入代 殺都尉朱英 其明年春 大將軍靑出定襄 合騎侯敖爲中將軍 太僕賀爲左將軍 翕侯趙信[1]爲前將軍 衛尉蘇建爲右將軍 郎中令

李廣爲後將軍 右內史李沮爲彊弩將軍 咸屬大將軍 斬首數千級而還
月餘 悉復出定襄擊匈奴 斬首虜萬餘人 右將軍建前將軍信幷軍三千餘
騎 獨逢單于兵 與戰一日餘 漢兵且盡[2] 前將軍故胡人 降爲翕侯 見急
匈奴誘之 遂將其餘騎可八百 犇降單于 右將軍蘇建盡亡其軍 獨以身
得亡去 自歸大將軍

① 趙信조신

신주　조신趙信(?~서기전 107년)은 원래 흉노의 소왕小王이었다. 그러나 한
나라에 투항하여 흡후가 되었는데, 전장군으로 흉노와 싸우다가 거의 전
멸하게 되자 다시 흉노에 투항했다. 그후 선우에게 하나의 전술로 북쪽으
로 사막을 넘어서 한나라 군사를 유인해 피곤하게 하고 한나라가 몹시 피
곤할 때 공격해 취하면서 요새에는 가까이하지 말 것을 요구하라는 그의
계책이 채용되면서 선우에게 자차왕에 봉해지고 선우의 누이와 결혼했
다. 그 후 여러 차례 흉노를 위한 계책을 내는 등 책략가로 활동했다.

② 且盡차진

신주　'차진且盡'은 거의 진멸되다시피 한 상황을 말한다.

대장군 위청이 그의 죄를 군정軍正인 굉閎,[1] 장사[2] 안安, 의랑 주
패周霸[3] 등에게 물었다.
"소건을 어떻게 처리하는 것이 마땅하겠소?"

주패가 말했다.

"대장군께서 출정하면서부터 일찍이 비장을 처형하지 않았습니다. 지금 소건이 군사들을 버리고 도망쳐 왔으니 참수해서 장군의 위엄을 밝혀야 합니다."

군정인 굉과 장사인 안이 말했다.

"그렇지 않습니다. 병법에 이르기를 '적은 수의 군대로 굳게 지키면 많은 수의 적에게 포로가 된다.[④]'라고 했습니다. 지금 소건이 수천의 기병으로 선우의 수만의 군사들을 대적해서 하루 동안 힘써 싸워 군사들이 다했는데도 감히 두 마음을 가지지 않고 스스로 돌아왔습니다. 스스로 돌아온 자를 참형한다면 이는 이후로 돌아오려는 뜻을 가질 수 없도록 일러주는 것입니다. 그래서 참형은 마땅하지 않습니다."

大將軍問其罪正閎[①]長史[②]安議郞周霸[③]等 建當云何 霸曰 自大將軍出 未嘗斬裨將 今建棄軍 可斬以明將軍之威 閎安曰 不然 兵法 小敵之堅 大敵之禽也[④] 今建以數千當單于數萬 力戰一日餘 士盡 不敢有二心 自歸 自歸而斬之 是示後無反意也 不當斬

① 正閎정굉

집해 장안이 말했다. "정正은 군정軍正이다. 굉閎은 이름이다."

張晏曰 正 軍正也 閎 名也

② 長史장사

정의 율律에는 도군관都軍官에 장사長史 1인이다.

律 都軍官長史一人也

③ 周霸주패

집해 서광이 말했다. "유생儒生이다."

徐廣曰 儒生

색은 서광은 유생이라고 일렀다. 살펴보니 〈교사지〉에는 봉선을 의논하는 데 주패周霸가 있었다. 그러므로 알게 된 것이다.

徐廣云儒生也 案 郊祀志 議封禪有周霸 故知也

④ 小敵之堅 大敵之禽也소적지견 대적지금야

신주 《손자병법》〈모공편〉에 "아군이 적군의 10배가 될 때는 포위를 하고, 5배가 되면 공격한다. 2배가 되면 적을 분열시키고, 적과 서로 비슷하면 싸우되 열심히 한다. 적보다 적으면 도망가야 하고, 도망가지 않으면 싸움을 피해야 한다. 그러므로 적은 수의 군대로 굳게 지키면 많은 수의 적에게 포로가 된다.[十則圍之 五則攻之 倍則分之 敵則能戰之 小則能逃之 不若則能避之 故小敵之堅 大敵之擒也]"라고 했다. 즉 '중과부적衆寡不敵'이란 말이다.

대장군이 말했다.

"나는 요행히도 천자의 친척으로서 대장군이 되어 군중軍中의 대오 사이에 있으니 위엄이 없는 것을 근심하지 않아도 된다. 주패는 나에게 위엄을 밝히라고 설득하고 있지만 이는 나의 뜻과 매우 다르다. 또 나의 직분으로 마땅히 장수를 참형할 수도 있으나 내가 총애 받는 것을 믿고 감히 스스로 국경 밖에서 멋대로 처벌할 수 없다. 구체적인 것을 갖추어 천자께 보고하여 천자께서 스스로 판단하게 해야 한다. 이것은 사람의 신하가 되어 감히 멋대로 권력을 행사하지 않는다는 것을 보이는 것이니 또한 마땅하지 않겠는가?"

군의 관리들이 모두 말했다.

"훌륭한 말씀입니다."

드디어 소건을 옥에 가두고 행재소行在所^①로 나아가게 했다. 그리고 요새로 들어와 군사를 휴식시켰다.

大將軍曰 青幸得以肺腑待罪行間 不患無威 而霸說我以明威 甚失臣意 且使臣職雖當斬將 以臣之尊寵而不敢自擅專誅於境外 而具歸天子 天子自裁之 於是以見爲人臣不敢專權 不亦可乎 軍吏皆曰 善 遂囚建 詣行在所^① 入塞罷兵

① 行在所행재소

집해 채옹蔡邕이 말했다. "천자가 스스로 거처하는 곳을 일러 '행재소行在所'라고 한다. 지금 비록 경사京師에 있으나 행차해서 이른 것을 말할 뿐이다. 천하를 순수하고 사무를 아뢰는 곳은 모두 궁宮이 된다. 장안長安에 있게 되면 장안궁이라고 아뢰고 태산泰山에 있으면 곧 봉고궁奉高宮이라고 하니 오직 당시의 소재를 말하는 것이다."

蔡邕曰 天子自謂所居曰行在所 言今雖在京師 行所至耳 巡狩天下 所奏事處皆爲宮 在長安則曰奏長安宮 在泰山 則曰奉高宮 唯當時所在

표기장군 곽거병

이해에 대장군 위청의 누이[①] 아들 곽거병霍去病이 18세의 나이로 무제의 총애를 받아 천자의 시중侍中이 되었다. 말을 타고 활을 잘 쏘아 두 번이나 대장군을 따랐으며, 황제의 조서를 받고 장사壯士라는 칭호와 함께 표요[②]교위剽姚校尉가 되었다.

이에 날래고 용감한 800여 기병과 함께 곧바로 대군大軍에서 떨어져 나가 수백 리를 달려 유리한 곳으로 갔다. 그리하여 베고 포획한 오랑캐의 수급과 포로가 한나라 손실보다 훨씬 많았다.[③]

是歲也 大將軍姊[①]子霍去病年十八 幸 爲天子侍中 善騎射 再從大將軍 受詔與壯士 爲剽姚[②]校尉 與輕勇騎八百直棄大軍數百里赴利 斬捕首 虜過當[③]

① 姊자

[집해] 서광이 말했다. "자姊(누이)는 곧 소아小兒이다."

徐廣曰 姊卽少兒也

② 剽姚표요

색은 앞 글자 勡의 발음은 '표[匹遙反]'이고, 뒷 글자 姚의 발음은 '요遙'이다. 대안이 순열荀悅의 《한기》를 살펴보니 '표요票鷂'로 되어 있다. 표요는 굳세고 날랜 모양이다. 앞 글자 票의 발음은 '뵤[頻妙反]'이고, 뒷 글자 鷂의 발음은 '오[弋召反]'이다.

上音匹遙反 下音遙 大顔案荀悅漢紀作票鷂 票鷂 勁疾之貌也 上音頻妙反 下音弋召反

③ 首虜過當수로과당

색은 살펴보니 소안이 말했다. "그가 거느린 바의 인원수를 계산하면 수급과 포로로 잡은 것이 더 많아 할당량을 넘은 것이다. 일설에는 한나라 군사들을 잃은 것은 적고 흉노를 죽이고 노획한 수가 많아서 과당過當이라고 한 것이라고 하였다."

案 小顔云 計其所將之人數 則捕首虜爲多 過於所當也 一云漢軍亡失者少 而殺獲匈奴數多 故曰過當也

이에 천자가 말했다.

"표요교위勡姚校尉 곽거병이 적의 수급과 포로 2,028급級과 상국相國, 당호當戶도 참斬했으며 선우의 대부항大父行[①] 적약후籍若侯[②] 산산을 참수하고 그의 계부季父 나고비羅姑比[③]를 생포했다. 이는 두 번이나 최고의 군공을 세운 것이니 1,600호를 곽거병에게 봉해 관군후冠軍侯로 삼는다. 상곡태수 학현郝賢은 네 번이나 대장군을 따라 수급과 포로 2,000여 명을 참하거나 생포해

1,100호를 학현에게 봉해 중리후衆利侯로 삼는다."

이해에 (위청은) 두 장군의 군사들을 잃었고,[④] 흡후 조신은 도망쳐 항복해 군대의 공로가 많지 않았다. 그러므로 대장군 위청은 더 봉해지지 않았다. 우장군 소건은 장안에 이르렀으나 천자는 처벌하지 않았고 그의 죄를 사면해 속죄금을 내고 서인이 되었다.

於是天子曰 剽姚校尉去病斬首虜二千二十八級 及相國當戶 斬單于大父行[①]籍若[②]侯産 生捕季父羅姑比[③] 再冠軍 以千六百戶封去病爲冠軍侯 上谷太守郝賢四從大將軍 捕斬首虜二千餘人 以千一百戶封賢爲衆利侯 是歲 失兩將軍軍[④] 亡翕侯 軍功不多 故大將軍不益封 右將軍建 至 天子不誅 赦其罪 贖爲庶人

① 大父行대부항

[색은] 行의 발음은 '항[胡浪反]'이다. 적약후籍若侯는 이 흉노 선우의 할아버지 항렬을 이른다. 《한서》에서 말한다. "적약후산籍若侯産"이라고 했으며 산産은 곧 대부大父의 이름이다."

行音胡浪反 謂藉若侯是匈奴祖之行也 漢書云 藉若侯産 産卽大父之名

② 籍若적약

[집해] 장안이 말했다. "적약籍若은 호胡의 후侯이다."

張晏曰 籍若 胡侯

③ 羅姑比나고비

[색은] 살펴보니 안씨가 말했다. "나고비羅姑比는 선우單于의 계부季父 이

름이다." 소안이 말했다. "비比는 빈頻이다." 살펴보니 아래 문장에서 이미 '재관군再冠軍'이라고 했으니 다시 반복하여 말할 필요가 없다.

案 顏氏云 羅姑比 單于季父名也 小顏云 比 頻也 案 下文旣云再冠軍 無容更言 頻也

④ 失兩將軍軍실양장군군

신주 양 장군은 우장군 소건과 전장군 조신을 가리킨다. 이들은 3,000여 기병만을 이끌고, 단독으로 선우의 군사를 만나 함께 싸우다가 군사가 거의 전멸되다시피 했다. 이 때문에 소건은 참수斬首의 형을 받았다가 속죄금을 내고 서인이 되었으며, 조신은 흉노에 투항했다.

대장군이 철군해 돌아온 뒤 천자는 1,000금을 하사했다. 이때 왕부인王夫人①이 바야흐로 주상에게 총애받았는데 영승寧乘이 대장군을 설득해 말했다.

"장군께서는 공로가 매우 많지 않은데도 1만 호의 식읍을 가진 신분으로 세 아들은 모두 후작이 되었으니 아마도 황후 때문일 것입니다. 지금 왕부인께서 총애받고 있지만 종족들은 부귀하지 못합니다. 원컨대 장군께서는 1,000금의 하사받은 것을 받들어 왕부인 어머니의 장수를 축하해 주십시오."

대장군이 이에 500금으로 왕부인의 어머니의 장수를 축하했다. 천자 무제가 이 소식을 듣고 대장군에게 묻자 대장군이 사실대로 아뢰었다. 무제가 이에 영승을 동해②도위東海都尉에 제수하였다.

大將軍旣還 賜千金 是時王夫人方幸於上 甯乘說大將軍曰 將軍所以
功未甚多 身食萬戶 三子皆爲侯者 徒以皇后故也 今王夫人^①幸而宗族
未富貴 願將軍奉所賜千金爲王夫人親壽 大將軍乃以五百金爲壽 天子
聞之 問大將軍 大將軍以實言 上乃拜甯乘爲東海^②都尉

① 王夫人왕부인

신주 제희왕 유굉劉閎의 어머니이다. 왕부인은 유굉을 낳았다. 어머니 왕
부인이 무제에게 총애를 받음으로써 유굉에 대한 무제 사랑이 남달랐다.

② 東海동해

신주 동해군은 원래 초나라에 속했던 곳으로 진나라 때 담군郯郡을 설
치했는데, 한나라 고제가 개명한 한신의 봉토이다. 《한서》〈지리지〉에 따
르면 담현郯縣, 난릉현蘭陵縣 등 38현을 두었고, 35만 8,414가에 인구가
155만 9,357명이었다고 기록하고 있다.

장건張騫은 대장군을 따라 종군했다. 그는 일찍이 대하大夏^①에 사
신으로 갔다가 흉노에게 오래도록 억류된 적이 있었다. 이 때문에
대장군의 군대를 안내했다. 그는 물과 풀이 있는 곳을 잘 알아서
군대에 굶주림과 갈증을 없게 했다. 이로 인해 지난날 사신으로
국가에 공로가 큰 것을 인정받아 장건을 박망후博望侯에 봉했다.
관군후 곽거병이 후작이 된 지 3년이 지난 무제 원수元狩 2년 봄,

관군후 곽거병을 표기[2]장군으로 삼았다. 곽거병은 1만여 명의 기병을 거느리고 농서로 출동해서 군공을 세웠다.

張騫從大將軍 以嘗使大夏[1] 留匈奴中久 導軍 知善水草處 軍得以無飢渴 因前使絶國功 封騫博望侯 冠軍侯去病旣侯三歲 元狩二年春 以冠軍侯去病爲驃騎[2]將軍 將萬騎出隴西 有功

① 大夏대하

정의 대하국大夏國은 대원大宛의 서쪽에 있다.

大夏國在大宛西

② 驃騎표기

집해 서광이 말했다. "표驃는 다른 판본에는 또한 '표剽'로 되어 있다."

徐廣曰 驃 一亦作剽

정의 《한서》에서 말한다. "곽거병이 흉노를 정벌하고 사막을 뛰어넘는 공로가 있어 처음으로 표기장군에 배치했는데, 지위는 삼사三司에 있으며 품등과 녹봉은 대장군과 동일하다."《설문》에서 말한다. "표驃는 황색 말인데, 갈기가 흰색이다. 일명 백모미白髦尾라고도 한다."

漢書云 霍去病征匈奴 有絶幕之勳 始置驃騎將軍 位在三司 品秩同大將軍 說文云 驃 黃馬鬣白色 一曰白髦尾

무제가 말했다.

"표기장군은 군사를 이끌고 오려산烏鑾山①을 넘어 속복遬濮②을 토벌했다. 그리고 호노수狐奴水③를 건너 다섯 나라를 거쳐 지나면서 군수품을 실은 수레나 백성 중 두려워 떨고 있는④ 자에게는 해치지 않고 선우의 아들만 체포하기를 바랐다.⑤ 이에 이리저리 돌며 싸우기를 6일 동안을 하고 언지산焉支山 1,000여 리를 지나서 단창과 단검으로 교전해 절란왕折蘭王을 살해하고 노호왕盧胡王의 수급을 잘랐으며⑥ 전갑全甲⑦을 처단하고 혼야왕渾邪王의 아들과 상국과 도위를 체포했다. 그리고 그들의 수급과 포로 8,000여 급을 얻고 휴저왕이 하늘에 제사 지내는 금인金人을⑧ 거두었다. 이에 곽거병에게 2,000호를 더 봉하노라."

天子曰 驃騎將軍率戎士踰烏鑾① 討遬濮② 涉狐奴③ 歷五王國 輜重人衆慴慴④者弗取 冀⑤獲單于子 轉戰六日 過焉支山千有餘里 合短兵 殺折蘭王 斬盧胡王⑥ 誅全甲⑦ 執渾邪王子及相國都尉 首虜八千餘級 收休屠祭天金人⑧ 益封去病二千戶

① 烏鑾오려

집해 《한서음의》에서 말한다. "鑾의 발음은 '려戾'이다. 산 이름이다."

漢書音義曰 音戾 山名也

② 遬濮속복

색은 遬濮의 발음은 '속복遫卜'인데 두 가지 발음이 있다. 최호가 말했다. "흉노 부락의 이름이다." 살펴보니 아래에 "속복왕遬濮王"이 있는 것으로 보아, 이는 나라 이름이다.

音速卜二音 崔浩云 匈奴部落名 案 下有遬濮王 是國名也

③ 狐奴호노

[집해] 진작이 말했다. "물 이름이다."

晉灼曰 水名也

④ 慴愶섭접

[집해] 문영이 말했다. "공구恐懼(두려워하다)이다."

文穎曰 恐懼也

[색은] 살펴보니《설문》에서 말한다. "섭讋은 실기失氣이다." 유씨가 말했다. "앞 글자 慴의 발음은 '섭[式涉反]'이고 뒷 글자 愶의 발음은 '접[之涉反]'이다."

案 說文云 讋 失氣也 劉氏云 上式涉反 下之涉反

⑤ 冀기

[집해] 서광이 말했다. "다른 판본에는 '여與'로 되어 있다."

徐廣曰 一作與

⑥ 折蘭王斬盧胡王절란왕참로호왕

[집해] 장안이 말했다. "절란折蘭, 노호盧胡는 나라 이름이다. 살殺은 그를 죽인다는 뜻일 따름이다. 참斬은 그의 머리를 베어 얻은 것이다."

張晏曰 折蘭 盧胡 國名也 殺者 殺之而已 斬者 獲其首

[정의] 안사고가 말했다. "절란折蘭은 흉노 안의 성姓이다. 지금 선비鮮卑

중에 이 난성蘭姓이 있는 것은 곧 그의 종족이다."

顔師古云 折蘭 匈奴中姓也 今鮮卑有是蘭姓者 即其種

⑦ 全甲전갑

集解 서광이 말했다. "전全은 다른 판본에는 '금金'으로 되어 있다."

徐廣曰 全 一作金

정의 전갑全甲은 갖춘 것이 풍족해서 잃지 않음을 이른다.

全甲 謂具足不失落也

⑧ 休屠祭天金人휴저제천금인

集解 여순이 말했다. "하늘에 제사를 지내는 신주다."

如淳曰 祭天爲主

색은 살펴보니 장영이 말했다. "불도佛徒들이 금인金人에 제사를 지내는 것이다." 여순이 말했다. "하늘에 제사를 지내는데 금인을 신주로 삼는 것이다." 屠의 발음은 '저儲'이다.

案 張嬰云 佛徒祠金人也 如淳云 祭天以金人爲主也 屠音儲

> 그해 여름 표기장군이 합기후 공손오와 함께 북지北地로 출동하며 길을 달리하고, 박망후 장건과 낭중령 이광이 함께 우북평으로 출동하며 길을 달리해 모두 흉노를 공격했다.
> 낭중령 이광은 4,000여 기병으로 먼저 이르렀으며 박망후 장건은 1만여 기병을 거느리고 뒤에 도착했다.

흉노 좌현왕이 수만 명의 기병을 거느리고 낭중령을 포위하자 낭중령이 함께 이틀간을 싸워서 죽은 자가 절반을 넘었고 죽인 자들도 또한 아군의 죽은 숫자보다 많았다.

박망후가 이르자 흉노의 군사들은 떠나갔다. 박망후는 행군이 지체된 것에 연좌되어 참형에 해당했다. 이에 속죄금을 내고 서인이 되었다.

其夏 驃騎將軍與合騎侯敖俱出北地 異道 博望侯張騫郎中令李廣俱出右北平 異道 皆擊匈奴 郎中令將四千騎先至 博望侯將萬騎在後至 匈奴左賢王將數萬騎圍郎中令 郎中令與戰二日 死者過半 所殺亦過當 博望侯至 匈奴兵引去 博望侯坐行留 當斬 贖爲庶人

표기장군 곽거병은 북지로 출동해 이미 깊이 쳐들어가서 합기후와 함께 길이 어긋나 서로 만나지 못했다. 표기장군은 거연居延[①]을 넘어서 기련산에 이르러 얻은 수급과 포로가 매우 많았다. 천자가 말했다.

"표기장군이 거연을 넘어 드디어 소월지小月氏[②]를 지나 기련산[③]을 공격해 추도왕酋涂王[④]을 생포하였고, 항복시킨 백성이 2,500여 명이다. 또 참수하거나 사로잡은 적이 3만 200여 명이고 오왕五王, 오왕모五王母, 선우연지單于關氏, 왕자 59명, 상국, 장군, 당호, 도위 63명을 노획했는데, 우리 군사는 대략[⑤] 10분의 3이 줄었을 뿐이다.[⑥] 이에 곽거병에게 5,000호를 더 봉한다. 또 교위校尉 중 곽거병을 따라서 소월지까지 이른 자에게는 좌서장左庶長의 작위를 하사한다.

而驃騎將軍出北地 已遂深入 與合騎侯失道 不相得 驃騎將軍踰居延①
至祁連山 捕首虜甚多 天子曰 驃騎將軍踰居延 遂過小月氏② 攻祁連
山③ 得酋涂王④ 以衆降者二千五百人 斬首虜三萬二百級 獲五王 五王
母 單于閼氏王子五十九人 相國將軍當戶都尉六十三人 師大率⑤減什
三⑥ 益封去病五千戶 賜校尉從至小月氏爵左庶長

① 居延거연

[집해] 장안이 말했다. "물 이름이다."

張晏曰 水名也

② 小月氏소월지

[색은] 위소가 말했다. "氏의 발음은 '지支'이다."《한서》〈서역전〉에서
말한다. "대월지大月氏는 본래 돈황과 기련산의 사이에 위치하는데, 나머
지 백성은 남산南山에서 보호받아서 마침내 소월지라고 불렀다."

韋昭云 音支 西域傳 大月氏本居敦煌祁連間 餘衆保南山 遂號小月氏

[신주] 〈대완열전〉에서 말한다. "그 남은 백성은 떠나갈 수가 없어 남산
의 강족에게 보호를 받고 살아 소월지라고 불렀다.[其餘小衆不能去者 保南山
羌 號小月氏]"

③ 祁連山기련산

[색은] 소안이 말했다. "곧 천산天山이다. 흉노는 하늘을 기련이라고 이
른다."《서하구사》에서 말한다. "백산白山은 천산天山이다." 기련은 아마

도 곧 천산天山이 아닌가 한다.

小顏云 卽天山也 匈奴謂天〔爲〕祁連 西河舊事謂白山 天山 祁連恐非卽天山也

④ 酋涂王추도왕

집해 장안이 말했다. "호왕胡王이다."

張晏曰 胡王也

색은 酋의 발음은 '쥬[才由反]'이고 涂의 발음은 '도徒'이다.《한서》에서
"무용을 녹득鑠得에서 떨치고 선우의 단환單桓과 추도왕을 사로잡았다."
라고 했는데, 이 문장이 생략되었다.

酋音才由反 涂音徒 漢書云 揚武乎鑠得 得單于單桓酋涂王 此文省也

⑤ 率율

정의 率의 발음은 '율律'이다.

率音律也

⑥ 減什三감십삼

색은 살펴보니《한서》에 "감십칠減什七"이라고 해 동일하지 않다. 소안
이 말했다. "흉노의 군사들을 무너뜨려 10에서 7을 감소시킨 것이다. 일
설에는 한나라 군사의 망실한 수라고 하였는데, 아래에 모두 이와 비슷
하다." 살펴보니 뒤의 설명이 옳다.

案 漢書云 減什七 不同也 小顏云 破匈奴之師 十減其七 一云 漢兵亡失之數 下
皆類此 案 後說爲是也

응격사마鷹擊司馬 조파노는 두 번이나 표기장군을 따라 속복① 왕을 참수하고 계저왕稽沮王②을 생포했다. 그리고 그의 천기장은 왕과 왕의 어머니 각 1명③과 왕자 이하 41명을 생포했으며 포로로 3,330명을 잡았고, 전위대가 1,400명을 생포했으니 1,500호를 조파노에게 봉해 종표④후從驃侯로 삼는다. 교위校尉 구왕句王 고불식高不識⑤은 표기장군을 따라 호우저왕呼于屠王⑥과 왕자 이하 11명을 생포하고 1,768명의 포로를 잡았으니 1,100호를 고불식에게 봉해 의관후宜冠侯⑦로 삼는다. 교위 복다僕多⑧도 전공이 있으므로 봉해서 휘⑨거후輝渠侯로 삼는다."

합기후 공손오는 행군이 지체되어 표기장군과 합류하지 못한 이유로 참형에 해당하여 속죄금을 내고 서인이 되었다.

鷹擊司馬破奴再從驃騎將軍斬遫濮①王 捕稽沮②王 千騎將得王王母各一人③ 王子以下四十一人 捕虜三千三百三十人 前行捕虜千四百人 以千五百戶封破奴爲從驃④侯 校尉句王高不識⑤ 從驃騎將軍捕呼于屠王⑥王子以下十一人 捕虜千七百六十八人 以千一百戶封不識爲宜冠⑦侯 校尉僕多⑧有功 封爲輝⑨渠侯 合騎侯敖坐行留不與驃騎會 當斬 贖爲庶人

① 遫濮속복

정의 遫濮의 발음은 '속복遫卜'인데 두 가지 발음이 있다.

遫卜二音

② 沮저

[색은] 沮의 발음은 '져[子余反]'이다.

沮音子余反

③ 千騎將得王王母各一人천기장득왕왕모각일인

[색은] 살펴보니 《한서》에 "우천기장왕右千騎將王"이라고 하였으니, 그렇다면 이 천기장千騎將은 한나라 장수이고 조파노趙破奴에게 소속되어 흉노의 오왕五王과 왕모王母를 사로잡은 것이다. 어떤 이는 이르기를 우천기장右千騎將은 곧 흉노왕의 이름이라고 했다.

按 漢書云 右千騎將王 然則此千騎將漢之將 屬趙破奴 得匈奴五王及王母也 或云右千騎將卽匈奴王之名

④ 從驃종표

[집해] 장안이 말했다. "표기장군을 따라 공로가 있다고 해서, 이로 말미암아 호칭으로 삼은 것이다."

張晏曰 從驃騎將軍有功 因以爲號

⑤ 句王高不識구왕고불식

[집해] 서광이 말했다. "句의 발음은 '구鉤'이다. 흉노가 이로써 호칭으로 삼았다."

徐廣曰 句音鉤 匈奴以爲號

[색은] 살펴보니 두 사람은 모두 흉노 사람이다.

案 二人竝匈奴人也

⑥ 呼于屠王호우저왕

색은 살펴보니 호우저呼于屠는 모두 왕의 호칭이다.

案 三字共爲王號

⑦ 宜冠의관

정의 공문상이 말했다. "관군장군冠軍將軍을 따라 싸웠기 때문에 의관宜冠이라고 한 것이다. 종표從驃의 의미와 유사하다."

孔文祥云 從冠軍將軍戰故 宜冠 從驃之類也

⑧ 僕多복다

색은 살펴보니 한漢의 〈백관표〉에는 '복붕僕朋'으로 되어 있으니 '다多'자는 잘못 쓰인 거라는 의심이 간다.

案 漢百官表作僕朋 疑多是誤

⑨ 煇휘

색은 煇의 발음은 '휘暉'이다.

煇音暉

여러 노련한 장수가 거느리는 사졸이나 말이나 병기들은 또한 표기장군만 같지 못했다. 표기장군은 항상 선발된① 자들만을 거느렸다. 그러나 또한 감히 적의 깊숙한 지점까지 쳐들어가는데, 항상 씩씩한 기병들과 함께 대군의 앞에 섰다. 군사들에게도 하늘의 행운이 있어서 일찍이 곤경에 빠지지 않았다. 그러나 여러 노련한

장수는 항상 머뭇거리다 떨어져 만나서 함께 하지 못했다.②

이로 말미암아 표기장군은 날로 천자가 친애하고 귀하게 여겨 위세로는 대장군에 견주었다.

諸宿將所將士馬兵亦不如驃騎 驃騎所將常選① 然亦敢深入 常與壯騎
先其大(將)軍 軍亦有天幸 未嘗困絶也 然而諸宿將常坐留落不遇② 由
此驃騎日以親貴 比大將軍

① 常選상선

색은 選의 발음은 '선[宣變反]'이다. 표기장군이 항상 정예병을 가려 취하였음을 이른다.

音宣變反 謂驃騎常選擇取精兵

② 留落不遇유락불우

색은 살펴보니 지체하거나 머물다 뒤떨어지게 되어 만나서 함께하지 못하는 것을 이른다.

案 謂遲留零落 不偶合也

신주 '유락留落'은 지체되어 뒤떨어진다는 뜻이다.

그해 가을 흉노의 선우는 혼야왕渾邪王이 서방에 있으면서 여러
차례 한나라에 무너졌고 수만 명을 표기장군의 군사에게 잃었다.

이에 선우는 노여워하여 혼야왕을 불러서 주벌하고자 했다.

혼야왕과 휴저왕 등이 함께 모의하여 한나라에 항복하려고 사람을 보내서 먼저 변방의 관리에게 부탁하게 했다.[①] 이때 대행大行 이식李息이 장수로서 하수 근처에 성을 쌓다가 혼야왕의 사신을 맞이하고 곧 파발마를 달려서[②] 장안에 알리게 했다.

천자 무제가 이 소식을 듣고 이에 그들이 거짓으로 항복하고 변방을 습격할까 걱정하면서 곧 표기장군에게 군사를 이끌고 가서 맞이하게 했다. 표기장군이 이윽고 하수를 건너서 혼야왕의 무리와 서로 멀찍이 바라보이자 혼야왕의 비장裨將들이 한나라 군사들을 보고 항복하지 않으려 도망쳐 달아나는 자가 자못 많았다.[③]

其秋 單于怒渾邪王居西方數爲漢所破 亡數萬人 以驃騎之兵也 單于怒 欲召誅渾邪王 渾邪王與休屠王等謀欲降漢 使人先要邊[①] 是時大行 李息將城河上 得渾邪王使 卽馳傳[②]以聞 天子聞之 於是恐其以詐降而 襲邊 乃令驃騎將軍將兵往迎之 驃騎旣渡河 與渾邪王衆相望 渾邪王 裨將見漢軍而多欲不降者 頗遁去[③]

① 使人先要邊사인선요변

[색은] 살펴보니 먼저 변경에 한나라 사람의 척후병에게 요구해 그들이 항복하고자 함을 말한 것을 이른다.

案 謂先於邊境要候漢人 言其欲降

② 치전馳傳

[신주] 파발마를 타고 소식을 전하려고 달려가는 것이다.

③ 而多欲不降者 頗遁去이다욕불항자 파둔거

신주 문맥의 흐름으로 보았을 때 '而欲不降遁去者 頗多'로 문구의 글자를 배열하는 것이 타당하다.

표기장군이 이에 말을 달려 적진으로 들어가서 혼야왕과 서로 만나보고 그 도망치고자 하는 자 8,000여 명을 처단했다. 마침내 홀로 혼야왕을 수레에 태워 역마을을 거쳐서 먼저 행재소行在所로 나아가게 했다. 그리고 그의 무리를 모두 인솔하고 하수를 건넜다. 항복한 자가 수만數萬이었지만 명목상 10여만 명이라고 불렀다. 이윽고 장안에 이르자 천자가 상을 내린 것이 수십여 만금이나 되었다. 혼야왕을 1만 호로 봉해서 탑음①후漯陰侯라고 했다. 그의 비왕裨王 호독니呼毒尼②를 하마후下摩侯에 봉하고, 응비鷹庇를 휘거후煇渠侯에 봉하고,③ 금리禽梨④를 하기후河綦侯에 봉하고, 대당호大當戶 동리銅離⑤를 상락후常樂侯에 봉했다.

驃騎乃馳入與渾邪王相見 斬其欲亡者八千人 遂獨遣渾邪王乘傳先詣行在所 盡將其衆渡河 降者數萬 號稱十萬 既至長安 天子所以賞賜者數十巨萬 封渾邪王萬戶 爲漯陰①侯 封其裨王呼毒尼②爲下摩侯 鷹庇爲煇渠侯③ 禽梨④爲河綦侯 大當戶銅離⑤爲常樂侯

---

① 漯陰탑음

색은 漯의 발음은 '탑[他合反]'이다. 〈지리지〉를 살펴보니 현 이름이고 평원군에 있다.

漯音他合反 案地理志 縣名 在平原郡

② 呼毒尼호독니

[집해] 문영이 말했다. "호왕胡王의 이름이다."

文穎曰 胡王名

③ 鷹庇爲煇渠侯응비위휘거후

[집해] 서광이 말했다. "일설에는 '편자篇訾'라고 일렀다."

徐廣曰 一云篇訾

[색은] 《한서》에는 응鷹은 '안雁'으로 되어 있고 庇의 발음은 '피[必二反]' 또는 '피[疋履反]'이다. 살펴보니 《한서》〈공신표〉에는 이르기를 "원수元 狩 2년 휘거煇渠로써 복붕僕朋에 봉했고, 3년에 이르러 또 응비鷹庇를 봉했 다."라고 했다. 그 땅은 다 노양魯陽에 속하는데, 그 까닭이 자세하지 않다.

漢書鷹作雁 庇音必二反 又音疋履反 案 漢書功臣表云元狩二年以煇渠封僕朋 至三年又封鷹庇 其地俱屬魯陽 未詳所以

[정의] 휘거煇渠는 표表에 "순양順梁"으로 되어 있다.

煇渠 表作順梁

④ 禽梨금리

[집해] 서광이 말했다. "금禽은 다른 판본에는 '조鳥'로 되어 있다."

徐廣曰 禽 一作鳥

[색은] 살펴보니 표表에는 "조리鳥梨"로 되어 있다.

案 表作鳥梨

⑤ 銅離동리

집해 서광이 말했다. "다른 판본에는 '조리稠離'로 되어 있다."

徐廣曰 一作稠離也

색은 서광이 말했다. "다른 판본에는 '조리稠離'로 되어 있어 《한서》의 〈공신표〉와도 동일하다. 이곳의 글에 "동리銅離"라고 하였으니 글자가 다르다."

徐廣 一作稠離 與漢書功臣表同 此文云 銅離 文異也

이에 천자가 표기장군의 군공을 기려서 말했다.

"표기장군 곽거병은 군사를 거느리고 흉노의 서역왕 혼야를 공격해 왕과 그의 백성들이 모두 서로 투항해 오자 거두어 군량미로 음식을 접대했다. 아울러 궁수弓手 1만여 명을 이끌고 가서 도망하려는 무리①를 처단해 수급과 포로 8,000여 급을 포획하고, 다른 나라 왕 32명을 항복시켰다. 그리하여 우리의 전사들은 손상을 입지 않고서도 10만의 백성을 다 품어 복종하게 했다. 여러 차례 함께 힘을 써 하수의 요새에 이르는 곳에는 거의 근심이 없어졌으니② 다행히 앞으로 길이 편안해질 것이다. 1,700호를 표기장군에게 더 보태 봉하노라."

이리하여 농서, 북지, 상군上郡에서 수자리 사는 군사를 절반으로 줄이고 천하의 부역을 느슨하게 했다.

於是天子嘉驃騎之功曰 驃騎將軍去病率師攻匈奴西域王渾邪王 及厥衆萌咸相犇 率以軍糧接食 幷將控弦萬有餘人 誅猲驒① 獲首虜八千餘

級 降異國之王三十二人 戰士不離傷 十萬之衆咸懷集服 仍與之勞 爰
及河塞 庶幾無患② 幸旣永綏矣 以千七百戶益封驃騎將軍 減隴西北地
上郡戍卒之半 以寬天下之繇

① 獟駻교한

[집해] 진작이 말했다. "獟의 발음은 '고[欺譙反]'이다."

晉灼曰 獟音欺譙反

[색은] 獟의 발음은 '고[丘昭反]'이다. 《설문》에는 '교趬'로 되어 있다. 행
하는 것이 빠른 모양이다. 遮는 다른 판본에는 '질疾'로 되어 있다. 駻
의 발음은 '한[胡旦反]'이다.

上音丘昭反 說文作趬 行遮貌 遮 一作疾 駻音胡旦反

[신주] 본래는 미친개나 사나운 말처럼 매우 용맹함을 뜻하나 여기서는
투항을 꺼린 혼야왕의 비장과 그를 따르는 무리 등을 가리킨다.

② 庶幾無患서기무환

[정의] 흉노의 우지右地 혼야왕渾邪王이 투항하면 새외塞外가 하수河水의
여러 군의 백성과 어우러져 우환이 없어짐을 말한다.

言匈奴右地渾邪王降 而塞外竝河諸郡之民無憂患也

얼마 지나서 이에 항복한 자들을 변방의 5개 군郡①으로 이주시
켜 옛 요새 밖에 살게 했다. 그래서 이들은 모두가 하남 땅에 살
게 되었고 그들의 옛 풍속을 따르면서 한나라 속국②이 되었다.
그다음 해에 흉노는 우북평과 정양으로 쳐들어와 한나라 백성
1,000여 명을 죽이고 약탈해 갔다.

그다음 해에 천자는 여러 장수와 의논해서 말했다.

"흡후 조신이 선우의 계책을 세우고 있는데 항상 그는 한나라 군
사는 사막을 건너지 못할 것으로 여기고 경솔하게 머물 것이다.③
지금 군사들을 크게 징발해 공격한다면 그 세력으로 틀림없이 우
리가 하고자 하는 것을 얻을 것이다."

이 해는 무제 원수 4년이다.

居頃之 乃分徙降者邊五郡① 故塞外 而皆在河南 因其故俗 爲屬國② 其
明年 匈奴入右北平定襄 殺略漢千餘人 其明年 天子與諸將議曰 翕侯
趙信爲單于畫計 常以爲漢兵不能度幕輕留③ 今大發士卒 其勢必得所
欲 是歲元狩四年也

① 五郡오군

정의 5군은 농서, 북지, 상군, 삭방, 운중을 이른 것이니, 모두 옛 요새
밖의 지역이다. 또 북해北海의 서남쪽에 있다.

五郡謂隴西北地上郡朔方雲中 竝是故塞外 又在北海西南

② 屬國속국

정의 항복해서 온 백성을 5개 군에 이주시키고 각각 본국本國의 풍속

대로 살면서도 한나라에 소속하게 했다. 그러므로 "속국屬國"이라고 한 것이다.

以降來之民徙置五郡 各依本國之俗而屬於漢 故言屬國也

③ 幕輕留막경류

색은 살펴보니 막幕은 곧 사막이다. 옛날에는 글자가 적었기 때문에 통용한 것이다. 경류輕留는 흉노는 한나라 군사가 능히 이르지 못할 것으로 여긴 것이다. 그러므로 경솔하게 머물러 떠나지 않은 것을 이른다.

案 幕卽沙漠 古字少耳 輕留者 謂匈奴以漢軍不能至 故輕易留而不去也

원수元狩 4년 봄에 무제는 대장군 위청과 표기장군 곽거병에게 각각 5만 명의 군사를 인솔케 하고, 보병과 수레를 끄는 자 수십만을 종군踵軍토록 했으며① 용감하게 깊숙이 쳐들어가 힘써 싸울 군사는 모두 표기장군에게 속하게 했다.

표기장군은 처음 정양으로 출동해 선우와 맞부딪치려고 했다. 그런데 포로로 잡힌 흉노 사람이 선우가 동쪽으로 갈 것이라는 말을 하자 곧 변경해서 표기장군을 대군代郡으로 출동케 하고 대장군에게는 정양으로 출동할 것을 명령했다.

낭중령 이광은 전장군, 태복 공손하는 좌장군, 주작도위 조이기는 우장군, 평양후 조양曹襄은 후장군이 되어 모두가 대장군 위청에게 소속되었다.

군사들이 곧바로 사막을 건너는데 사람과 말은 모두 5만 기騎였다.

이들은 표기장군 등과 함께 흉노의 선우를 공격하였다.

元狩四年春 上令大將軍靑驃騎將軍去病將各五萬騎 步兵轉者踵軍數
十萬^① 而敢力戰深入之士皆屬驃騎 驃騎始爲出定襄 當單于 捕虜言單
于東 乃更令驃騎出代郡 令大將軍出定襄 郎中令爲前將軍 太僕爲左
將軍 主爵趙食其爲右將軍 平陽侯襄爲後將軍 皆屬大將軍 兵卽度幕
人馬凡五萬騎 與驃騎等咸擊匈奴單于

① 步兵轉者踵軍數十萬 보병전자종군수십만

정의 화물을 운송하는 군사와 보병이 뒤를 이어서 또 수십만 명인 것
을 말한다.

言轉運之士及步兵接後又數十萬人

신주 종군踵軍은 기마병의 뒤를 이어 쫓아가는 보병과 수레로 군수를
운반하는 자를 말한다.

조신이 선우의 책사가 되어 말했다.

"한나라 군사는 이미 사막을 건넜으니 사람과 말이 피로해졌을
것입니다. 흉노는 가히 앉아서 적을 포로로 잡기만 하면 될 뿐입
니다."

이에 그들의 물자와 보급품을 모두 북쪽의 먼 곳으로 옮기고 모
든 정예병을 사막의 북쪽에 대기시켰다. 마침 대장군의 군대가 요
새에서 1,000여 리까지 출동했을 즈음, 선우의 군사가 진을 치고

기다리고 있는 것을 보았다. 이에 대장군이 무강거武岡車[1]에 명해서 스스로 빙 둘러싸 진영을 만들게 하고 5,000여 기병을 내보내가서 흉노와 대적하게 했다. 흉노도 1만여 기병을 내보냈다.

때마침 해는 이미 넘어가고 큰바람이 일어나 모래들이 날아서 얼굴을 치자 양쪽의 군대가 서로를 보지 못했다. 한나라 군대는 좌우의 군사들을 펴서 선우를 둘러쌌다. 선우는 한나라 군사들이 많고 군사와 말들이 오히려 강해 싸운다면 흉노가 불리하다고 보고 땅거미가 깔리자 선우는 드디어 여섯 마리가 끄는 수레를 타고 강한 기병 수백 명과 함께 곧바로 한나라 포위망을 뚫고 서북쪽으로 달아났다. 때는 이미 어두워져서 한나라와 흉노는 서로 엉클어져 때리고 쳐서[2] 죽이고 부상을 당한 것이 서로 비슷했다.[3]

趙信爲單于謀曰 漢兵旣度幕 人馬罷 匈奴可坐收虜耳 乃悉遠北其輜重 皆以精兵待幕北 而適値大將軍軍出塞千餘里 見單于兵陳而待 於是大將軍令武剛車[1]自環爲營 而縱五千騎往當匈奴 匈奴亦縱可萬騎 會日且入 大風起 沙礫擊面 兩軍不相見 漢益縱左右翼繞單于 單于視漢兵多 而士馬尙彊 戰而匈奴不利 薄莫 單于遂乘六騾 壯騎可數百 直冒漢圍西北馳去 時已昏 漢匈奴相紛挐[2] 殺傷大當[3]

① 武剛車무강거

[집해] 《손오병법》에서 말한다. "건巾도 있고 덮개도 있는 것을 무강거武剛車라고 이른다."

孫吳兵法曰 有巾有蓋 謂之武剛車也

② 紛挐분나

정의 《삼창해고》에서 말한다. "분나紛挐는 서로 당기는 것이다."

三蒼解詁云 紛挐 相牽也

신주 분나紛挐는 서로 엉클어져 때리고 치는 것이다.

③ 大當대당

색은 죽이고 부상을 입힌 것이 대략 서로 대등한 것을 말한다.

以言所殺傷大略相當

한나라 군대의 좌교左校가 잡은 포로가 말하기를 선우가 어둡기 전에 도망쳤다고 하자 한나라 군대에서는 이에 날랜 기병들을 출동시켜 밤에 추격하게 했다. 대장군의 군대도 그들의 뒤를 따랐다. 흉노의 군사들은 또한 뿔뿔이 흩어져 달아났다.

새벽①까지 200여 리를 쫓았는데 선우를 붙잡지 못하고 자못 수급과 포로들을 1만여 명이나 넘게 얻었다. 드디어 전②안산寘顔山의 조신성趙信城에 이르러 흉노가 쌓아둔 곡식으로 군사들을 먹였다. 군대는 하루를 머문 뒤에 철군하면서 그 성에 남아 있는 곡식을 모두 불사르고 돌아왔다.

漢軍左校捕虜言單于未昏而去 漢軍因發輕騎夜追之 大將軍軍因隨其後 匈奴兵亦散走 遲明① 行二百餘里 不得單于 頗捕斬首虜萬餘級 遂至寘②顔山趙信城 得匈奴積粟食軍 軍留一日而還 悉燒其城餘粟以歸

① 遲明지명

집해 서광이 말했다. "지遲는 다른 판본에는 '여黎'로 되어 있다."

徐廣曰 遲 一作黎

색은 앞 글자 遲의 발음은 '치値'이고 대待(기다리다)이다. 하늘이 밝아오는 것을 기다리는 것을 평명平明이라고 이른다. 여러 판본 중 다수가 "여명黎明"으로 되어 있다. 추씨가 "여黎는 기다리는 것이다."라고 일렀다. 그러나 여黎는 어두움이다. 하늘이 장차 밝아오는 것을 기다릴 때는 여전히 어두울 때이다.

上音値 待也 待天欲明 謂平明也 諸本多作黎明 鄒氏云 黎 遲也 然黎 黑也 候天將明猶黑也

정의 遲의 발음은 '치値'이다.

遲音値

② 寞전

집해 서광이 말했다. "寞의 발음은 '전田'이다."

徐廣曰 寞音田

대장군이 선우와 접전할 때 전장군 이광과 우장군 조이기는 군대를 나누어 동쪽 길로 따랐는데, 길을 잃어 선우를 공격하는데 뒤처지고 말았다. 대장군이 군대를 이끌고 돌아오는데 사막의 남쪽을 지나다가 전장군과 우장군을 만났다.

대장군은 사신에게 돌아가 보고하게 하려고 장사長史에게 문서로 전장군 이광을 문책하게 했으나 이광이 자살했다. 우장군이 도착하자 관리에게 넘겨져서 속죄금을 내고 서인이 되었다.

대장군의 군대는 요새로 들어가 수급과 포로로 얻은 것들이 총 1만 9,000급級이나 되었다. 이때 흉노의 무리가 선우를 잃은 지 10여 일이 되었다. 우록리[1]왕이 이 소식을 듣고 스스로 즉위하여 선우가 되었다. 나중에 선우가 그의 무리를 만나자 우록리왕이 선우의 칭호를 거두어들였다.

大將軍之與單于會也 而前將軍廣右將軍食其軍別從東道 或失道 後擊單于 大將軍引還過幕南 乃得前將軍右將軍 大將軍欲使使歸報 令長史簿責前將軍廣 廣自殺 右將軍至 下吏 贖爲庶人 大將軍軍入塞 凡斬捕首虜萬九千級 是時匈奴衆失單于十餘日 右谷蠡[1]王聞之 自立爲單于 單于後得其衆 右王乃去單于之號

① 谷蠡록리

색은 앞 글자 谷의 발음은 '록祿'이고 뒷 글자 蠡의 발음은 '리棃' 또는 '리離'이다.

上音祿 下音棃 又音離

표기장군 곽거병은 또한 5만 명의 기병을 거느렸는데, 따르는 수레와 물자가 대장군 위청과 동등했지만, 비장裨將이 없었다.

깊이 생각하여 이감李敢 등을 대교大校로 삼아 비장의 일을 하게 하고,

대代와 우북평의 1,000여 리로 출동해 흉노 좌방左方의 군대와 대
적하여 처단하고 포획한 공로가 이윽고 대장군보다 많았다. 군대
가 돌아오자 천자가 말했다.

"표기장군 곽거병이 군사를 거느리는데 몸소 사로잡은 흉노①를
인솔하여 가벼운 양식을 가지고 큰 사막을 넘고, 물을 건너서 선
우의 장거章渠를 포로로 잡고② 비거기比車耆③를 처단했으며, 이
동하여 좌대장左大將④을 공격하여 기와 북을 노획하고 이후산離
侯山을 넘었다.⑤

驃騎將軍亦將五萬騎 車重與大將軍軍等 而無裨將 悉以李敢等爲大校
當裨將 出代右北平千餘里 直左方兵 所斬捕功已多大將軍 軍旣還 天
子曰 驃騎將軍去病率師 躬將所獲葷粥之士① 約輕齎 絶大幕 涉獲章
渠② 以誅比車耆③ 轉擊左大將④ 斬獲旗鼓 歷涉離侯⑤

① 葷粥之士훈육지사

집해 서광이 말했다. "육粥은 다른 판본에는 '윤允'으로 되어 있다."
살펴보니 응소가 말했다. "항복한 군사 중에 능력 있는 자가 있었던 것
이다."

徐廣曰 粥 一作允 駰案 應劭曰 所降士有材力者

② 涉獲章渠섭획장거

집해 서광이 말했다 "획獲은 다른 판본에는 '호護'로 되어 있다."

徐廣曰 獲 一作護

색은 소안이 말했다. "섭涉은 물 건너는 것을 이른다. 장거章渠는 선우

의 근신近臣이니 물을 건너서 격파하고 사로잡았음을 이른다."《한서》에서 말한다. "물을 건너 선우의 장거를 사로잡았다."

小顔云 涉謂涉水也 章渠 單于之近臣 謂涉水而破獲之 漢書云 涉獲單于章渠也

③ 比車耆비거기
[집해] 진작이 말했다. "왕의 호號이다."

晉灼曰 王號也

[색은] 比의 발음은 '피[必耳反]'이다.

比 必耳反

④ 左大將좌대장
[색은] 살펴보니《한서》에는 이름이 쌍雙이다.

案 漢書名雙

⑤ 歷涉難侯역섭난후
[색은]《한서》에는 "난후산을 넘었다.[度難侯]"로 되어 있다. 소안이 말했다. "산 이름이다." 역歷은 '도度'(건너다)이다.

漢書 作度難侯 小顔云山名 歷 度也

궁려①강궁閭江을 건너 둔두왕屯頭王②과 한왕韓王③ 등 3명을 포로로 잡았다. 또 그들의 장군과 상국相國과 당호當戶와 도위都尉 83명을 포로로 잡았다. 낭거서산狼居胥山을 봉封하고 고연산姑衍山에 선제禪祭④를 올리고 한해翰海에 다다라 올랐다.⑤ 노획한 포로는 7만 443급이고 그들의 군사의 수는 10분의 3을 감소시켰다. 적의 식량을 취했기에 아주 멀리⑥ 행군해도 양식이 떨어지지 않았다. 이에 5,800호를 표기장군에게 더 봉한다.

濟弓閭① 獲屯頭王②韓王③等三人 將軍相國當戶都尉八十三人 封狼居胥山 禪④於姑衍 登臨翰海⑤ 執鹵獲醜七萬有四百四十三級 師率減什三 取食於敵 逴⑥行殊遠而糧不絶 以五千八百戶益封驃騎將軍

① 弓閭궁려

집해 진작이 말했다. "물 이름이다."

晉灼曰 水名也

색은 궁弓은 포개包愷가 '궁穹'으로 발음하고 또한 통상적인 음으로 읽는다고 했다.

弓 包愷音穹 亦如字讀

② 屯頭王둔두왕

집해 《한서음의》에서 말한다. "호왕胡王의 호號이다."

漢書音義曰 胡王號也

③ 韓王한왕

집해 서광이 말했다. "왕王은 다른 판본에는 '자藉'로 되어 있다."

徐廣曰 王 一作藉

색은 살펴보니 《한서》에는 "둔두한왕屯頭韓王 등 3인"이라고 했다. 이기가 말했다. "모두 흉노의 왕의 호칭이다."

按 漢書云 屯頭韓王等三人 李奇曰 皆匈奴王號

④ 禪선

정의 흙을 쌓아서 산 위에 단壇을 만들고 하늘에 제사를 지내는 것을 봉封이라 하고, 땅에 제사 지내는 것을 선禪이라 한다.

積土爲壇於山上 封以祭天也 祭地曰禪

⑤ 登臨翰海등림한해

집해 장안이 말했다. "바닷가의 산山에 올라서 바다를 바라보는 것이다."

張晏曰 登海邊山以望海也

색은 살펴보니 최호가 말했다. "북해의 이름이고 모든 새가 털갈이를 하는 곳이다. 그러므로 한해翰海라고 한다." 《광이지》에서 말한다. "사막의 북쪽에 있다."

按 崔浩云 北海名 群鳥之所解羽 故云翰海 廣異志云 在沙漠北

⑥ 趠탁

색은 趠의 발음은 '탁卓'과 같다. 탁卓은 원遠(멀다)이다.

音與卓同 卓 遠也

우북평의 태수 노박덕은 표기장군에게 소속되어 여성與城[1]에서 회합할 때 시기를 어기지 않았고 종군해 도도산檮余山[2]에 이르러 수급을 베고 포로를 노획한 것이 2,700여 급이었다. 이에 1,600호에 노박덕을 봉해 부리후符離侯로 삼는다. 북지도위 형산邢山[3]은 표기장군을 따라 왕을 포로로 잡았으니 1,200호로 형산을 봉해 의양후義陽侯로 삼는다. 지난날 의롭게 귀순한 인순왕因淳王 복육지復陸支[4]와 누전왕樓專王[5] 이즉건伊卽軒[6]은 모두 표기장군을 따라 공로가 있었다. 이에 1,300호로 복육지를 봉해 장후壯侯로 삼고, 1,800호로 이즉건을 봉해 중리후重利侯로 삼는다. 종표후 조파노[7]와 창무후昌武侯 안계安稽는 표기장군을 따라 공로가 있었으니 각각 300호씩을 더 봉한다. 교위校尉 이감李敢[8]은 깃발과 북을 탈취했으니 관내후로 삼고 200호의 식읍을 준다. 교위 자위自爲[9]는 대서장大庶長의 작위를 준다."

이밖에 군대의 관리나 졸병들은 모두 관리로 삼고 상을 하사한 이가 매우 많았다. 그러나 대장군 위청은 더 봉해지지 못했고 군대의 관리나 졸병들도 후작에 봉해진 자가 없었다.

右北平太守路博德屬驃騎將軍 會與城[1] 不失期 從至檮[2]余山 斬首捕虜二千七百級 以千六百戶封博德爲符離侯 北地都尉邢山[3]從驃騎將軍獲王 以千二百戶封山爲義陽侯 故歸義因淳王復[4]陸支樓專[5]王伊卽軒[6]皆從驃騎將軍有功 以千三百戶封復陸支爲壯侯 以千八百戶封伊卽軒爲衆利侯 從驃侯破奴[7]昌武侯安稽從驃騎有功 益封各三百戶 校尉敢[8]得旗鼓 爲關內侯 食邑二百戶 校尉自爲[9]爵大庶長 軍吏卒爲官 賞賜甚多 而大將軍不得益封 軍吏卒皆無封侯者

① 與城여성

정의 與의 발음은 '여余'이다.

與音余

② 檮도

색은 檮의 발음은 '도桃' 또는 '도徒'이다. 두 가지로 발음한다.

音桃徒二音

③ 邢山형산

집해 서광이 말했다. "다른 판본에는 '위산衞山'으로 되어 있다."

徐廣曰 一作衞山

④ 復복

색은 復의 발음을 유씨는 '복伏'으로 발음한다고 하고, 소안은 '복福'으로 발음한다고 했다.

復 劉氏音伏 小顔音福

⑤ 專전

색은 《한서》에는 '전剸'으로 되어 있는데 모두 발음이 '전專'이다. 소안은 專의 발음을 '전[之兗反]'이라고 했다.

漢書作剸 並音專 小顔音之兗反也

⑥ 軒건

색은 軒의 발음은 '건[九言反]'이다.

九言反

⑦ 破奴파노

[집해] 서광이 말했다. "성姓은 조趙이고 옛 흉노 왕이다."

徐廣曰 姓趙 故匈奴王

[색은] 옛 흉노 왕이고 성씨는 조趙이다.

故匈奴王 姓趙也

⑧ 敢감

[색은] 이광李廣의 아들이다.

李廣子也

⑨ 自爲자위

[색은] 살펴보니 서자위徐自爲이다.

案 徐自爲也

위청과 곽거병 후손

양쪽(위청과 곽거병)의 군대가 요새를 나갈 때 요새에서 관마와 사마
私馬를 검열한 것이 모두 14만 필이었는데 다시 요새로 들어온 것
들은 3만 필도 채우지 못했다.

이에 대사마①의 관직을 새로 설치하여 대장군 위청과 표기장군
곽거병이 모두 대사마가 되었다. 또 법령을 정해서 표기장군의 품
계와 녹봉을 대장군과 동등하게 했다.

이후로부터 대장군 위청은 날로 쇠퇴해지고 표기장군 곽거병은
날마다 더 귀해졌다.

대장군의 친구나 문하 사람들은 대부분 대장군을 떠나 표기장군
을 섬겼고, 번번이 관직의 작위를 얻었는데 유독 임안任安은 대장
군을 떠나려 하지 않았다.

표기장군의 사람됨은 말수가 적고 (속마음을) 드러내지 않았으나②
기개가 있어 용감하게 책임을 맡았다.③

兩軍之出塞 塞閱官及私馬凡十四萬匹 而復入塞者不滿三萬匹 乃益
置大司馬①位 大將軍驃騎將軍皆爲大司馬 定令 令驃騎將軍秩祿與
大將軍等 自是之後 大將軍靑日退 而驃騎日益貴 擧大將軍故人門

下多去事驃騎 輒得官爵 唯任安不肯 驃騎將軍爲人少言不泄^② 有氣
敢任^③

① 大司馬대사마

[집해] 여순이 말했다. "대장군, 표기장군 모두 대사마의 호칭이 있게
된 것이다."

如淳曰 大將軍 驃騎將軍 皆有大司馬之號也

[색은] 살펴보니 여순이 말했다. "본래 대사마는 없었는데 지금 새로 설
치한 것일 뿐이다." 살펴보니 앞에서 태위太尉라고 일렀으며 그의 관직을
동시에 없애고, 지금 무제가 처음으로 이 지위를 설치해 위청 장군, 곽거
병 표기장군에게 모두 이 관직을 더하게 했다.

案 如淳云 本無大司馬 今新置耳 案 前謂太尉 其官又省 今武帝始置此位 衞將
軍 霍驃騎皆加此官

② 少言不泄소언불설

[색은] 살펴보니 공문상이 말했다. "바탕이 진중하며 말이 적고 담기膽
氣가 속에 있는 것을 이른다." 두루 어질고 속마음이 진중해서 드러내지
않으며, 그의 행동도 동일하다는 것이다.

案 孔文祥云 謂質重少言 膽氣在中也 周仁陰重不泄 其行亦同也

③ 有氣敢任유기감임

[색은] 과감하고 일을 처리하는데 기개가 있었음을 이른다. 《한서》에는
'왕往'으로 되어 있고 또 '임任'으로도 되어 있다.

謂果敢任氣也 漢書作往 亦作任也

천자가 일찍이 손자孫子와 오자吳子의 병법을 가르치고자 했는데
표기장군이 대답했다.

"방책方策을 어떻게 쓸 것인가를 생각하면 될 뿐이니, 옛날의 병
법을 배우지 않아도 됩니다."

무제가 표기장군을 위해 저택을 짓고 그에게 살펴보게 하자 대답
했다.

"흉노가 멸망하지 않았으니 집을 지어도 쓸모없습니다."

이로 말미암아 무제가 더욱 아꼈다. 그러나 젊어서 시중이 되고
귀해지니 병사들을 살피지 않았다. 그가 종군할 때 천자는 태관
太官을 파견해 수십 대의 수레에 음식을 보내도록 했다. 종군을
끝내고 돌아와서도 군수품을 실은 수레에 남은 양식과 고기를
버리면서도 병사 중에 굶주리는 자가 있었다.

그가 요새 밖에 있을 때는 병사들의 식량이 궁핍하여 어떤 자는
스스로 떨쳐 일어나지 못할 지경인데도 표기장군은 오히려 땅을
파 구역을 만들고 공차기를 했다.[1] 이와 같은 일들이 많았다. 대
장군의 사람됨은 인자하고 마음씨가 착하고 양보하고 겸손하고
화평하고 부드럽다고 스스로 천자의 총애를 받았으나 천하에 그
를 칭송하는 사람이 없었다.

天子嘗欲敎之孫吳兵法 對曰 顧方略何如耳 不至學古兵法 天子爲治
第 令驃騎視之 對曰 匈奴未滅 無以家爲也 由此上益重愛之 然少而侍

中 貴 不省士 其從軍 天子爲遣太官齎數十乘 旣還 重車餘棄粱肉 而士
有飢者 其在塞外 卒乏糧 或不能自振 而驃騎尙穿域蹋鞠^① 事多此類
大將軍爲人仁善退讓 以和柔自媚於上 然天下未有稱也

① 穿域蹋鞠천역답국

집해 서광이 말했다. "땅을 뚫어 영역營域을 만든 것이다."

徐廣曰 穿地爲營域

색은 천역축국穿域蹴鞠이다. 서씨가 말했다 "땅을 뚫어 영역을 만든 것
이다."《축국서》에 〈역설편〉이 있는데, 동시에 긴 막대기로 (공을) 치는 것
인데, 또한 제한된 구역을 가지고 있었다. 지금의 국희局戱는 가죽으로
만들어서 속을 털로 채우고 발로 차며 놀이하는 것이다. 유향의《별록》
에서 말한다. "답국蹋鞠놀이는 군진의 형세로 무용의 일을 펼쳐 재주와
능력이 있음을 알게 하는 것이다."《한서》에는 '답국蹋鞠'으로 되어 있다.
《삼창》에서 말한다. "공의 털을 밟아가며 놀이하는 것이다." 鞠의 발음
은 '국[巨六反]'이다.

穿域蹵鞠 徐氏云 穿地爲營域 蹵鞠書有域說篇 又以杖打 亦有限域也 今之鞠
戱 以皮爲之 中實以毛 蹵蹋爲戱 劉向別錄云蹋鞠 兵勢 所以陳武事 知有材力
也 漢書作蹹鞠 三倉云 鞠毛可蹹以爲戱 鞠音巨六反

정의 살펴보니《축국서》에 〈역설편〉이 있는데 곧 지금의 타구打毬(공을
차고 노는 놀이)이다. 황제黃帝가 만든 것으로 전국시대에 일어났다. 무사武
士를 헤아리고 그의 재주와 힘을 아는 것이다. 강무講武와 같다.

按 蹵鞠書有域說篇 卽今之打毬也 黃帝所作 起戰國時 程武士 知其材力也 若
講武

표기장군은 무제 원수 4년 흉노를 토벌한 때로부터 3년 뒤인 무제 원수元狩 6년에 죽었다.

무제가 슬퍼하여 변방 5개 군郡의 속국에서 철갑옷을 입은[1] 군사들을 징발하여 장안부터 무릉茂陵까지 열을 지어 이르게 하고 그곳에 기련산祁連山을 본뜬 무덤을 만들게[2] 했다. 시호는 무용을 떨쳤다는 의미와 국토를 넓혔다는 의미를 아울러 경환후景桓侯[3]라고 했다.

아들 선嬗[4]이 대를 이어 후작이 되었다. 선은 나이가 어렸고 자字는 자후子侯라고 했다. 무제는 총애했으며 다행히도 그가 장성하면 장군으로 만들려고 했다.

6년을 지나 무제 원봉元封 원년에 선이 죽었다. 시호를 애후哀侯라고 했다. 아들이 없어서 후사가 단절되고 봉국도 없어졌다.

驃騎將軍自四年軍後三年 元狩六年而卒 天子悼之 發屬國玄甲[1]軍 陳自長安至茂陵 爲冢象祁連山[2] 謚之 幷武與廣地曰景桓侯[3] 子嬗代侯 嬗[4]少 字子侯 上愛之 幸其壯而將之 居六歲 元封元年 嬗卒 謚哀侯 無子 絶 國除

① 屬國玄甲속국현갑

정의 속국屬國은 곧 위로 변방의 5개 군을 나누어 설치한 것이다. 현갑玄甲은 철갑鐵甲이다.

屬國卽上分置邊五郡者也 玄甲 鐵甲也

② 爲冢象祁連山위총상기련산

[색은] 살펴보니 최호가 말했다. "곽거병이 이 산에서 혼야왕을 무너뜨렸다. 이 때문에 그것(기련산)을 본떠 무덤을 만들게 하고 정공旌功을 밝힌 것이다." 요씨姚氏가 살펴보니 총冢은 무릉의 동북쪽에 있고 위청의 무덤과 나란히 있다. 서쪽의 것은 위청이고, 동쪽의 것은 곽거병의 총冢이다. 위에는 비석이 세워져 있고 앞에는 돌로 만든 말이 서로 마주하고 있으며 돌로 된 사람도 있다.

案 崔浩云 去病破昆邪於此山 故令爲冢象之以旌功也 姚氏案 冢在茂陵東北 與衞靑冢竝 西者是靑 東者是去病冢 上有豎石 前有石馬相對 又有石人也

③ 景桓侯경환후

[집해] 소림이 말했다. "경景은 무용을 떨쳤다는 시호이다. 환桓은 땅을 넓혔다는 시호이다." 장안이 말했다. "《시법》에는 의를 펴고 굳센 것을 행한 것을 경景이라고 하고 영토를 넓히고 멀리까지 복종시킨 것을 환桓이라 한다."

蘇林曰 景 武謚也 桓 廣地謚也 張晏曰 謚法 布義行剛曰景 闢土服遠曰桓

[색은] 살펴보니 경景과 환桓은 양쪽의 시호이다. 《시법》에서 "의를 펴고 굳센 것을 행한 것을 경景이라고 한다."라고 하였으니, 이는 무용을 떨쳤다는 시호이다. 또 "영토를 넓히고 먼 곳까지 복종시킨 것을 환桓이라고 한다."라고 하였으니, 이것은 토지를 넓힌 것의 시호이다. 곽거병이 평생에 무예와 변방의 영토를 넓힌 공로가 있었다. 그러므로 "시호에는 무용을 떨치고 영토를 넓힌 것을 아울러서 경환후景桓侯라고 한 것이다."라고 했다.

案 景桓 兩謚也 謚法布義行剛曰景 是武謚也 又曰辟土服遠曰桓 是廣地之謚 也 以去病平生有武藝及廣邊地之功 故云謚之幷武與廣地曰景桓侯

④ 嬗선

색은 嬗의 발음은 '선[市戰反]'이다.

音市戰反

표기장군이 죽은 뒤 대장군의 장자 의춘후宜春侯 항伉이 법에 저촉되어 후작의 지위를 잃었다. 5년 뒤에, 항의 아우 음안후陰安侯 불의不疑와 발간후發干侯 등登 2명도 모두 주금酎金에 저촉되어 후작을 잃었다. 후작을 잃은 2년 뒤에 관군후冠軍侯의 봉국도 없어졌다.

그 4년 뒤에 대장군 위청이 죽었으며[①] 시호를 열후烈侯라고 했다. 아들 항伉이 대를 이어 장평후長平侯가 되었다.

대장군 위청은 선우를 포위한 지 14년 만에 죽었다. 끝내 다시 흉노를 공격하지 못했던 것은 한나라에 군마가 적었고 바야흐로 남쪽으로는 양월兩越을 처단하고 동쪽으로는 조선朝鮮을 정벌하고 강羌과 서남이西南夷를 공격했기 때문이다. 그래서 오래도록 호胡를 정벌하지 못한 것이다.

대장군은 평양장공주平陽長公主[②]의 배필이 되었다. 그러므로 장평후 항이 대를 이어 후작이 되었다. 6년 만에 법에 저촉되어 후작의 지위를 잃었다.

自驃騎將軍死後 大將軍長子宜春侯伉坐法失侯 後五歲 伉弟二人 陰安侯不疑及發干侯登皆坐酎金失侯 失侯後二歲 冠軍侯國除 其後四年 大將軍靑卒[①] 諡爲烈侯 子伉代爲長平侯 自大將軍圍單于之後 十四年

而卒 竟不復撃匈奴者 以漢馬少 而方南誅兩越 東伐朝鮮 撃羌西南夷
以故久不伐胡 大將軍以其得尚平陽長公主②故 長平侯伉代侯 六歲 坐
法失侯

① 靑卒청졸

집해 서광이 말했다. "원봉 5년이다."

徐廣曰 元封五年

② 平陽長公主평양장공주

정의 《한서》에서 말한다. "평양후平陽侯 조수曹壽는 사나운 질병이 있
었는데 나라에 나아가 이에 위청을 조서로써 평양공주의 배필로 삼게 했
다." 여순이 말했다. "본래 양신장공주陽信長公主는 평양후의 배필이 되
었다. 그러므로 평양공주라고 일컬은 것이다."

漢書云 平陽侯曹壽有惡疾 就國 乃詔青尚平陽公主 如淳云 本陽信長公主 爲
平陽侯所尚 故稱平陽公主云

아래에는 두 대장군과 여러 비장의 이름을 기록한다.

모두 헤아려보니① 대장군 위청은 총 일곱 번을 출동해 흉노를 공
격하여 참수하고 포획한 수급과 포로는 5만여 급이었다. 한 번은
선우와 싸워 하남의 땅을 거두었고 드디어 삭방군을 설치해서 두
번의 봉함을 더해 모두 1만 1,800호가 되었다. 세 아들이 후작에

봉해졌는데, 1,300호의 후작이었다. 합치면 1만 5,700호였다. 그
교위와 비장들이 대장군을 따라 후작이 된 자는 9명이었다. 그의
비장이나 교위로 장군이 된 자는 14명이었다.[②] 비장이 된 자 중
에 이광李廣은 따로 열전이 있으니, 열전이 없는 자를 기록한다.

左方兩大將軍及諸裨將名 最[①]大將軍靑 凡七出擊匈奴 斬捕首虜五萬
餘級 一與單于戰 收河南地 遂置朔方郡 再益封 凡萬一千八百戶 封三
子爲侯 侯千三百戶 幷之 萬五千七百戶 其校尉裨將以從大將軍侯者九
人 其裨將及校尉已爲將者十四人[②] 爲裨將者曰李廣 自有傳 無傳者曰

① 最최

[색은] 총계를 이르는 것이다.

謂凡計也

② 爲將者十四人위장자십사인

[집해] 살펴보니 《한서》에는 "위특장자십사인爲特將者十四人"이라고 했
다. 아마도 이광李廣도 통할 것이다. 여기에는 이광 1인만 자신의 전傳이
있는데, 《한서》와 같다면 7인이 자신의 전傳이 있고, 8인은 부록에 보인
다. 7인은 이광李廣, 장건張騫, 공손하公孫賀, 이채李蔡, 조양曹襄, 한열韓
說, 소건蘇建을 이른다.

案 漢書云 爲特將者十五人 蓋通李廣也 此李廣一人自有傳 若漢書則七人自有
傳 八人附見 七人謂李廣張騫公孫賀李蔡曹襄韓說蘇建也

흉노를 친 장군들

장군 공손하公孫賀이다. 공손하는 의거義渠[①] 사람이며 그의 선조는 호胡의 일족이다. 공손하의 아버지는 혼야渾邪[②]이며 경제景帝 때 평곡후平曲侯가 되었는데 법에 저촉되어 후작의 지위를 잃었다. 공손하는 무제가 태자이었을 때 사인舍人이 되었다.

무제가 즉위한 지 8년 만에 태복太僕으로서 경거장군輕車將軍이 되어 마읍馬邑에 주둔했다.

4년 뒤에 경거장군으로서 운중으로 출동했다. 5년 뒤에 기장군騎將軍으로 대장군을 따라 공로가 있어 남교후南䋚侯에 봉해졌다.

將軍公孫賀 賀 義渠[①]人 其先胡種 賀父渾邪[②] 景帝時爲平曲侯 坐法失侯 賀 武帝爲太子時舍人 武帝立八歲 以太僕爲輕車將軍 軍馬邑 後四歲 以輕車將軍出雲中 後五歲 以騎將軍從大將軍有功 封爲南䋚侯

① 義渠의거

정의 지금의 경주慶州로 본래 의거義渠는 융국戎國이다. 〈지리지〉에는 북의거도北義渠道라고 했다.

今慶州 本義渠戎國也 地理志云北義渠道也

② 渾邪혼야

집해 서광이 말했다. "농서태수가 되었다."

徐廣曰 爲隴西太守

1년 뒤에 좌장군이 되어 다시 대장군을 따라 정양으로 출동했는데 전공을 세우지 못하였다. 4년 뒤에 주금酎金에 저촉되어 후작의 지위를 잃었다. 8년 뒤에① 부저②장군浮沮將軍으로 오원五原에서 2,000여 리로 출동했으나 전공을 세우지 못하였다. 8년 뒤③에 태복으로 승상이 되었고 갈역후葛繹侯에 봉해졌다.

공손하는 일곱 번 장군이 되었고 출동해 흉노를 공격했으나 큰 전공이 없었으며 두 번이나 후작이 되었고 승상이 되었다. 아들 경성敬聲이 양석④공주陽石公主와 간통하고 무고巫蠱한 것에 걸려 가족이 몰살되고 후사도 없어졌다.

後一歲 以左將軍再從大將軍出定襄 無功 後四歲 以坐酎金失侯 後八歲① 以浮沮②將軍出五原二千餘里 無功 後八歲③ 以太僕爲丞相 封葛繹侯 賀七爲將軍 出擊匈奴無大功 而再侯 爲丞相 坐子敬聲與陽石④公主姦 爲巫蠱 族滅 無後

① 後八歲후팔세

집해 서광이 말했다. "무제 원정元鼎 6년이다."

徐廣曰 元鼎六年

② 沮저

색은 沮의 발음은 '저[子餘反]'이다.

沮音子餘反

③ 後八歲후팔세

집해 서광이 말했다. "태초 2년이다"

徐廣曰 太初二年

④ 陽石양석

집해 서광이 말했다. "양석陽石은 일설에는 '덕읍德邑'이라고 했다."

徐廣曰 陽石 一云德邑

장군 이식李息은 욱질郁郅① 사람이다. 경제를 섬겼다. 무제가 즉위한 지 8년에 재관장군材官將軍이 되어 마읍馬邑에 주둔했다.
6년 뒤 장군이 되어 대代에 출동했고, 3년 뒤에 장군이 되어 대장군을 따라 삭방으로 출동했는데 모두 전공을 세우지 못했다. 총세 번 장군이 되었고 그 뒤 항상 대행大行이 되었다.

將軍李息 郁郅①人 事景帝 至武帝立八歲 爲材官將軍 軍馬邑 後六歲
爲將軍 出代 後三歲 爲將軍 從大將軍出朔方 皆無功 凡三爲將軍 其後
常爲大行

① 郁郅욱질

복건이 말했다. "질郅의 발음은 '질窒'이다."

服虔曰 郅音窒

복건은 郅의 발음은 '질窒'이라고 하고 소안은 郅의 발음은 '질質'이라고 했다. 살펴보니 북지北地의 현 이름이다.

服虔音窒 小顔音質 案 北地縣名也

郅의 발음은 '즐[之栗反]'이다. 지금 경주慶州 홍화현弘化縣이 이곳이다.

之栗反 今慶州弘化縣是

장군 공손오公孫敖는 의거義渠 사람이다. 낭郎이 되어 무제를 섬겼다. 무제가 즉위한 지 12년 기장군騎將軍이 되어 대代로 출동해서 졸병 7,000명을 잃어 참형에 해당했는데 속죄금을 물고 서인이 되었다.

5년 뒤에 교위校尉로 대장군을 따라 공로를 세워 합기후合騎侯에 봉해졌다. 1년 뒤에 중장군이 되어서 대장군을 따라 다시 정양으로 출동했는데 전공을 세우지 못했다. 2년 뒤 장군으로 북지로 출동했지만, 표기장군과 기약한 날짜보다 뒤에 도착해 참형에 해당하여 속죄금을 내고 서인이 되었다,

2년 뒤에 교위로 대장군을 따라 출격했으나 전공을 세우지 못했다. 14년 뒤에 인우^①장군이 되어 수강성受降城을 쌓았다. 7년 뒤에 인우장군으로 다시 출동해 흉노를 공격했는데 여오余吾^②에 이르러 사졸들을 많이 잃었다. 관리에게 하옥되어 참형에

해당했는데 죽었다고 속이고 도망쳐 백성 사이에서 5~6년을 숨어서 살았다. 뒤에 발각되어 다시 구속되었다. 아내가 무고巫蠱를 하는 데 연좌되어 멸족되었다. 모두 네 번 장군이 되어 출동해 흉노를 공격했고 한 번 후작이 되었다.

將軍公孫敖 義渠人 以郎事武帝 武帝立十二歲 爲(驃)騎將軍 出代 亡卒七千人 當斬 贖爲庶人 後五歲 以校尉從大將軍有功 封爲合騎侯 後一歲 以中將軍從大將軍 再出定襄 無功 後二歲 以將軍出北地 後驃騎期 當斬 贖爲庶人 後二歲 以校尉從大將軍 無功 後十四歲 以因杆^①將軍築受降城 七歲 復以因杆將軍再出擊匈奴 至余吾^② 亡士卒多 下吏當斬 詐死 亡居民間五六歲 後發覺 復繫 坐妻爲巫蠱 族 凡四爲將軍 出擊匈奴 一侯

① 杆우

색은 杆의 발음은 '우于'이다.

音于

② 余吾여오

색은 余의 발음은 '여餘' 또는 '서徐'라고 한다. 살펴보니 여오余吾는 물이름이며 삭방朔方에 있다.

余音餘 又音徐 案 水名 在朔方

장군 이저李沮^①는 운중雲中^② 사람이다. 경제를 섬겼다. 무제가
즉위한 지 17년 좌내사左內史로 강노장군彊弩將軍이 되었다. 1년
뒤에 다시 강노장군이 되었다.

將軍李沮^① 雲中^②人 事景帝 武帝立十七歲 以左內史爲彊弩將軍 後一
歲 復爲彊弩將軍

① 沮저

색은 沮의 발음은 '조두俎豆'의 '조俎'이다.

音 俎豆之俎

② 雲中운중

정의 지금의 남주嵐州와 승주勝州이다.

今嵐勝州也

장군 이채李蔡는 성기成紀^① 사람이다. 효문제와 경제景帝와 무제
武帝를 섬겼다. 경거장군輕車將軍으로 대장군을 따라서 전공이 있
었다. 낙안후樂安侯에 봉해졌다. 승상이 된 뒤에 법에 저촉되어
죽었다.

장군 장차공張次公은 하동河東 사람이다. 교위校尉로 위청 장군
을 따라 전공을 세워 안두후岸頭侯에 봉해졌다. 그 뒤 왕태후王太
后(무제 어머니)가 죽자 장군이 되어 북군北軍을 거느렸다. 1년 뒤에

장군이 되어 대장군을 따랐다. 다시 장군이 되었는데 법에 저촉되어 후작의 지위를 잃었다. 장차공의 아버지는 융隆이며 경거무사輕車武射였다. 활을 잘 쏘아 경제가 총애하고 가까이 두었다.

장군 소건蘇建은 두릉杜陵 사람이다. 교위校尉로 위청 장군을 따라 전공을 세워 평릉후平陵侯가 되었으며 장군이 되어 삭방朔方의 성을 쌓았다. 4년 뒤에 유격游擊장군이 되어 대장군을 따라 삭방으로 출동했다. 1년 뒤 우장군이 되어 다시 대장군을 따라 정양으로 출동했다. 흡후인 조신趙信은 흉노로 도망치고 소건은 군사를 잃어 참형에 해당했는데 속죄금을 물고 서인이 되었다. 그 뒤 대군代郡 태수가 되었으며 죽어 무덤은 대유향大猶鄕에 있다.

장군 조신趙信은 흉노의 상국相國으로서 투항해 흡후翕侯가 되었다. 무제가 즉위한 지 17년 전장군이 되어 선우와 싸워 패배하자 흉노에 투항했다.

장군 장건張騫은 사신이 되어 대하大夏와 교통하게 하고 돌아와 교위校尉가 되었다. 대장군을 따라 전공을 세워 박망후博望侯에 봉해졌다. 3년 뒤에 장군이 되어 우북평으로 출동했다가 기약한 날짜를 지키지 못해 참형에 해당하여 속죄금을 내고 서인이 되었다. 그 뒤 사신으로 오손烏孫과 교통케 해 대행大行이 되었다가 죽었다. 무덤은 한중漢中에 있다.

將軍李蔡 成紀[1]人也 事孝文帝景帝武帝 以輕車將軍從大將軍有功 封爲樂安侯 已爲丞相 坐法死 將軍張次公 河東人 以校尉從衛將軍靑有功 封爲岸頭侯 其後太后崩 爲將軍 軍北軍 後一歲 爲將軍 從大將軍 再爲將軍 坐法失侯 次公父隆 輕車武射也 以善射 景帝幸近之也 將軍蘇

建 杜陵人 以校尉從衛將軍靑 有功 爲平陵侯 以將軍築朔方 後四歲 爲
游擊將軍 從大將軍出朔方 後一歲 以右將軍再從大將軍出定襄 亡翕
侯 失軍 當斬 贖爲庶人 其後爲代郡太守 卒 冢在大猶鄕 將軍趙信 以匈
奴相國降 爲翕侯 武帝立十七歲 爲前將軍 與單于戰 敗 降匈奴 將軍張
騫 以使通大夏 還 爲校尉 從大將軍有功 封爲博望侯 後三歲 爲將軍 出
右北平 失期 當斬 贖爲庶人 其後使通烏孫 爲大行而卒 冢在漢中

① 成紀성기

정의　진주秦州의 현이다.

秦州縣也

장군 조이기趙食其는 대우祋祤[①] 사람이다. 무제가 즉위한 지 22
년 주작도위主爵都尉로 우장군이 되어 대장군을 따라 정양으로
출동했다. 길을 잃고 헤매어 참형에 해당했는데 속죄금을 내고 서
인이 되었다.

장군 조양曹襄은 평양후平陽侯로 후장군이 되어 대장군을 따라
정양으로 출동했다. 조양은 조참曹參의 손자이다.

장군 한열韓說은 궁고후弓高侯의 서손庶孫이다. 교위로 대장군을
따라 공로가 있어 용액후龍額侯가 되었는데 주금酎金에 저촉되어
후작의 지위를 잃었다.

무제 원정元鼎 6년에 대조待詔로서 횡해장군橫海將軍이 되어 동월東越을

공격해 전공을 세워 안도후按道侯가 되었다. 무제 태초太初 3년에
유격장군이 되어 오원五原 밖의 여러 성에 주둔했다. 광록훈光祿
勳이 되어 무고巫蠱 사건으로 태자궁의 땅속을 파헤쳐 나무 인형
을 찾았다가 위태자衛太子(戾太子)에게 살해되었다.

將軍趙食其 祋祤①人也 武帝立二十二歲 以主爵爲右將軍 從大將軍出
定襄 迷失道 當斬 贖爲庶人 將軍曹襄 以平陽侯爲後將軍 從大將軍出
定襄 襄 曹參孫也 將軍韓說 弓高侯庶孫也 以校尉從大將軍有功 爲龍
額侯 坐酎金失侯 元鼎六年 以待詔爲橫海將軍 擊東越有功 爲按道侯
以太初三年爲游擊將軍 屯於五原外列城 爲光祿勳 掘蠱太子宮 衛太
子殺之

① 祋祤대우

색은 현 이름이고 풍익馮翊에 있다. 祋의 발음은 '돨[都活反]' 또는 '죄[丁
外反]'이다. 祤의 발음은 '우詡'이다.
縣名 在馮翊 祋音都活反 又音丁外反 祤音詡

정의 앞 글자 祋의 발음은 '되[都誨反]'이다. 옹주雍州 동관현同官縣은 본
래 한나라 대우현이다.
上都誨反 雍州同官縣 本漢祋祤縣也

장군 곽창郭昌은 운중 사람이다. 교위로 대장군을 따랐다. 무제 원봉元封 4년에 태중대부太中大夫로 발호장군拔胡將軍이 되어 삭방에 주둔했다. 돌아와 곤명昆明을 공격했는데 전공을 세우지 못해 장군의 인수를 빼앗겼다.

장군 순체荀彘는 태원太原의 광무廣武 사람이다. 수레를 잘 모는 것으로 천자를 만나보고[1] 시중侍中으로 교위가 되어 자주 대장군을 따랐다. 무제 원봉元封 3년에 좌장군이 되어 조선朝鮮을 공격했으나 전공을 세우지 못했다. 누선장군樓船將軍을 체포했다가 법에 저촉되어 죽었다.

將軍郭昌 雲中人也 以校尉從大將軍 元封四年 以太中大夫爲拔胡將軍 屯朔方 還擊昆明 毋功 奪印 將軍荀彘 太原廣武人 以御見[1] 侍中 爲校尉 數從大將軍 以元封三年爲左將軍擊朝鮮 毋功 以捕樓船將軍坐法死

[1] 御見어현

정의 수레를 잘 몰아서 찾아 만난 것이다.

以善御求見也

공적이 최고인 표기장군 곽거병霍去病은 모두 여섯 번 출동해 흉노를 공격했는데 그 네 번은 장군으로 출동해[1] 참수하고 포획한 수급과 포로는 11만여 급이었다.

혼야왕이 그의 백성 수만 명을 이끌고 투항하자 드디어 하서의 주천 땅^②을 개척하고 서방으로 호胡의 약탈이 더욱 줄어들었다. 네 번 더 봉해져 총 1만 5,100호에 해당했다. 그의 부하나 장교나 관리가 공로가 있어 후작이 된 자는 총 6명이고 뒤에 장군이 된 자는 2명이었다.

最驃騎將軍去病 凡六出擊匈奴 其四出以將軍^① 斬捕首虜十一萬餘級 及渾邪王以衆降數萬 遂開河西酒泉之地^② 西方益少胡寇 四益封 凡萬五千一百戶 其校吏有功爲侯者凡六人 而後爲將軍二人

① 四出以將軍사출이장군

集해 서광이 말했다. "두 번째는 표요교위剽姚校尉로 출동했다."

徐廣曰 再出以剽姚校尉也

② 河西酒泉之地하서주천지지

정의 하서河西는 농우隴右 난주蘭州의 서하西河이다. 주천酒泉은 양주涼州 숙주肅州 등의 주州를 이른다. 《한서》〈서역전〉에는 표기장군이 흉노의 우지右地를 공격해 쳐부수고 주천군酒泉郡을 설치했으며 뒤에 나누어 무위武威와 장액張掖, 돈황燉煌 등의 군郡을 설치했다.

河謂隴右蘭州之西河也 〔酒泉〕謂涼肅等州 漢書西域傳云驃騎將軍擊破匈奴右地 置酒泉郡 後分置武威張掖燉煌等郡

장군 노박덕路博德은 평주平州① 사람이다. 우북평태수로 표기장
군을 따라 전공을 세워 부리후符離侯가 되었다. 표기장군이 죽은
뒤 노박덕은 위위衛尉로 복파장군伏波將軍이 되어 남월南越을 정
벌해 깨부수고 봉함이 더해졌다. 그 뒤 법에 저촉되어 후작의 지
위를 잃었다. 강노도위가 되어 거연居延에 주둔하다가 죽었다.

將軍路博德 平州①人 以右北平太守從驃騎將軍有功 爲符離侯 驃騎死
後 博德以衛尉爲伏波將軍 伐破南越 益封 其後坐法失侯 爲彊弩都尉
屯居延 卒

① 平州평주

정의 《한서》에는 서하西河의 평주平州라고 했다. 살펴보니 서하군西河
郡은 지금의 분주汾州이다.

漢書云 西河平州 按 西河郡今汾州

장군 조파노趙破奴는 옛 구원九原① 사람이다. 일찍이 흉노로 도망
쳤다가 한나라로 돌아온 뒤에 표기장군의 사마司馬가 되었다.
북지北地로 출동했을 때 전공을 세워 종표후從驃侯에 봉해졌다.
주금酎金에 저촉되어 후작의 지위를 잃었다. 1년 뒤에 흉하장군匈
河將軍이 되어 호胡를 공격해 흉하수匈河水에 이르렀는데 전공을
세우지 못했다. 2년 뒤에② 누란왕樓蘭王을 공격해 사로잡고 다시
촉야후涅野侯에 봉해졌다. 6년 뒤③에 준계장군浚稽將軍이 되어

2만여 명의 기병을 거느리고 흉노의 좌현왕을 공격해 좌현왕과
싸웠다. 좌현왕이 8만여 기병으로 조파노를 공격하자 조파노는
생포되고 결국 그의 군사들은 몰살되었다. 흉노 안에서 산 지 10
년 만에 다시 흉노의 태자 안국安國과 함께 도망쳐 한나라로 들어
왔다.④ 뒤에 태자의 무고巫蠱에 연좌되어 멸족되었다.

위씨衛氏가 일어남으로부터 대장군 위청이 첫 번째로 봉해지고
그 뒤 후손 중에 5명이 후작에 봉해졌다. 모두 24년 만에 5명의
후작들이 모두 후작의 지위를 삭탈당했고 그 뒤로 위씨는 후작
이 된 자가 없게 되었다.

將軍趙破奴 故九原①人 嘗亡入匈奴 已而歸漢 爲驃騎將軍司馬 出北地
時有功 封爲從驃侯 坐酎金失侯 後一歲 爲匈河將軍 攻胡至匈河水 無
功 後二歲② 擊虜樓蘭王 復封爲浞野侯 後六歲③ 爲浚稽將軍 將二萬騎
擊匈奴左賢王 左賢王與戰 兵八萬騎圍破奴 破奴生爲虜所得 遂沒其
軍 居匈奴中十歲 復與其太子安國亡入漢④ 後坐巫蠱 族 自衛氏興 大
將軍靑首封 其後枝屬爲五侯 凡二十四歲而五侯盡奪 衛氏無爲侯者

① 九原구원

정의 지금의 승주勝州이다.

今勝州

② 後二歲후이세

집해 서광이 말했다. "원봉元封 2년이다."

徐廣曰 元封二年

③ 後六歲후육세

집해 서광이 말했다. "태초太初 2년이다."

徐廣曰 太初二年

④ 亡入漢망입한

집해 서광이 말했다. "태초 2년에 흉노로 들어가 천한天漢 원년에 도망쳐 돌아왔는데, 4년이 경과한 것이다."

徐廣曰 以太初二年入匈奴 天漢元年亡歸 涉四年

태사공은 말한다.

소건蘇建이 나에게 말하기를 "나는 일찍이 대장군 위청이 지극히 높은 자리에 이르렀으나 천하의 어진 대부들이 칭송함이 없다는 것을① 책망하고 '원컨대 장군께서는 옛날의 이름난 장군들을 살펴보시고 어진 이들을 초빙하여 선발하는 데 힘쓰시오.'라고 했는데, 대장군 위청은 사양하며 '위기후魏其侯와 무안후武安侯가 빈객들을 두텁게 대우하자 천자는 항상 이를 갈았소. 저들이 했던 사대부들을 친숙하게 해 따르게 하고, 어진 이를 초청하고 불초한 자를 축출하는 일은 군주의 권한이오. 신하 된 자는 법을 받들고 직분을 따를 뿐이오. 어찌 선비를 초빙하는 일에 관여하겠소.②'라고 했소."라고 하였다. 표기장군도 이러한 뜻을 본받아 그의 장군됨이 이와 같았다.

太史公曰 蘇建語余曰 吾嘗責大將軍至尊重 而天下之賢大夫毋稱焉①

願將軍觀古名將所招選擇賢者 勉之哉 大將軍謝曰 自魏其武安之厚賓客 天子常切齒 彼親附士大夫 招賢絀不肖者 人主之柄也 人臣奉法遵職而已 何與^②招士 驃騎亦放此意 其爲將如此

① 天下之賢大夫毋稱焉 천하지현대부무칭언

[색은] 어진 사대부들이 칭송함이 없음을 이른 것이다.

謂不爲賢士大夫所稱譽

② 與에

[색은] 與의 발음은 '예預'이다.

音預

[색은술찬] 사마정이 펼쳐서 밝히다.

군자도 표범처럼 변하는데 귀하고 천함이 어찌 일정하리오. 위청은 본래 노예였다가 갑자기 군대의 대오에서 장군에 올랐다. 누이는 황제의 배필이 되고 자신은 평양공주에게 장가들었다. 총애와 영화가 곧 분에 넘치고 일정한 법도를 어지럽혔다. 표요장군은 그를 이어 다시 변방을 진정시켰구나!

君子豹變 貴賤何常 青本奴虜 忽升戎行 姊配皇極 身尙平陽 寵榮斯僭 取亂彝章 嫖姚繼踵 再靜邊方

[지도2] 위장군표기열전

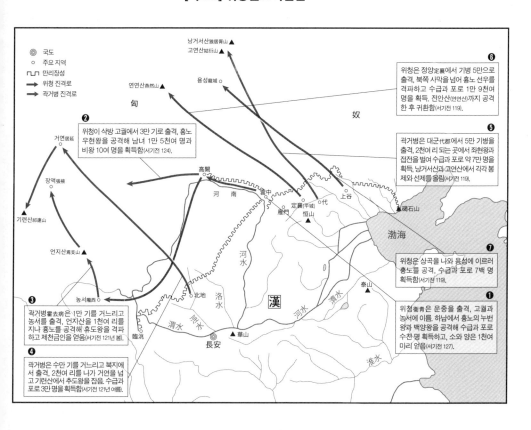

낭거서산狼居胥山 ▲
고연산姑衍山 ▲

◎ 국도
○ 주요 지역
r∩ 만리장성
➡ 위청 진격로
➡ 곽거병 진격로

연연산燕然山 ▲

용성龍城 ○

匈   奴

⑥ 위청은 정양定襄에서 기병 5만으로 출격, 북쪽 사막을 넘어 흉노 선우를 격파하고 수급과 포로 1만 9천여 명을 획득. 전안산(연연산)까지 공격한 후 귀환함(서기전 119).

거연居延 ○

② 위청이 삭방 고궐에서 3만 기로 출격, 흉노 우현왕을 공격해 남녀 1만 5천여 명과 비왕 10여 명을 획득함(서기전 124).

장액張掖 ○

기련산祁連山 ▲

언지산焉支山 ▲

③ 곽거병霍去病은 1만 기를 거느리고 농서를 출격, 언지산을 1천여 리를 지나 흉노를 공격해 휴도왕을 격파하고 제천금인을 얻음(서기전 121년 봄).

④ 곽거병은 수만 기를 거느리고 북지에서 출격, 2천여 리를 나가 거연을 넘고 기련산에서 추도왕을 잡음. 수급과 포로 3만 명을 획득함(서기전 121년 여름).

高闕
雲中
河 南
定襄(平城)
代
雁門
恒山 ▲
上谷

河水

⑤ 곽거병은 대군代郡에서 5만 기병을 출격, 2천여 리 되는 곳에서 좌현왕과 접전을 벌여 수급과 포로 약 7만 명을 획득, 낭거서산과 고연산에서 각각 봉제와 선제를 올림(서기전 119).

碣石山 ▲

渤海

北地

洛水

漢

⑦ 위청은 상곡을 나와 용성에 이르러 흉노를 공격, 수급과 포로 7백 명 획득함(서기전 119).

泰山 ▲

河水

淸水

華山 ▲

① 위청衛靑은 운중을 출격, 고궐과 농서에 이름. 하남에서 흉노의 누번왕과 백양왕을 공격해 수급과 포로 수천 명 획득하고, 소와 양은 1천여 마리 얻음(서기전 127).

臨洮

渭水

長安

淮水

인명

《신주 사마천 사기》〈열전〉을 만든 사람들

한가람역사문화연구소 사기연구실

이덕일(한가람역사문화연구소 소장, 문학박사)

김명옥(문학박사)

송기섭(문학박사)

이시율(고대사 및 역사고전 연구가)

정   암(지리학박사)

최원태(고대사 연구가)

한가람역사문화연구소는 1998년 창립된 이래 한국 사학계에 만연한 중화사대주의 사관과 일제식민 사관을 극복하고 한국의 주체적인 역사관을 세우려 노력하고 있는 학술연구소이다. 독립운동가들의 역사관 계승 작업을 꾸준히 진행하는 한편《사기》본문 및 '삼가주석'에 한국 고대사의 진실을 말해주는 수많은 기술이 있음을 알고 연구에 몰두했다. 지난 10여 년간 '《사기》원전 및 삼가주석 강독(강사 이덕일)'을 진행하는 한편 사기연구실 소속 학자들과《사기》에 담긴 한중고대사의 진실을 찾기 위한 연구 및 답사도 계속했다.《신주 사마천 사기》는 원전 강독을 기초로 여러 연구자들이 그간 토론하고 연구한 결과의 집대성이라고 할 수 있다. 한가람역사문화연구소는《신주 사마천 사기》출간을 시작으로 역사를 바로세우기 위해 토대가 되는 문헌사료의 번역 및 주석 추가 작업을 꾸준히 이어갈 계획이다.

한문 번역 교정

유정님 박상희 김효동 곽성용 김영주 양훈식 박종민

《사기》를 지은 사람들

본문_ 사마천

사마천은 자가 자장子長으로 하양(지금 섬서성 한성시) 출신이다. 한 무제 때 태사공을 역임하다가 이릉 사건에 연루되어 궁형을 당했다. 기전체 사서이자 중국 25사의 첫머리인 《사기》를 집필해 역사서 저술의 신기원을 이룩했다. 후세 사람들이 태사공 또는 사천이라고 높여 불렀다. 《사기》는 한족의 시각으로 바라본 최초의 중국 민족사라고 할 수 있는데 여기서 사마천은 동이족의 역사를 삭제하거나 한족의 역사로 바꾸기도 했다.

삼가주석_ 배인·사마정·장수절

《집해》편찬자 배인은 자가 용구龍駒이며 남북조시대 남조 송(420~479)의 하동 문희(현 산서성 문희현) 출신이다. 진수의 《삼국지》에 주석을 단 배송지의 아들로 《사기집해》80권을 편찬했다.

《색은》편찬자 사마정은 자가 자정子正으로 당나라 하내(지금 하남성 심양) 출신인데 굉문관 학사를 역임했다. 사마천이 삼황을 삭제한 것을 문제로 여겨서 〈삼황본기〉를 추가했으며 위소, 두예, 초주 등 여러 주석자의 주석을 폭넓게 모으고 자신의 견해를 덧붙여 《사기색은》30권을 편찬했다.

《정의》편찬자 장수절은 당나라의 저명한 학자로, 개원 24년(736) 《사기정의》서문에 "30여 년 동안 학문을 섭렵했다"고 썼을 정도로 《사기》연구에 몰두했다. 그가 편찬한 《사기정의》에는 특히 당나라 위왕 이태 등이 편찬한 《괄지지》를 폭넓게 인용한 것을 비롯해서 역사지리에 관한 내용이 풍부하다.